本书为国家社会科学基金教育学一般课题"青少年价值观教育新视阈研究"（BEA130028）的成果。

青少年
价值观教育新视阈

刘济良　等著

中国社会科学出版社

图书在版编目(CIP)数据

青少年价值观教育新视阈 / 刘济良等著 . —北京：中国社会科学出版社，2018.12

ISBN 978-7-5203-3445-7

Ⅰ.①青⋯　Ⅱ.①刘⋯　Ⅲ.①青少年–人生观–教学研究–中国　Ⅳ.①G412

中国版本图书馆 CIP 数据核字（2018）第 248489 号

出 版 人	赵剑英
责任编辑	宫京蕾
责任校对	秦　婵
责任印制	李寡寡

出　　版	中国社会科学出版社
社　　址	北京鼓楼西大街甲 158 号
邮　　编	100720
网　　址	http://www.csspw.cn
发 行 部	010-84083685
门 市 部	010-84029450
经　　销	新华书店及其他书店
印刷装订	北京君升印刷有限公司
版　　次	2018 年 12 月第 1 版
印　　次	2018 年 12 月第 1 次印刷
开　　本	710×1000　1/16
印　　张	19.25
插　　页	2
字　　数	305 千字
定　　价	85.00 元

凡购买中国社会科学出版社图书，如有质量问题请与本社营销中心联系调换

电话：010-84083683

版权所有　侵权必究

目 录

导言 ……………………………………………………………… (1)
第一章 《朗读者》节目影响下的青少年价值观教育 ……… (2)
 一 《朗读者》节目简介 ………………………………………… (3)
 二 《朗读者》节目的特点 ……………………………………… (4)
  （一）以文为桥，用情发声 …………………………………… (5)
  （二）基于传统，形式创新 …………………………………… (6)
  （三）线上线下，全民参与 …………………………………… (7)
 三 《朗读者》节目对青少年价值观的积极影响 ……………… (8)
  （一）营养丰盛的文学大餐有助于青少年知识价值观的
     建构 …………………………………………………… (8)
  （二）无私无畏的爱国情怀有助于青少年爱国价值观的
     塑造 …………………………………………………… (10)
  （三）正向积极的人生态度有助于青少年人生价值观的
     树立 …………………………………………………… (12)
  （四）坚守奉献的道德品质有助于青少年道德价值观的
     形成 …………………………………………………… (13)
  （五）优质多样的艺术作品有助于青少年审美价值观的
     提升 …………………………………………………… (15)
  （六）珍视敬畏的生命态度有助于青少年生命价值观的
     养成 …………………………………………………… (17)
 四 利用《朗读者》节目对青少年进行价值观教育的
   策略 ……………………………………………………………… (20)

（一）知识价值观教育 …………………………………… (20)
　　（二）爱国价值观教育 …………………………………… (21)
　　（三）人生价值观教育 …………………………………… (22)
　　（四）道德价值观教育 …………………………………… (24)
　　（五）审美价值观教育 …………………………………… (26)
　　（六）生命价值观教育 …………………………………… (28)
第二章　视觉文化影响下的青少年价值观教育 ……………… (29)
　一　视觉文化与青少年价值观教育的相关研究 …………… (30)
　　（一）国内外关于视觉文化的研究 ……………………… (30)
　　（二）国内外关于视觉文化与价值观教育的研究 ……… (32)
　二　视觉文化解读 …………………………………………… (34)
　　（一）视觉文化兴起的背景 ……………………………… (34)
　　（二）视觉文化的内涵 …………………………………… (35)
　　（三）视觉文化的基本特征 ……………………………… (38)
　　（四）视觉文化的表现形式 ……………………………… (40)
　三　视觉文化对青少年价值观的影响 ……………………… (42)
　　（一）视觉文化对青少年价值观的积极影响 …………… (43)
　　（二）视觉文化对青少年价值观的消极影响 …………… (46)
　四　视觉文化影响下青少年价值观异化的归因分析 ……… (54)
　　（一）视觉文化沦为资本增值的载体 …………………… (55)
　　（二）部分大众传播媒介缺乏自律 ……………………… (56)
　　（三）青少年价值判断和价值选择能力的不足 ………… (57)
　　（四）青少年价值观教育效果的低下 …………………… (58)
　五　视觉文化影响下青少年价值观教育的建构 …………… (59)
　　（一）政府应当规范视觉文化传播 ……………………… (60)
　　（二）大众传播媒介需要增强自身社会责任感 ………… (61)
　　（三）学校应当提高青少年价值观教育的实效 ………… (62)
　　（四）家长需要教育和引导青少年正确价值观的形成 … (67)

第三章 后现代文化影响下的青少年价值观教育 (69)

一 后现代文化与青少年生活的交融 (69)
（一）后现代文化概述 (69)
（二）后现代文化与青少年联系密切 (76)

二 后现代文化对青少年价值观的影响 (78)
（一）后现代文化对青少年价值观的积极影响 (79)
（二）后现代文化对青少年价值观的消极影响 (84)

三 后现代文化影响下青少年价值观异化的归因分析 (92)
（一）后现代文化自身的弊端 (92)
（二）复杂多变的社会环境 (94)
（三）学校对青少年价值观的引导偏差 (96)
（四）青少年自身的原因 (97)

四 后现代文化影响下青少年价值观教育的建构 (100)
（一）后现代文化影响下青少年价值观教育的目标设定 (100)
（二）后现代文化影响下青少年价值观教育的原则遵循 (106)
（三）后现代文化影响下青少年价值观教育的实施策略 (111)

第四章 大众传媒泛娱乐化影响下的青少年价值观教育 (122)

一 大众传媒泛娱乐化的意蕴 (122)
（一）大众传媒解读 (123)
（二）大众传媒泛娱乐化解读 (125)

二 大众传媒泛娱乐化对青少年价值观的影响 (143)
（一）大众传媒泛娱乐化影响青少年价值观的机制 (144)
（二）大众传媒泛娱乐化对青少年价值观的影响 (151)

三 大众传媒泛娱乐化对青少年价值观消极影响的归因分析 (163)
（一）内部原因 (163)
（二）外部原因 (166)

四 大众传媒泛娱乐化影响下青少年价值观教育的建构 (170)
（一）学校加强主导的价值观教育 (170)

（二）政府加强对大众传媒的监管 …………………（172）
（三）家庭应发挥主要的引导作用 …………………（174）
（四）青少年自身要不断地自我完善 ………………（175）

第五章 新世纪流行歌曲影响下的青少年价值观教育 ……（178）
一 新世纪以来流行歌曲的嬗变 ………………………（178）
（一）新世纪流行歌曲的概念 ………………………（179）
（二）新世纪流行歌曲的发展 ………………………（181）
（三）新世纪流行歌曲的特点 ………………………（189）
二 新世纪流行歌曲对青少年价值观的影响 …………（195）
（一）新世纪流行歌曲对青少年价值观的积极影响 …（196）
（二）新世纪流行歌曲对青少年价值观的消极影响 …（202）
三 新世纪流行歌曲对青少年价值观消极影响的归因分析 ……（211）
（一）主观方面：青少年心理特点与青少年价值观的
可塑性 …………………………………………（211）
（二）客观方面：流行歌曲的情感性、时尚性与广泛性 ……（215）
四 新世纪流行歌曲影响下青少年价值观教育的对策 ……（218）
（一）充分发挥流行歌曲对青少年价值观的积极影响 ……（219）
（二）增强青少年对不健康流行歌曲的抵抗力 ……（227）
（三）政府加强对流行歌曲的监管审查 ……………（233）

第六章 新时期影视文化影响下的青少年价值观教育 ……（236）
一 新时期影视文化与青少年生活的交融 ……………（236）
（一）新时期影视文化的意蕴 ………………………（236）
（二）青少年价值观的内涵 …………………………（243）
（三）影视文化对青少年价值观影响的心理机制 …（247）
二 新时期影视文化对青少年价值观的影响 …………（249）
（一）新时期影视文化对青少年价值观的积极影响 …（249）
（二）新时期影视文化对青少年价值观的消极影响 …（262）
三 新时期影视文化对青少年价值观消极影响的归因分析 ……（268）
（一）新时期影视文化自身的问题 …………………（268）

（二）青少年自身的原因 …………………………………（269）
　　（三）学校价值观教育的低效 …………………………………（271）
　　（四）家庭教育的缺失 …………………………………………（273）
　　（五）政府对影视传媒的监管不力 ……………………………（274）
　四　新时期影视文化影响下青少年价值观教育的对策 …………（275）
　　（一）学校：加强主导的价值观教育 …………………………（276）
　　（二）家庭：发挥正面积极的引导作用 ………………………（280）
　　（三）政府：加强监管力度，营造良好的文化氛围 …………（282）
　　（四）传媒：坚持正确的宣传导向 ……………………………（284）
参考文献 ……………………………………………………………（288）
后记 …………………………………………………………………（301）

导　言

英国著名人类学家 E. B. 泰勒在《原始文化》一书中指出："据人种志学的观点来看，文化或文明是一个复杂的整体，它包括知识、信仰、艺术、伦理道德、法律、风俗和作为一个社会成员的人通过学习而获得的任何其他能力和习惯。"[①] 文化蕴含丰富，人是一定时期文化中的人，文化塑造了人类价值观。深受青少年喜爱的《朗读者》节目、视觉文化、后现代文化、大众传媒泛娱乐文化、新世纪流行歌曲和新时期影视文化等便不可避免地对青少年的价值观产生影响。当前，我国文化市场在宽松的发展环境中，呈现出高成长性、大众化、产业化的发展趋势，高歌猛进下的文化市场良莠不齐，不健康信息的传递极易给发展中的青少年价值观产生不良影响。加之，学校价值观教育面临的乏力与低效问题，进一步将青少年推向了社会的怀抱。

本书分别从《朗读者》节目、视觉文化、后现代文化、大众传媒泛娱乐文化、新世纪流行歌曲和新时期影视文化六个文化视角对青少年价值观教育进行了深入系统的研究，全面、客观地剖析了不同视阈文化对青少年价值观产生的影响。在对消极影响进行归因分析的基础上，从不同文化视角提出了构建策略，以期构建家庭、学校、社会一体的青少年价值观教育网络，提高青少年价值观教育的实效性。

---

① ［英］爱德华·泰勒：《原始文化》，连树声译，上海文艺出版社1992年版，第1页。

第一章 《朗读者》节目影响下的青少年价值观教育

电视作为大众传媒的重要载体，其传播具有广泛性、及时性和形象性等特征。自 2013 年以来，从中央电视台的《中国汉字听写大会》《中国成语大会》《中国诗词大会》等电视文化节目的热播到如今《朗读者》火爆荧屏，这一系列旨在弘扬传统文化、传递社会主义核心价值观的电视节目在满屏娱乐类综艺节目中脱颖而出。纵观新世纪以来受青少年欢迎的电视节目，或是一众以颜值为看点的真人秀，或是以犀利吐槽为主旨的综艺节目，而电视文化节目的相继涌现既是时代发展的必然，也是一种价值的回归。在碎片化阅读成为主流、深度阅读日渐式微的今天，虽然过半数的人表示愿意拿一本纸质图书阅读，但在强大的社会生存压力面前，人们被迫将精力向工作倾斜，阅读则被搁置一旁。中国新闻出版研究院公布的第十四次全国国民阅读调查结果显示，"2016年我国成年国民人均图书阅读量为 7.86 本，较 2015 年增加了 0.02 本。在国民对个人阅读量评价中，只有 1.7% 的人认为自己的阅读量很多，6.6% 的人认为自己的阅读量比较多，有 36.0% 的人认为自己的阅读量一般，而 45.2% 的人认为自己的阅读量很少或比较少"[1]。相较于以色列、俄罗斯、美国、日本等国家的人均阅读量，我国国民人均阅读量明显较为落后。这也未必全然归因于人们对于文学价值的忽视，主流媒体在创造阅读氛围和倡导文化价值的职能上也存在着缺失。娱乐化电视节目固然能够给予青少年一时欢愉，但能够引发自我思考、感悟生活、探寻世界的优质电视节目才能促进青少年长远发展。从"遇见"到"陪伴"，

---

[1] 人民网：《第十四次全国国民阅读调查》，http：//news.cnr.cn/native/gd/20170419/t20170419_ 523714239.shtml. 2017-4-19。

从"选择"到"勇气",有"眼泪"也有"告别",每一期《朗读者》的主题词都来源于生活最朴实的瞬间,每位嘉宾带着自己的人生故事,用自己的生命感悟将无声的文字灌以有情的诉说,而在这一过程中,青少年能够得到的不仅仅是文学素养的提升,更是生命诗意的旅程。本文拟以《朗读者》的热播为例,对电视文化节目在正确引导青少年价值观教育方面所体现的教育启示进行分析和解读。

一 《朗读者》节目简介

《朗读者》是中央电视台于2017年2月18日首播的大型文化情感类节目,节目以个人成长、情感体验、背景故事与传世佳作相结合的方式,选用精美的文字,用最朴实的情感传递文字背后的人生价值、生命意义、情感体验和道德境界,旨在实现文化感染人、鼓舞人、教育人的传导作用,展现有血有肉的真实人物情感。[1]《朗读者》每一期节目都有不同的主题词,并邀请各个领域具有影响力的嘉宾来到现场,分享自己的人生故事并倾情演绎国家顶级文学家、科学家、外交家、媒体人、专家、学者等精心挑选的经典美文,最终呈现出文学之美、情感之美和生命之美。节目采用"访谈+朗读+轻解析"的形式,通过文本隐含的情感、访谈背后的情感、视听强化的情感三种情感表现方式将嘉宾的生命感悟与文学艺术相结合。节目主持人兼制作人董卿表示"朗读"二字重文字,而"者"字重人,节目旨在展现有血有肉的真实人物情感,通过最朴实的感情呈现出文字背后的力量与价值。

《朗读者》节目的内核不仅仅是读书,更是人生与价值的分享,是道德与境界的熏陶,是人格与人性的升华,通过"无声的文字,有声的倾诉"以文字为托将情感表达得淋漓尽致,将人生意义与人生价值呈现给观众。节目一经播出便引起广泛关注,并获得良好的社会反响。"它作为传统媒体所推出的一档新节目,首播收视率达1.06%,播放量破千万次,爱奇艺、腾讯视频的视频播放量为1453万次,以'朗读者'为百

---

[1] 王雯:《快综艺时代下的"慢"文化——从〈朗读者〉看我国电视综艺节目未来的发展方向》,《新媒体研究》2017年第6期。

度搜索词的网媒关注度280万条,微博'CCTV朗读者'话题量为3.2亿次。"①《朗读者》节目播出七期后微信公众号中阅读量突破10万次的文章达到145篇,手机客户端的收听量达到2.07亿次,相关视频全网播放量近5.4亿次,得到广大电视受众、互联网受众的高度关注与一致好评,同时该节目也被称为文化综艺类节目中的一股清流。

美学家朱光潜先生曾经说过,"情感思想便是人的生机,生来就需要宣泄生长,发芽开花"②。心有所想所感却不能表现,生机便遭窒塞残损,好比一株萎靡不振缺乏生机与活力的花草。文艺是情感思想的一种重要表达方式,也是生命之活力的重要发展途径。然而,在飞速发展的信息化时代和高强度的生活节奏下人们难以放慢脚步,平静下来审视自己的内心和关注自己的灵魂,但在物质世界日益丰富与精神世界日渐匮乏的时代背景下,为避免信息化时代人的异化,我们需要回归生命本真、感受生命意义、重塑生命理想、寻找生命真谛。因此,人们需要通过更加健康的方式抒发自己的情感,分享自己的生命体验,升华自己的生命境界。而《朗读者》之类的文化类电视节目,契合时代发展的必然需求,将人们从快餐文化消费、碎片化的电子阅读中,重新拉回到传统的书本阅读,通过荧屏满足广大受众对电视节目的欣赏需求,满足受众对于文化意义的精神追寻。《朗读者》节目的热播一方面响应时代号召,有利于中华民族传统文化的传播和传承;另一方面对于电视媒体自身的生存和发展,提升电视媒体的生命力,也同样具有重要的启发价值。

二 《朗读者》节目的特点

纵观电视文化节目,在《朗读者》之前央视也做过将文化熔铸于综艺节目的尝试,诸如《中国汉字听写大会》《中国成语大会》《中国诗词大会》等。相较之于《朗读者》,这些节目中虽然也有故事化的叙

---

① 张庚蓉:《从〈朗读者〉看传统媒体的文化传播》,《新闻世界》2017年第6期。
② 王晓晓:《文化类电视节目的需求满足与生命力提升——从央视〈朗读者〉热播说起》,《新闻战线》2016年第24期。

事线索，如选手的个人生活经历、参赛理由等，但显然客观化的闯关答题才是节目的主线，而《朗读者》似乎在情感上更占优势，所以，更易于被观众所认可、所接纳。而在此基础上进行的文化熏陶和人生感悟似乎更有潜移默化之功效，这种感性为先、意义引领的节目定位使得观众在观看节目时更容易融入其中，为情所动。《朗读者》节目的热播也反映出其立足传统文化节目进行再创新，其节目在内容、形式、主体上主要有以下三个特点：

（一）以文为桥，用情发声

不同于《中国汉字听写大会》《中国成语大会》《中国诗词大会》等电视文化节目，《朗读者》节目定位为文化情感类节目，首次明确将文化与情感融合在一起，其能够引起受众共鸣的主要要素也是情感，即在专业化的题材与大众化的情感之间建立起自然、合理的连接。通过访谈与朗读相结合的节目形式讲述人生故事，朗读经典美文，展示生命的精神，让观众在不知不觉中融入自己的感情。如第一期节目中演员濮存昕朗读的《宗月大师》是作者老舍先生为了感激宗月大师——刘大叔的知遇之恩而写作的，在朗读前的采访中，濮存昕追忆往昔时光，讲述着自己生命中值得感恩的改变其一生命运的人生经历，借《宗月大师》为桥梁，传递出自己对生命中曾于危难之时施以援手的恩人的感激之情；第七期嘉宾儿童文学作家曹文轩朗读了作品《草房子》，而作品中桑乔和桑桑的原型正是作者曹文轩的父亲及本人，文章饱含作者对父亲的怀念之情，通过曹文轩的讲述，人们了解了文字背后的故事，借作者动情的朗读，人们感受到的是真挚的感情。

文学经典与生俱来能够打破时空的限制，通过文字为作者与读者之间建立一座"隔空对话"的桥梁，进而产生情感连接。"《朗读者》节目中，读本中大量采用了文学经典，嘉宾朗读的文学作品形式宽泛，囊括散文、书信、诗、歌词、小说、剧本等，从老舍的《宗月大师》到《朱生豪情诗》；从裴多菲的《我愿是激流》到梭罗的《瓦尔登湖》；从刘瑜的《愿你慢慢长大》到林清玄的《百合花开》；从郑渊洁的《父与子》到冰心的《不为什么》；从史铁生的《奶奶的星星》到海明威的

《老人与海》；从刘禹锡的《陋室铭》到迟子建的《泥泞》……"①

节目重视经典文学作品的诠释，更重视情感的沟通。一期节目，六组嘉宾，借文字之桥梁，通过六场声情结合的朗读，将不同的生命体验与人生感悟如画卷般呈现在观众眼前，文字被以最朴素的朗读形式，诠释出深藏的生命情感、历史使命与经典价值。

（二）基于传统，形式创新

纵观当下荧屏，无论是文化类节目，还是情感类节目都不缺乏成功之作，如央视的《中国诗词大会》《艺术人生》等。《朗读者》在吸收借鉴优秀节目的同时，结合自身定位；对节目形式进行再创新，"访谈+朗读+轻解析"的创新节目形式给观众耳目一新的感觉。《朗读者》节目将文字与情感巧妙地结合在一起，同时邀请著名的文化学者对朗读的文本进行轻度解析，带领观众进一步理解朗读文本的创作背景、时代意义和文化价值，从而使一些"高冷"的文学作品走向大众，使节目更加平民化。

灵活的节目流程是《朗读者》节目形式上的另一特点。《朗读者》节目的主体框架是固定的，包括访谈、朗读、解析等，但具体到每一期节目，其形式是灵活变化的。每一期节目都有其主题词，首先由主持人阐述对主题词的理解和感悟，引发追忆观众的自我生命体悟；然后进入嘉宾环节，这个环节中的访谈与朗读的顺序非固定化，根据人物故事可以先访谈后朗读，也可以先朗读后访谈；朗读的内容可以是经典名著、名家散文，也可以是书信、诗歌和唱词等；朗读的形式多样化，除了传统的朗读，还有用京剧的韵白来朗读，也有用音乐剧与朗读相结合的形式来朗读等。这种灵活多样的节目流程，一方面有助于不同背景、不同身份的嘉宾更加自如地展现其真实情感；另一方面有利于形成节目自身的特色，吸引观众的注意力，使节目区别于一般的朗读行为。在每期节目接近尾声之时，会邀请一位特殊的嘉宾，将本期节目的情感升华并推向高潮。

---

① 过彤、张庆龙：《〈朗读者〉：文化类电视综艺节目的大众化探索》，《传媒评论》2017年第3期。

《朗读者》不仅在电视媒体中播出，而且与互联网相互配合，借力新媒体，在各大网站及视频播放平台如爱奇艺、腾讯视频播放，喜马拉雅FM平台也可收听；同时在微信中也设有"朗读者"小程序，里面有每期的热门视频，公众号也推出相应文章，充分发挥了新媒体传播的便捷与受众广泛的特性和作用，借助新媒体渠道社交化的传播方式，使更多样的节目信息在网络群体中扩散，使受众第一时间掌握信息，将节目自身的新闻价值和社会影响放大。

（三）线上线下，全民参与

在首期《朗读者》的开场白中董卿谈道："未来谁会成为我们的朗读者？我走进北京人民艺术剧院去寻找，因为那里是语言艺术的殿堂，戏剧的表达让人血脉偾张；我走进了城市中普通的人群去寻找，因为那里有着更多想要倾诉的心灵。"在《朗读者》嘉宾的人物选择方面，节目并不局限于知名人士，呈现出多样化的特点。在嘉宾中有著名节目主持人倪萍、企业家柳传志、故宫博物院院长单霁翔、演员姚晨、作家麦家等在各行各业取得突出成就、被人们熟知的人，因为被熟知也更易被大众认同，通过被采访对象与主持人的对话，使观众了解到这些知名人物在荧屏背后生活中普通真实的一面，因为真实的故事才能打动人心，真挚的情感才能引起共鸣。当我们看到麦家面对自己叛逆的孩子不抛弃不放弃的疼爱，柳传志在儿子结婚时的兴奋紧张，姚晨在大学时的心酸故事时，这些平实的生活瞬间，更能引发观众共鸣。与此同时，节目也邀请了那些默默坚守着内心的有故事的平凡人，例如大学生村干部秦玥飞、红丝带学校校长郭小平、鲜花山谷主人周小林、不离不弃的赖敏夫妇等。这些人虽然平凡，但却有不平凡的事迹，当我们看到平凡的人在做不平凡的事时，我们更容易从他们生命故事和朗读中获得相应的思想认知和情感沟通，引起共鸣，从而营造出全民参与的良好社会氛围；通过他们的朗读，也更加容易使受众看到朗读背后暗含的价值观念、道德境界、人生追求和生命情怀，在打开观众视野的同时产生一种自我审视的心理。

《朗读者》节目追求的不是字正腔圆的标准化朗读，而是注重文字背后的人生故事和价值观念，注重的是声情感染后撞击灵魂的力量，注重对人尤其是对青少年的人生价值观的引领。节目坚持线上线下相结合，鼓励全民参与朗读行动，在北京、广州、上海等全国多个城市设立"朗读亭"。在"朗读亭"里，每个人都是朗读者，每个人都能倾诉属于他的人生故事，抒发他的生命体悟，分享他的人生价值追求。《朗读者》不再是遥不可及的远方，而是你我触手可得的当下，当每个人都觉得被重视，全面参与的积极性热情高涨，全民读书的氛围无须要求而自成风气。

三 《朗读者》节目对青少年价值观的积极影响

文化的传播途径随时代的发展日益多样，电视节目作为大众传媒的一种重要方式，在文化传播中也发挥着举重若轻的作用，作为青少年日常生活中触手可得的传播媒体，通过其文化传播的广泛性、及时性、形象性的特点发挥其对青少年价值观教育的引导作用是应有之义。当下热播的《朗读者》节目对青少年知识价值观、爱国价值观、人生价值观、道德价值观、审美价值观、生命价值观等方面产生着诸多积极影响。

（一）营养丰盛的文学大餐有助于青少年知识价值观的建构

相对于农业经济、工业经济，一种新的经济形态——知识经济时代已随着互联网的飞速发展而到来，"知识生存"成为人的一种基本生存方式，与此同时，终身学习的能力也成了学习型社会的必要能力。在这样的时代背景下，知识不再仅仅是社会发展的工具，更发挥着引导人身心健康发展、提升人生境界、实现人生幸福的重要作用。"从青少年成才的方面看，具有正确的知识价值观，并在其指导下努力学习知识，形成合理的知识结构是青少年成才的必要条件；从人生发展的全程看，青少年正处于求知的重要阶段，学习知识、创造新知识是这一阶段的主要任务；从已有的研究来看，求知需要在青少年的需要结构中位居第一，说明青少年具有强烈的求知需要。"[①] 因此，树立正确合理的知识价值

---

① 赵玉芳、张进辅：《论知识价值观研究》，《西南师范大学学报》（人文社会科学版）2001年第4期。

观对青少年来说至关重要，在一定程度上影响其人生道路。

青少年知识价值观的建构离不开成长时期阅读的积累，李红珍在《我国青少年阅读研究综述》一文中对青少年群体阅读现状进行概述："从整体来看，我国青少年的阅读量较大，基本步入了'全民阅读'的状态。但从阅读倾向性来看，由于受到网络技术的冲击，这一阶段的青少年更倾向于网络阅读，在阅读过程中功利性、浅阅读现象较为突出。更为重要的是由于受到网络的影响，青少年越来越不愿意阅读文字性的内容，更加倾向于通过'读图'来了解信息。这种阅读倾向容易造成青少年缺乏必要的语文知识储备，无法对内容进行深入的学习和思考，有学者就将这一现象称为'青少年主体性建构能力缺失'。"① 随着信息社会的发展，新媒体时代青少年的阅读倾向逐渐转向数字化阅读，阅读内容趋向休闲娱乐。"相关数据表明，22.5%的青少年更倾向于网络在线阅读，28.1%更倾向于手机阅读，6.1%更倾向于在电子书上阅读。同时61.1%的青少年最喜欢的数字阅读内容是幽默笑话，其次是娱乐资讯，再次是青春文学作品，而传统纸质阅读中的主要内容如学习资料、经典文学作品、时事政治新闻等的喜爱者相对较少，仅列在第五、第六和第八位。"② 阅读是青少年知识价值观建构的重要途径，阅读的质量影响着青少年知识价值观这座大厦的牢固与否，因此，为青少年提供优质的文学范本以保证青少年学习吸收积极有益的内容，从而帮助青少年建构正确的知识价值观是时代的应有之义。《朗读者》节目中涉及的古今中外、不同题材的优秀文学作品为青少年知识价值观的建构提供了一份营养而丰盛的大餐。

《朗读者》节目部分书单

书名	作者
《老舍散文：又是一年芳草绿》	老舍
《鲍勃·迪伦编年史》	鲍勃·迪伦
《莎士比亚全集：奥赛罗》	莎士比亚
《瓦尔登湖》	梭罗

---

① 李红珍：《我国青少年阅读研究综述》，《中国青年研究》2015年第8期。
② 赵霞：《新媒体对青少年阅读的影响研究》，《中国青年研究》2014年第2期。

续表

书名	作者
《裴多菲诗歌精选》	裴多菲
《老人与海》	厄尼斯特·海明威
《听史铁生讲生命的故事》	史铁生
《平凡的世界》	路遥
《飞鸟集》	泰戈尔
《钢铁是怎样炼成的》	奥斯特洛夫斯基
《堂吉诃德》	塞万提斯
《草房子》	曹文轩
《时间简史》	斯蒂芬·霍金
《猜猜我有多爱你》	山姆·麦克布雷尼
《红楼梦》	曹雪芹

《朗读者》节目涉及的书单中不仅有诺贝尔文学奖获得者的作品，也有广受青少年喜爱的长篇魔幻小说，同时包含诗歌、散文、小说等多种文学体裁，它通过嘉宾人生故事的开场，文学作品抒发生命感悟的升华，扩宽青少年生命体悟的渠道，激发青少年的阅读兴趣，为青少年翱翔优秀文学海洋助力风帆。随着信息化的高速发展，人们生活节奏的日益加快，阅读也逐渐变成一种"快餐式"的方式，人们通过"碎片化"阅读获取"碎片化"的知识，青少年也不例外，再加之青少年辨别能力较弱且缺乏理性思维，大量的"碎片化"阅读不仅占用青少年的时间和精力，同时削弱青少年的自主选择、深入思考、理性判断的能力。长此以往，"碎片化"知识占据着青少年知识的大部分空间，导致青少年分析问题不够全面、深刻、客观，使他们的思维变得狭隘，难以进行理性思考。《朗读者》节目的热播能够有效提高全民阅读的积极性，从而创造良好社会阅读氛围，为青少年提升阅读兴趣、提高阅读质量、最终建构全面而深刻的知识价值观提供必要帮助。

（二）无私无畏的爱国情怀有助于青少年爱国价值观的塑造

党的十八大明确将"爱国"作为公民最根本的做人标准与道德情操，同"敬业、诚信、友善"构成公民个人层面的价值准则，是社会主义核心价值观的重要组成要素。爱国是基于个人对祖国依赖关系的深厚情感，也是调节个人与祖国关系的行为准则。它同社会主义紧密结合在一起，要求人们以振兴中华为己任，促进民族团结、维护祖国统一、自觉报效祖国。爱国主义思想和精神的塑造是青少年价值观教育中不可或缺的一部分，只有具备了爱国价值观，才能使青少年自觉地为了祖国的兴旺发达、繁荣昌盛而刻苦学习，才能使青少年坚持不懈地为了祖国的不断发展而努力奋斗，才能使青少年积极主动地为了祖国与人民的利益而贡献出自己的一份智慧和力量。

随着科技的发展，青少年接受爱国主义教育的途径不再仅仅局限于学校课堂，大众传媒在传播爱国主义思想等方面发挥着重要作用。《朗读者》节目中一位又一位为了民族荣誉和国家尊严而无私奉献的爱国榜样用生命践行爱国使命，用朗读传递爱国情怀："留下歪歪斜斜的脚印，给后来者签署通行证。"[1] 这是第一代南极科考人艰苦卓绝的奋斗和起步，为后人铺筑前进的道路。中国南极科考事业的开拓者、中国南极长城站首任站长郭琨在节目中畅谈南极往事，激动地说道："事关民族的荣誉、国家的尊严，我就是拼了老命也要把这件事情做好。"[2] 正是一代又一代的南极科考人员前赴后继的努力和不断进取，才有了中国在南极建成长城站、中山站、昆仑站、泰山站的伟大成就。"国家，国家"，这是为了香港回归交接仪式的2秒钟[3]谈判16轮的外交官安文彬内心最深切的呐喊。女排精神激励着一代又一代的中国人，"她们保持着青年的全部特征：爱冒险，爱生活，爱争斗，精力充沛，头脑灵活，无论他们多么年老，到死也是年轻的。好像鲑鱼迎着激流，她们天赋的本性就是迎向岁月之激流。"[4] 这是郎平朗读勃兰兑斯的《人生》以献给一直支持着女排的人，也正是因为肩负着祖国的荣誉和人民的期待，才铸就了不折不挠、永不言败的女排精神。2003年10月15日，38岁的杨利

---

[1] 董卿：《朗读者·3》，人民文学出版社2017年版，第236—237页。

[2] 同上书，第231页。

[3] 两秒钟指在香港回归中英政权交接仪式中，为了确保五星红旗于1997年7月1日零时零分零秒准时升起，英国国旗必须在23时59分58秒降下，为此安文彬同英国人先后谈判了16轮，以保障香港准时回归祖国。

[4] 董卿：《朗读者·3》，人民文学出版社2017年版，第301页。

伟搭乘神舟五号，在太空飞行14圈，历时21小时23分，完成中国首次载人航天飞行，实现了中国人千年的飞天梦想，使得中国成为继俄罗斯、美国之后第三个能够独立开展载人航天活动的国家。时隔多年，谈起这难忘而重要的"第一次"飞行，杨利伟在节目中谈道："实际上作为航天员我们也知道我们所从事的是一个高风险的职业，它不单单是我们自己选择的任务，或者选择的职业，更多的是我们对国家、对民族的承诺和责任。"① 正如他在《天地九重》中写道："我不是一个人在飞，我是代表所有中国人，甚至于人类来到了太空。"国家的强大才能为每个人的发展提供支持与保障，然而国家的兴旺发达依赖于我们每个人肩负起自己的使命与责任感，尤其是作为祖国的未来和民族的希望的青少年，更应该增强国家认同感与爱国使命感，为社会主义事业不断发展而奋斗终生。

（三）正向积极的人生态度有助于青少年人生价值观的树立

当下社会存在着部分功利化、浅薄化、庸俗化的人生态度，打着张扬个性的幌子，将"自我中心""拜金主义"等不良风气视为与众不同。涉世未深的青少年无法准确地从泥沙俱下的电视节目中判断好坏，极易成为这些不良电视节目的牺牲品。唯有电视节目中积极传递正向的人生态度，才能为青少年正确人生价值观的树立提供良好的环境。

《朗读者》第三期的卷首语谈道："选择无处不在，我们的人生，就是一次又一次选择的结果。'生存还是毁灭'，这是一个永恒的选择题。到最后我们将成为什么样的人，可能不在于我们的能力，而在于我们的选择。'面朝大海，春暖花开'，是海子的选择；'人不是生来就被打败的'，是海明威的选择；'人固有一死，或重于泰山，或轻于鸿毛'，是司马迁的选择。有人说我们这个时代不缺机会，所以也势必会让每个人面临很多的选择。那么是遵从自己的内心，还是随波逐流；是直面挑战，还是落荒而逃；是选择喧嚣一时的功利，还是选择持久平静的善良，都是我们要拷问自己的问题。如果说，人生是一次不断选择的

---

① 董卿：《朗读者·3》，人民文学出版社2017年版，第63页。

旅程，那么当千帆过尽，最终留下的就是一片属于自己的独一无二的风景。"① 在殿堂与田垄之间，"最美村官"秦玥飞选择了后者，为青少年正确认识和处理自我价值与社会价值的关系树立了榜样。秦玥飞脚踏泥泞，俯首躬行，在荆棘和贫穷中拓荒，守在悉心耕耘的大地上，带着村民们的希望，静待收获的时节。这位耶鲁高才生的选择也许不被很多人理解，可是对他本人来说，在这里他找到了自己存在的最大人生价值和生命意义。青少年的成长过程面临着不同的人生选择，选择成为什么样的人，选择实现梦想的道路等都是青少年面临的现实问题。一份针对5个地区3000名青少年个人价值观的调查表明，排在前三位的选择依次是：人格品德、社会贡献和个人才能，随后分别为名誉、社会地位、生活舒适度、金钱和权利。"调查表明青少年对自我价值取决于什么有比较正确、积极的认识，同时对其他因素的选择比例相对较高，在一定程度上反映出青少年将个人价值与生活享乐、权利、地位、金钱等物质条件联系得比较紧密。"② 当下青少年的人生价值观存在着缺乏崇高的人生理想的特点，也存在着以物质财富衡量人生价值的倾向，其根本原因在于未能正确处理物质价值与精神价值的关系。在这样的现实背景之下，《朗读者》中坚守"使命重于生命"用生命保卫和平的维和部队战士、为青藏铁路的建设而坚守与付出的张鲁新等一代代科研工作者们用实际行动向我们践行如何让自己的生命有意义，创造精神价值，用这样的人生态度对青少年进行人生价值观教育，不仅能够引导青少年树立崇高人生理想，增强社会责任感，懂得感恩与奉献，同时有助于青少年正确认识物质价值与精神价值的关系，树立正确的人生价值观。

（四）坚守奉献的道德品质有助于青少年道德价值观的形成

在价值观领域中，道德价值观多处于基础、中心地位，道德价值观的形成和发展对于一个人其他价值观的形成和发展起着至关重要的作用。"从杜威、威尔逊、班杜拉、皮亚杰、柯尔伯格等对儿童道德的形

---

① 董卿：《朗读者·3》，人民文学出版社2017年版，第146页。
② 岳鹏珍：《当代青少年个人价值观现状的调查分析》，《社会心理科学》2012年第5期。

成与发展的研究,到价值澄清模式、认识发展模式、社会体谅模式、社会行动模式的价值观教育等都是把道德价值观作为价值观教育的基础来予以重视的。"① 随着信息时代的快速发展,西方文化通过大众传媒等途径越来越多地出现在人们的视野之中,也越来越多地影响着青少年的生活,产生着正向负向的双重影响,在西方先进文化促进青少年发展的同时,一些同我国传统价值观相悖的思想也在腐蚀着青少年。受西方个人主义的影响,青少年的价值追求越来越呈现出多样化、自我化的发展趋势,他们不再认同人的价值在于奉献,在于对他人和社会所做的贡献。相反,青少年的价值观显现出理想主义淡化、理性价值淡化、价值观念向个人本位偏移的特点。他们认为,自我价值才是最重要的,不再重视自我奉献,从而造成青少年道德观念模糊、道德行为失范的现状。一项关于青少年社会主义核心价值观教育的问卷调查表明,"谈及其坚持的理想信念,他们比较关注个人理想和近期目标,60.8%的青少年选择'对理想生活的追求,让家人过上好日子',36.5%的青少年选择'成为有权有势的人',只有2.7%的青少年选择'为人民服务'。多数青少年在社会理想与个人理想之间更看重个人理想,在祖国需要和个人发展之间更看重个人发展,在近期目标与长远目标之间,比较注重眼前利益,缺乏对人生的长远规划"②。当青少年更多地关注自我,道德对于规范青少年行为,协调个体与他人、社会的关系方面的作用显得尤为重要。"相关调查表明,电视对青少年道德价值观的影响最为广泛,其次是书报、电影和广告,手机和网络的影响最低。"③ 面对青少年的道德义务感淡薄、社会责任感淡化的现状,电视传媒作为传播社会主义先进文化和核心价值观的主战场,在正确引导青少年道德价值观的发展方面具有义不容辞的责任,而《朗读者》节目在此做出了良好的示范。

"一个人要抬头多少回,才看得到天际?是啊,一个人要有几只耳朵,才能听见人们的哭泣?是啊,要多少人丧命,他才知道,已有太多

---

① 刘济良:《青少年价值观教育研究》,广东教育出版社2003年版,第5—6页。
② 刘亚男:《多元文化背景下青少年社会主义核心价值观教育研究》,硕士学位论文,沈阳师范大学,2011年。
③ 张将星:《大众媒体对青少年道德价值观影响调查分析》,《教育研究》2011年第4期。

人死去？答案啊，朋友，在风中飘荡，答案在风中飘荡。"①这是坚守在前线的无国界医生们，为那些在战争中降生的孩子们真心的呼唤，希望他们将来能远离战乱，在和平的环境中遇见自己美好的未来，无法避免的战火选择了他们，而我们可以选择如何去帮助他们。为了故宫——这个中国留给全世界的礼物，故宫博物院院长单霁翔终日奔波，曾亲自走遍故宫中九千多间屋子，历时五个多月，对1807558件文物都如数家珍，为给人们建设一片文化绿洲而不懈努力。从起初的"爱心小课堂"到全国唯一一所专门收治艾滋病患儿的全日制学校——临汾红丝带学校的建立，郭小平校长在《朗读者》采访中忆起其中的点滴仍满含热泪。为使艾滋病感染儿童接受治疗的同时也能接受同正常孩子一样的教育，郭小平几番辞去院长职务，他谈道："在咱们国家，不缺医院院长，也不差一个学校的校长，但是我觉得，红丝带学校这个地方，孩子们差一个我这样的校长。"② 十三年来，为学校中孩子们能在万家灯火之时感受到家人陪伴的温暖，每年都陪着孩子们过年，也有已经走出学校的孩子，谈及是否会想念他们，郭校长说道："鸟大了总要往出飞，但我希望你好好地飞；如果你飞不动了，有什么问题了，或者受伤了，我还在这等着你。"③ 在整个采访中，郭校长从未谈及自己，也没有认为坚守这些孩子们是苦或累，而是认为这是金钱和权力都无法实现的心灵上的满足。自我在奉献中得到精神的升华，道德不再是一种约束，而是一种愉悦的精神满足，一种怡然自得的追求。这些朗读者坚守奉献的道德品质为青少年树立榜样，有助于引导青少年形成正确的道德意识、完善的道德认知、高尚的道德情感和坚定的道德意志以及自觉的道德行为习惯，从而发挥道德价值观对于人类文化精神的传承与发展的历史使命。

（五）优质多样的艺术作品有助于青少年审美价值观的提升

"基于现代技术的发展，以视觉、影像产品为主要形态的视觉文化正冲击着传统的文本文化，它包裹着人们的日常生活，影响着人们的生

---

① 董卿：《朗读者·1》，人民文学出版社2017年版，第20—21页。
② 同上书，第224页。
③ 同上书，第227页。

活方式和审美价值观等。"① 青少年的审美价值观处于形成期,加德纳在《儿童艺术知觉的发展轮廓》中指出:"13—20 岁的个体审美发展阶段为'相对主义'的'危机阶段',与道德发展的'相对主义'相一致。"② 大众传媒时代背景下青少年获取信息资源的渠道日益增多,网络成为青少年获取资讯的重要途径之一,中国互联网络信息中心(CNNIC)2017 年 8 月 3 日发布的第 40 次《中国互联网络发展状况统计报告》显示,截至 2017 年 6 月,我国网民仍以 10—39 岁群体为主,占整体的 72%;其中 10—19 岁群体占比为 19.4%;在职业结构中,截至 2017 年 6 月,中国网民中学生群体占比仍然最高,为 24.8%。③ 面对来自不同国家的种类繁多的文化冲击,青少年审美价值观呈现审美情趣娱乐化、审美判断感性化、审美理想世俗化、审美评价矛盾化等特点。青少年的审美价值观一方面反映社会精神文明发展的进步程度,另一方面深刻影响着整个社会的审美趋向,因此,甄选高雅文化,远离低俗亚文化,为青少年发展提供纯净环境,培育和提升青少年审美价值观,使其拥有审美辨别能力,是大众媒介应承担之重任。

弘扬社会主义核心价值观,传承优秀中国传统文化是社会文化的主流,而中国传统文化在社会主义核心价值观的培育中发挥着导向作用。"优秀的民族传统文化成果能够提升人们的民族自信心和认同感,增强人们对西方不良文化的免疫力,激发人们弘扬中华优秀传统文化的决心和勇气以及爱国情怀。"④ 没有深厚的文化底蕴,便无法成为一个世界强国。梁思成曾说过,"一个民族的文化,都会产生属于它自己的建筑",而故宫正是中国传统文化之集大成者。《朗读者》第三期嘉宾故宫博物院院长单霁翔将《至大无外》送给所有热爱故宫文化的人,谈及故宫门票是否可降价,单院长表示故宫门票坚守 40 元不涨价,一场

---

① 易晓明:《论美育在当代审美文化中的新取向》,《高等教育研究》2010 年第 6 期。
② 叶朗:《现代美学体系》,北京大学出版社 1999 年版,第 309 页。
③ 中国互联网络信息中心网站:《第 40 次中国互联网络发展状况统计报告》[EB/OL],http://www.cnnic.net.cn/hlwfzyj/hlwxzbg/hlwtjbg/201708/P020170807351923262153.pdf. 2017 年 8 月 3 日。
④ 杨文英、范宗宪:《基于传统文化的社会主义核心价值观培育》,《教育理论与实践》2016 年第 31 期。

3D电影可能花掉超过其几倍的价钱，但带给青少年的只是一时的视觉愉悦，而身临故宫，感受到的中国传统文化的博大精深是深远而持久的。传承优秀中国传统文化是历代青少年义不容辞的使命，传统文化中的瑰宝更有助于青少年审美价值观的提升。在《我在故宫修文物》被人们关注后，报考故宫博物院的学生人数也随之增多，可见电视节目中的信息传递对青少年具有重要的影响。当然，时下也存在着格调低俗、消极负面的电视文化，冲击着社会主流价值观，例如歌曲《明天不上班》以嘻哈风格抒发自我，其充满反叛讽刺意味的歌词引起大众共鸣，获得了广泛的传播效果，但其整曲"老子明天不上班，想咋懒我就咋懒。老子明天不上班，不用见客户装孙子。老子明天不上班，可以活出一点真实。老子明天不上班，闹钟响也不用管"传递出的是一种颓废叛逆的情感态度，从编曲角度出发其确实富有新意，但青少年在这样的歌曲影响之下成长，审美价值观会变得庸俗，最终导致亚健康的状态。《朗读者》第七期"告别"中程何选择朗读音乐剧《我，堂吉诃德》中主题曲《不会成真的梦》，歌词如诗般动听，同时激昂富有力量："追梦，不会成真的梦；忍受，不能承受的痛；挑战，不可战胜的敌手；跋涉，无人敢行的路……而人间，定会不同往昔，纵然我，终将疲惫无力，仍要用伤痕累累的双手，去摘，遥不可及的星！"[①]青少年的成长之路也面临着无数的告别，与低俗颓废的亚文化告别，才能感受高雅艺术的熏陶。电视节目更应为青少年甄选优质多样的艺术作品，为青少年接触更多种类的艺术形式提供平台，让青少年在长期的熏陶中提升个人审美情趣，形成正确的审美价值观，提升人生境界，以审美之心体悟世界，诗意地行走在成长的道路上，享受美丽人生。

（六）珍视敬畏的生命态度有助于青少年生命价值观的养成

"作为自然的恩赐，'生命'具有至高无上的价值；没有生命的存在，一切的意义均成空谈；没有对生命的敬畏，也就毫无基本的道义可言；因此，人必须善待作为自然之造化的生命，善待作为万物之灵的人

---

① 董卿：《朗读者·2》，人民文学出版社2017年版，第165页。

的生命。"① 青少年正值心理动荡的过渡期，情绪易变化波动、思想易走向偏激，消极极端、低俗颓废的生命价值观很容易对其产生负面的影响，误导其生命价值观的形成，导致生命价值观的贫瘠，使其产生偏激颓废的思想，甚至轻视生命。青少年是社会未来的希望，青少年能够朝气蓬勃地成长，社会的明天才能繁荣灿烂。《朗读者》中甄选出多位不同身份的嘉宾，通过对自身生命故事的阐述，向青少年展示关于生命价值的丰富意蕴，进而引导青少年正视生命、珍视生命，感悟生命的意义、超越生命的局限，从而书写个人的华丽生命篇章。《可可西里》的导演陆川在节目中讲述了多年前拍摄电影时一段鲜为人知的往事，并朗读文章《藏羚羊的跪拜》。影片使观众感受到生命的无助以及命运的无常，向观众们传递的是一种对生命珍视的生命态度。敬畏生命不仅仅指人类的生命，更应对自然其他的一切生命保有应有的善良与慈悲。"历史上最早直接提出'敬畏生命'观念的是法国医学家、哲学家阿尔贝特·施韦泽，在他看来，敬畏生命，意味着对一切生命，不仅指人的生命，还包括其他动物和植物的生命，都应该保持敬畏的态度。"② 母爱是与生俱来的，无论是人类还是动物，藏羚羊那含泪的跪拜，用生命的渴求保护腹中胎儿的行为值得青少年去深思：在人与自然的关系中人类是否对自身进行了正确定位，对于自然界中的其他生命我们是否给予了敬畏与尊重。

生命中的种种，或惊喜也好，或苦难也罢，都是我们所无法抵抗的，在种种命运的挑战面前，我们要做的不是逃避，而是积极乐观地迎难而上，用行动将对生命的珍视化作最绚烂的生命之花。在第六期主题为"眼泪"的节目中，同乳腺癌抗争23年的78岁的张家敏选择了朗读泰戈尔的《生如夏花》，愿活在世间的每一天都如同夏日里花朵般绚烂，病魔面前不放弃，还为其他饱受病魔困扰的人提供帮助，携手共同不屈服于生命中的磨难。正如节目中谈到的，"勇敢的人不是不落泪的人，而是愿意含着眼泪继续奔跑的人"，生命是难能可贵的，也许生命

---

① 吴康宁：《中国大陆小学"品德"教学大纲的社会学研究——兼与台湾小学"道德"课程标准相比较》，《南京师大学报》（社会科学版）2001年第3期。
② 陆树程、朱晨静：《敬畏生命与生命价值观》，《社会科学》2008年第2期。

这一段旅程并非一帆风顺，但它依旧是值得珍视与敬畏的，正如毕达哥拉斯所说，"生命是神圣的，因此我们不能结束自己或别人的生命"。人的生命的独特之处就在于人不仅追求活着，而且追求有意义地活着，人通过对人生意义的追寻实现人生价值，对人生意义的追寻照亮了人的存在，为人的生命存在与成长在一定程度上提供了动力。人之为人的本质应该说是一种意义性存在、价值性实体，而教育的最终目的就是为了实现人的生命发展和对意义的追寻，作为教育范畴之一的青少年生命价值观教育的重要价值就在于指导青少年生命的成长和引导青少年对人生的意义进行探索。然而，青少年在面临着物质丰富、信息便捷的现代社会的同时，也在面临着困惑与挑战，因沉迷物质世界的丰富而造成内心精神世界的空虚、无法分辨外来文化优劣而迷失自我，生命个体在现代文明中更注重当下的享受和快乐，而放弃了对人生意义的追问和思考，消融了面向未来的道德追求，最终将其道德人格引向麻木化、低幼化。眼前的欢乐代替了深入的思考，在娱乐文化的狂欢中，青少年生命个体渐渐失去了反省精神，以至于难以辨明幽默和滑稽、高尚和低俗，失去了对人生意义与生命价值的追寻。

"生命并不是你活了多少日子，而是你记住了多少日子。你要使你过的每一天都值得记忆。"[1] 这是翻译界泰斗许渊冲所坚守的人生信念。正是因为发现了自己的人生意义，实现了自己的人生价值，哪怕已是96岁高龄，依旧精神矍铄、情感充沛得宛如年轻人，谈到动情之处，仍会热泪盈眶。即使2007年诊断出直肠癌，被医生告知最多只有7年生命，也没有虚度生命中任何一个日子，在2014年也就是医生所说的生命的终点，许先生获得了世界最高翻译奖项"北极光"杰出文学翻译奖。采访时许先生骄傲地说："你看，生命可以自己掌握。"[2] 正如许先生所说，"生活的每一天都能欣赏，人生最大的乐趣在于发现美，创造美"[3]。在这一过程中他感受到了存在的快乐与意义，也是在实现生命价值的同时，给予了自己坚持向前的生命力量，书写出属于自己的生命奇迹。人的生命是有限的，但它所能发挥的价值是无限的，当我们回

---

[1] 董卿：《朗读者·1》，人民文学出版社2017年版，第69页。
[2] 同上书，第68页。
[3] 同上书，第67页。

首往事，不为碌碌无为而后悔才不枉此生。信息化时代背景之下，科学技术的迅猛发展同人们思想水平的相对滞后的矛盾最终导致人的异化和科技的异化，而处于价值观形成期的青少年，其发展充满着无限的可能，将希望与可能转换为现实，需要这样正向积极的引导，敬畏自然界中的一切生命，珍视自己的生命，乐观面对生活中的困难与挑战，将消极沮丧、轻易放弃的态度转换为更加积极勇敢的生命态度，探寻人生意义，实现生命价值。

四　利用《朗读者》节目对青少年进行价值观教育的策略

青少年时期是价值观形成的重要阶段，是可塑性最强的时期。把握好了青少年价值观教育，就把握了青少年未来发展的正确方向。应坚持把青少年价值观教育摆在突出位置，坚持育人为本、德育为先，融入国民教育的全过程，贯穿到学校教育、家庭教育、社会教育的各个环节和各个方面。对此，我们应深入分析《朗读者》节目对青少年价值观教育的启示，充分发挥其对青少年价值观教育的积极影响，利用多方合力共同助力青少年价值观教育，帮助青少年形成正确、健康的价值观。

（一）知识价值观教育

知识价值观在引导青少年身心健康发展、提升人生境界、实现人生幸福等方面发挥着重要作用，而阅读是青少年知识价值观建构的重要途径，阅读的质量影响着青少年知识价值观的建构。第十五次全国国民阅读调查显示："14—17周岁青少年图书阅读率为90.4%，较2016年的88.2%提高了2.2个百分点。2017年我国0—17周岁未成年人图书阅读率为84.8%，与2016年的85.0%基本持平。对未成年人图书阅读量的分析发现，2017年我国14—17周岁未成年人课外图书的阅读量最大，为11.57本，比2016年的9.11本增加了2.46本……2017年我国0—17周岁未成年人的人均图书阅读量为8.81本，比2016年的8.34本增加了 0.47 本。"① 这说明我国青少年阅读量整体较高，但其阅读现状也存在着一定问题，通过对部分青少年阅读调查显示："绝大多数的青少年，几乎都没有自己的阅读计划，基本上都是凭兴趣，随意性较大。"② 改善青少年阅读现状，提高青少年阅读质量是青少年知识价值观建构的关键，而《朗读者》节目在为青少年提供多种文学题材的优秀作品的同时，也对青少年知识价值观的建构提供了一定的启示。

在青少年知识价值观教育中，首先，学校应借鉴《朗读者》推荐书单为青少年提供多样化阅读选择，并帮助青少年根据自身阅读兴趣制定相应阅读计划，将学习与兴趣相结合；组织开展形式多样的阅读推广活动，例如定期为青少年开展"阅读讲座"，指导青少年合理利用校内图书资源，制定阅读计划，记录阅读感悟，引导青少年提高阅读质量。其次，班级内可举行"我是朗读者"阅读主题分享会，为青少年间相互交流分享阅读的心得体会提供平台。再次，家长应正确处理学习科学文化知识与提升青少年综合素质的关系，抛弃功利性的阅读态度，以身作则，创造良好的家庭阅读氛围；引导青少年正确合理地利用课余时间，选择积极健康的休闲娱乐活动。最后，政府应加大公共图书馆建设，在图书馆中开设"朗读者荐书"区域，及时了解青少年读者对馆藏书籍的意见，及时调整图书资源以满足青少年读者需求，激发他们的阅读积极性；建立图书馆网络平台，有计划、有目的地利用网络进行青少年阅读推广工作，创设"好书推荐""读者阅读排行榜""小小朗读者"等相关栏目，坚持线上线下相结合的原则，调动青少年阅读积极性，为青少年知识价值观教育指明方向。

（二）爱国价值观教育

爱国主义是社会主义核心价值体系的基本内容，蕴含着中华民族深厚的历史情感，是中华民族各族人民的精神支柱，是建设中国特色社会主义的不竭动力。爱国主义思想和精神的塑造在青少年价值观教育中占有重要地位，爱国价值观有助于引导青少年自觉地为祖国的兴旺发达、

---

① 中国新闻出版研究院全国国民阅读调查课题组：《第十五次全国国民阅读调查主要发现》，《出版发行研究》2018 年第 5 期。
② 付蓓：《公共图书馆开展青少年阅读推广工作的思考》，《内江科技》2012 年第 12 期。

繁荣昌盛而刻苦学习，引导青少年坚持不懈地为了祖国的不断发展而努力奋斗，积极主动地为了祖国与人民的利益贡献出自己的智慧和力量。加强青少年爱国主义价值观教育，符合社会主义核心价值观的时代要求，也是青少年成长成才的必备素质。

在青少年爱国价值观教育中，首先，学校、教师从已播出的十三期《朗读者》节目甄选出蕴含爱国价值观的案例，例如第五期中国第一位飞天航天员杨利伟、第七期维和部队战士、第十一期中国南极长城站首任站长郭琨和香港回归交接仪式外交官安文彬、第十二期中国女排主教练郎平等人的事例，引导学生观看学习。其次，在观看学习的基础上引导学生深入分析这些内容中所蕴含、体现的爱国精神、爱国行为的表现及其价值，使他们深受感动，在情感上产生共鸣。再次，在教师的引导下进行更深层次的思考，引导学生学习、分析这些爱国精神、爱国行为产生的原因，引导学生认识到这些爱国精神及爱国行为源自于祖国利益高于一切的理想信念，源自于同为中华儿女的民族认同，源自于他们所具有的爱国品质和爱国情感，源自于为祖国的强大油然而生的荣誉感和自豪感。最后，引导学生学习、讨论如何把这些爱国精神、爱国情怀、爱国品质落实到自己今后的学习、生活、工作中。例如，以《朗读者》中爱国类榜样为偶像，在自己的学习、生活中树立祖国利益高于一切的思想，努力学习科学文化知识，增长自己的才干和本领，为祖国的建设贡献力量，在祖国需要的时候献出自己的青春，甚至生命。

（三）人生价值观教育

人生价值观遵循着价值观形成的普遍规律，同时，人生价值观有着不同于其他价值观的形成特点，也有着自身的特殊性。"一般而言，将人生问题引入到价值观念领域当中需要个体具备一定的心理条件，这一心理条件决定着人生价值观与其他价值观形成的不同所在，因此，探讨人生价值观的形成，就要综合分析价值观形成与人生问题进入意识领域的特点。"[①]

人生问题进入人的价值观领域进而形成人生价值观需要一定的心理

---

① 胡咚：《当代大学生人生价值观教育创新研究》，博士学位论文，华中师范大学，2015年。

前提条件，主要包括三个条件：一是人的思维发展水平；二是自我意识发展水平；三是社会性需要的发展水平。相比于儿童期，青少年对自身思想行为和接触的活动事物有了更加主动和经常性的探讨与认识，但由于身心仍处于不稳定的发展时期，对人生道路的选择仍处于发展的矛盾冲突期，因而人生观也处在发展期。同时，个体价值观的形成是社会价值观的习得与个体能动的价值选择、接受的双向互动过程，社会所倡导和要求的价值观无法直接通过遗传获得，也难以通过个体自发、自悟形成，而是需要通过社会制度、学校教育以及文化建设等各种显性或隐性的途径传递给个体，促使其在个体价值观体系中形成。处于人生价值观发展期的青少年，由于其身心发展未成熟，难以自发形成正确的人生价值观，需要学校、家庭、社会等多方合力，共同引导青少年树立正确的人生价值观。

教育是有目的、有意识地影响人的身心发展的社会活动，学校教育是向青少年传递社会主流价值观的重要途径。学校具备专职教师、固定场所、完整体系，通过一定的组织形式有目的、有计划、有组织地向青少年传授科学文化知识和实践应用技能，培养青少年的思想品德，提升青少年的综合素质。人生价值观教育是学校教育的重要内容，实现和发展人生价值，获得人生意义，促进青少年不断自我超越，实现美好人生的教育才是教育的本质体现。引导青少年树立正确人生价值观的本质在于帮助青少年实现个体价值与社会价值的统一，其中，个体价值在于引导青少年形成正确人生价值观，明确实现正确人生价值追求的价值、意义；社会价值指通过促进个体价值的实现、人生意义的丰富和精神境界的提升来推动社会发展。

在青少年人生价值观教育中，学校应培养青少年人生价值选择与鉴别能力，引导青少年人生价值、意义的实现与提升。首先，教师在日常教学中渗透引用《朗读者》中"最美村官"秦玥飞、维和部队、张鲁新等人物事迹，通过正面积极的例子引导青少年向这些榜样学习正向积极的人生态度，提高青少年人生价值选择与鉴别能力，正确处理个体价值与社会价值的关系，通过个体价值的实现最终推动社会价值的发挥。其次，开展校园《朗读者》征文大赛、"我是'朗读者'"以及以《朗读者》为主题的主题班会等多样活动，强化《朗读者》中正确人生价值观对青少年的影响，形成独特的校园文化特色，通过显性课程和隐性课程相结合的方式，在潜移默化中引导青少年树立正确人生价值观。最后，家长应积极配合学校工作，发挥监督作用，多与青少年交流，关心青少年身心成长变化新动态，及时发现并解决青少年人生价值观形成中的迷茫与困惑。家长可选择同青少年一起观看《朗读者》等积极正向的电视节目，并交流分享观后感悟，一方面，可以加强亲子交流，增进亲子感情；另一方面，家长可以了解青少年内心想法，及时发现问题并进行引导。

（四）道德价值观教育

道德价值观教育在青少年价值观教育中处于基础、中心地位，道德价值观的形成和发展对于青少年其他价值观的形成和发展起着定向、动力的作用。"当代青少年道德价值观是由其行为方式、环境影响、思想观念、价值取向、道德品质等因素综合反映出来的精神价值观和物质价值观，从而形成了他总体道德价值观的表现形式。"[1] 然而，当代青少年道德价值观也存在着理想价值淡化、道德义务感薄弱、社会责任感较低、个人本位偏颇等问题和倾向。当代青少年道德价值观呈现以上问题和倾向的原因主要有以下几点：首先，全球化潮流对我国当代青少年道德价值观带来了冲击和挑战。"伴随着全球化进程的飞速发展，我国社会呈现出经济市场化、文化多元化、观念自由化、道德淡漠化、价值观自我化等特点，人们的价值观念、思维方式和行为方式发生着剧烈变化，传统的道德规范受到强烈冲击，而与全球化进程相一致的道德体系尚未建立起来，导致社会道德价值观出现了某种混乱和无序。"[2] 全球化潮流影响下的青少年也经历着前所未有的困惑、迷茫，个体心理行为的异常发生率明显提高。其次，传统道德价值观受到时代发展所带来的挑战，其传承形式和内容有待优化，需要更新传统道德观的传承形态以适应时代发展新要求和青少年的情感需求，充分发扬符合社会主义核心价值观的传统道德观内容，摒弃传统道德观中的落后守旧等不符合时代

---

[1] 李昕：《当代青少年道德价值观问题及对策探讨》，《中国校外教育》2012年第15期。
[2] 同上。

发展新要求的内容。再次，大众传媒对青少年道德价值观的影响日益加大。"电影、电视、网络等大众媒体不断改变着人们的认知方式、行为方式、思维方式和价值观念，青少年的道德价值观的形成与发展必然会受到大众媒体的影响，他们'对于社会的基本认识，对游戏规则的把握，甚至人生观、价值观的形成，90%以上的影响是来自传播媒介'。"[①] 大众传媒一方面扩展了青少年道德价值观的信息获取渠道，另一方面也不可避免地使青少年受到传媒消极负面信息的影响，引发各种道德价值观问题。最后，学校、家庭、社会对青少年道德价值观的基础教育薄弱。

基于以上当代青少年道德价值观的现存问题，立足于大众传媒对青少年道德价值观的重要影响，利用《朗读者》为代表的优秀电视文化节目对青少年进行道德价值观教育要做到以下几个方面：

首先，学校、教师要从已播出的《朗读者》节目中甄选出蕴含道德价值观教育的内容来，引导学生观看、学习，如第一期中蒋励等无国界医生为心中的善念在战火前线无畏奉献的道德品质，第三期中临汾红丝带学校校长郭小平选择为学生而奉献终身的道德追求，以及第四期中故宫博物院院长单霁翔为了故宫——这个历史馈赠给人类的礼物而终日奔波的道德精神等内容，引导学生学习、分析这些内容中所蕴含的优秀道德品质、道德境界、道德行为的表现及其价值，学习、讨论如何把这些优秀的道德品质、境界、行为落实到自己今后的学习、生活、工作中。

其次，大众传媒可以通过多途径创新形式用社会主义核心价值观引导青少年道德价值观教育。学校是青少年接受道德价值观教育的主要场所，教师承担着青少年道德价值观教育的主要任务，然而随着时代发展，青少年获取信息渠道的拓宽，新兴媒介对青少年道德价值观的影响也日益深远。相关调查显示，"电影电视是青少年选择的道德价值观传播的重要途径，43.7%的青少年觉得从电影和电视媒体中能很好地促进自己的爱国情感、表达自己的爱心"[②]。大众传媒应充分发挥其优势，创新道德价值观传播方式，优化节目类型与内容，支持并鼓励《朗读者》等优质原创电视文化节目，了解当下青少年喜闻乐见的道德价值观

---

① 喻国铭：《传媒的负面影响与青少年教育》，《中国青年研究》2005 年第 2 期。
② 张将星：《大众媒体对青少年道德价值观影响调查分析》，《教育研究》2011 年第 4 期。

教育的形式，将教育与兴趣相融合，将传统与时代发展相结合，为青少年道德价值观教育提供多样化选择。

最后，构建学校、家庭和社会三位一体的道德价值观教育体系。青少年道德价值观教育是整个社会的共同责任，学校、家庭和社会应携手共同助力青少年道德价值观教育。学校教育应从基础教育做起，继承发扬中华传统文化中符合社会主义核心价值观的部分，创新教学形式，充分利用大众传媒的优质资源，依托《朗读者》等节目对青少年进行道德价值观教育的引导，逐步形成适应社会主义市场经济需求的道德教育体系。家长应努力提升自我道德境界，树立正确的成才观念，不断学习并掌握科学的教育方法，在关心青少年学业成绩的同时更要重视培养青少年健全的人格和良好的品德，为青少年全面健康成长营造良好的家庭教育氛围。政府可以组织相关领域专家、学者，针对当下青少年道德价值观教育中的实际问题，选编教育内容，创新教育形式，使道德价值观教育融入青少年生活中，影响到其思想认识及行动，从而自觉地以社会主义核心价值观规范自己的思想行为。中央电视台《朗读者》节目应制作、发现更多的道德榜样方面的朗读者，通过宣扬他们的光辉思想、优秀品德、卓越行为等对青少年进行道德价值观教育。

（五）审美价值观教育

审美价值观指个体受审美意识的支配，对客观事物及对象做美丑等美感价值判断，由审美经验积累和归纳而生成的观念形态。从本质上讲，审美价值观是社会存在的反映，它一方面积极地影响着青少年的精神世界，另一方面又反作用于青少年改造客观世界的实践活动。随着网络信息时代的不断发展，面对来自不同国家、种类繁多的文化冲击，青少年审美价值观呈现审美情趣娱乐化、审美判断感性化、审美理想世俗化、审美评价矛盾化等特点。"大众文化的商业化运作和产业化生存极易使大众文化所传递的价值信息走向扁平化、庸俗化，唯利润最大化马首是瞻，这极易导致创作上的盲目，传播中的放任，审美上的迷失。"[①]

[①] 梅萍：《论大众文化对大学生生命价值观教育的挑战和应对》，《思想政治教育研究》2016年第1期。

因此，在青少年审美价值观教育中，学校应重视对青少年人文精神的培养，加强对青少年的审美教育。人文精神的缺失易导致青少年审美价值观呈现世俗化、功利化，从而失去对艺术和人生的理性思考，学校在重视青少年科学文化知识教育的同时，还应注重青少年人文精神的培养，提升青少年审美品位，培养青少年审美意识，增强青少年审美能力，树立崇高审美理想。

在青少年审美价值观教育中，首先，学校、教师要引导学生学习、分析《朗读者》节目中所蕴含的美的意境。每期《朗读者》节目所选取的主题词都具有一种美的意境，有"遇见"，有"陪伴"，有"眼泪"，有"告别"，教师应引导青少年根据每期主题词所蕴含的意境进行深入分析与思考；每期《朗读者》节目的开场白兼具文学色彩与艺术情怀，在无形中给予青少年美的熏陶。其次，引导学生学习、分析《朗读者》节目中所蕴含的美的旋律。《朗读者》节目内容丰富、题材多样，朗读者们所选文本包含诗歌、散文、小说等多种文学体裁，朗读形式也随朗读者人物背景而变化，在朗读过程中均配有旋律优美的音乐，在动听的旋律中将文学、语言与艺术相结合，帮助青少年提升审美品位。再次，引导学生学习、分析《朗读者》节目中所蕴含的美的人格，关注《朗读者》节目所传递出的人文精神，引导青少年对艺术和人生进行理性思考，提升青少年审美品位，培养青少年审美意识，增强青少年审美能力，树立崇高审美理想。最后，学校可以充分利用信息时代新载体，多途径对青少年进行审美价值观教育。以《朗读者》为例，学校可以甄选《朗读者》中推荐的优秀文本深入分析并制作成《朗读者》慕课，将线下课堂与线上学习相结合，教师与学生、学生与学生之间可以在讨论区进行交流，跨越时间和空间的局限性，实现随时随地的交流与学习；充分利用微信平台，建立以《朗读者》为主题的公众号，定期为青少年推荐优秀文学作品，推送有助于青少年身心发展的相关文章，同时欢迎学生投稿，帮助青少年在信息时代新载体中获取更多有意义、有价值的信息，将审美价值观贯穿于青少年日常生活之中，在潜移默化中提升青少年审美品位，帮助青少年摆脱低俗审美理想，净化灵魂，培养良好的道德品质，提升自我精神境界。

（六）生命价值观教育

生命价值观教育在促进人的生命的自我超越，提升人的生命的精神境界，实现人的生命的价值追求，寻求人的生命的真正意义，创造人的生命的辉煌等方面具有至关重要的作用。《朗读者》中数例生动震撼的生命故事，向青少年展示了生命价值的丰富意蕴，有助于引导青少年珍视生命存在、感悟生命意义、超越生命局限、书写生命篇章，对青少年生命价值观教育具有重要的启示意义。

在青少年生命价值观教育中，首先，教育、引导学生形成"敬畏生命"的价值观，正如法国医学家、哲学家阿尔贝特·施韦泽所强调的，敬畏生命意味着对一切生命怀有敬畏之情，不仅仅针对人的生命，还包括自然界中其他动物和植物的生命，教师可以通过《朗读者》朗读的《藏羚羊的跪拜》为引子，引导青少年在珍爱生命的同时，对自然界的其他生命给予敬畏与尊重。其次，教育、引导学生形成"珍惜生命"的价值观。生命是短暂而有限的，人的生命只有一次，且不可重复，然而生命中的种种是无法预料的，生命之路并非一帆风顺，而是幸福与苦难交织相伴的，教师应通过《朗读者》中张家敏、许渊冲等人的事例来引导青少年正视生命中的挫折与磨难，乐观积极地迎难而上，珍惜生命里的每一天，哪怕途中历经风雨与磨难，也要勇敢地握紧命运的双桨，迎接生命里的种种挑战，让有限的生命发挥出无限的价值。最后，教育、引导学生形成"实现生命价值"的价值观。人的生命的独特之处就在于人不仅追求活着，而且追求有意义地活着，人通过对人生意义的追寻实现人生价值，对人生意义的追寻照亮了人的存在，为人的生命存在与成长在一定程度上提供了动力。处于价值观形成期的青少年，其发展充满了无限的可能，教育者应善于发现青少年的独特闪光点，因材施教，通过《朗读者》节目中各行各业有突出成就的嘉宾事例来帮助青少年树立"天生我材必有用"的人生信念，使青少年意识到人的一生不能得过且过、碌碌无为、虚度光阴，要做到"有一分光发一分热"，根据每个人的聪明才智，找一份适合自己的工作，在平凡的岗位上为祖国、为社会主义事业做出自己应有的贡献，实现自己生命独有的价值。

第二章　视觉文化影响下的青少年价值观教育

我们生活在充斥着图像与影像因素的视觉文化时代。从道路两旁林立的各种广告到电视节目中24小时不间断播放的影视作品，从手机中实时推送的图文资料到互联网中纷繁的视频播报。迎合了现代都市的生活特点，兼具视觉性、直观性和娱乐性的视觉文化迅速包围了我们的生活。"观看"这一普通而基本的本能行为已经在视觉文化时代发生了翻天覆地的变化。依托大众传播媒介进行传递的视觉文化打破了时间和空间的限制，满足了人们足不出户便可通过视觉体验认识世界、了解世界、把握世界的愿望。视觉文化的出现与普及为人类带来开阔的视野，为生活增添了诸多便利。但是，视觉文化具有鲜明的双重性。泛滥的视觉文化造成大量的视觉垃圾，使人们的眼睛无处可躲，使人们的生活受到影响，使人们的价值观发生紊乱。

置身其中的青少年正处于价值观形成与发展的黄金阶段，自身生理和心理发展尚不成熟，不具备完备的价值判断和价值选择能力，极易受到外界因素的影响。一方面，内容充实优秀、价值导向正确的视觉文化对青少年价值观起到积极影响。全方位的视觉文化强化了青少年的价值选择和认同；正能量的视觉文化丰富了青少年的人生价值取向；多元的视觉文化促进青少年文化多元意识的形成。而另一方面，内容虚假、质量偏低、价值导向错误的视觉文化对青少年价值观起到消极影响。暴力、色情的视觉文化内容造成青少年生命价值观的扭曲；泛滥的视觉文化造成青少年审美价值观庸俗化；虚拟的视觉文化造成青少年道德价值观的缺失，自我意识模糊，情感冷漠；商业性的视觉文化造成青少年生活价值观的功利化。视觉文化中呈现的成人世界使得青少年变得越来越早熟，青少年与成人世界间的界限也变得越来越模糊。部分不良视觉文化对青少年造成错误的价值引导，导致青少年价值观的扭曲，走上违法犯罪的道路。视觉文化对青少年价值观产生的消极影响源自多方面的因素。视觉文化自身价值的旁落，商业资本运作导致视觉文化沦为资本增值的载体；大众传播媒介缺乏自律意识与责任意识；青少年价值判断与价值选择能力尚不完全；学校现有的青少年价值观教育落后于时代发展、实效甚微等原因造成了青少年价值观在不良视觉文化的影响下发生了异化。消除视觉文化对青少年价值观的消极影响需要政府、大众传播媒介、学校和家长的共同努力。政府应当对代表先进文化发展方向的视觉文化及相关产业予以政策支持，并对面临衰退困境的语言和文字加以政策倾斜保护，维护文化的多元繁荣发展。同时，加强对视觉文化制作与传播的管理，实施视觉文化分级制管理模式，限定青少年接触的视觉文化范围。大众传播媒介应当切实肩负起视觉文化质量把关责任，坚决抵制不利于社会和谐的视觉文化产品进入青少年的视野，保证视觉文化的真实性、全面性和客观性。学校青少年价值观教育需要与时俱进，利用好视觉文化积极的因素，优化青少年价值观教育的教学环境、内容和方法，提升青少年价值观教育实效，注重青少年综合能力培养。家长需要对青少年获取视觉文化的行为进行有效监督。

一 视觉文化与青少年价值观教育的相关研究

匈牙利电影理论家巴拉兹最早提出"视觉文化"一词。随着电影、电视的普及，越来越多的学者开始关注视觉文化相关问题的研究。视觉文化是关于"看"的文化，人们通过"看"这一本能活动获取外界信息，发展内在自我。因此，国内外有关视觉文化与价值观教育的研究成果颇丰。学者从视觉文化对思维发展的积极作用、视觉文化与意识形态的内在关联等多个方面进行研究，论述视觉文化在价值观教育中的重要作用。

（一）国内外关于视觉文化的研究

早在1913年，匈牙利电影理论家巴拉兹最先提出了"视觉文化"

的概念。"随着电影的出现,一种新文化将取代印刷文化。"① 通过摄像机的录影和电视的播放,人们获取到完全不同于文字表述的体验。以视觉体验达成他人所感、他人所想的目的。"可见的思想就这样变成了可理解的思想,视觉的文化变成了概念的文化。"② 20 世纪 30 年代,德国哲学家马丁·海德格尔提出"世界图像时代"的概念,他认为以语言为中心的世界文化逐步转向以视觉图像为中心的文化。美国学者尼古拉·米尔佐夫认为后现代主义就是视觉文化。他提出,"印刷文化肯定不会消失,然而对视觉及其效果的迷恋——现代主义的主要特征——产生了后现代文化,当文化成为视觉性之时,该文化最具后现代特征"③。美国学者 W. J. T. 米歇尔指出,"视觉文化是指文化脱离了以语言为中心的理性主义形态,日益转向以形象为中心,特别是以影像为中心的感性主义形态。视觉文化,不但标志着一种文化形态的转变和形成,而且意味着人类思维范式的一种转换"④。

  20 世纪 80 年代末,国内学者开始关注视觉文化研究。起初,学者侧重于从一种新的教学方法的角度研究视觉文化,讨论媒体教学问题,但随着研究的深入,更多的学者开始认识到视觉文化对于研究当代中国社会文化变革具有重要意义,视觉文化的研究也因此得到了更深层次的发展。吴琼编译出版了《视觉文化的奇观》和《凝视的快感》,他认为视觉文化的核心在于视觉因素,其中影像和图像因素占据主导地位。视觉文化以影像、图像作为基本的表意符号,运用网络多媒体等作为传播媒介,生动、形象地表达人们的内心情感,传达目的及意义,是一种不同于传统的语言文化和印刷文化的新型文化艺术形态。周宪认为,"我们生活在一个视觉文化时代,视觉性对每一个人来说并不是一个自然而然的过程,而是一个渗透了复杂的社会文化权利制约过程。我们通过视觉来与他人和文化交往,交往过程中社会文化的种种价值观、权力、知

---

① [匈] 巴拉兹·贝拉:《电影美学》,何力译,中国电影出版社 1986 年版,第 26—27 页。
② 同上书,第 25 页。
③ 陶东风等:《文化研究》第 3 辑,天津社会科学院出版社 2002 年版,第 3 页。
④ 同上书,第 72 页。

识、意义理解便不可避免地进入个体不断内化的视觉经验之中"①。

从匈牙利电影学家巴拉兹提出"视觉文化"概念算起,有关视觉文化概念的研究已经拥有上百年的历史。东西方学者对视觉文化概念的描述既有不同之处,也有相通之点。总的来说,视觉文化是一种不同于语言文化、印刷文化的新型文化形态,是电视、电影等现代传播媒介发展的产物。视觉文化的出现丰富了文化形态,改变了生活状态,转换了人们的思维模式。

(二) 国内外关于视觉文化与价值观教育的研究

美国美学家鲁道夫·阿恩海姆提出了"视觉思维"概念。眼睛不仅是视觉器官,视觉也是思维的一种媒介,眼睛促进人的思考,形成认知活动,视觉意象既能体现感性现象本身,又能体现某些抽象概念。视觉思维的形成能够促进人们更好地认知世界、理解世界、把握世界。电影理论家伊芙特·皮洛曾说,"任何感知都会受到我们已有的知识的修正。视觉域生成在我们的视网膜上,它来自不断变化的光影结构,而从这些光影结构出发,我们创造自己的视觉世界"②。视觉不再是单纯的看的活动,更蕴含着思考的意味,通过观察的行为和视觉文化的刺激对世界形成更加全面的认知。

我国学者提出视觉文化促进人类思维范式的转变。孟建认为,"当下,以视觉为中心的视觉文化符号传播系统正向传统的语言文化符号传播系统提出挑战,并日益成为我们生存环境的重要组成部分"③。视觉文化的蓬勃兴起使现代文化逐步脱离以语言为中心的理性主义形态转向以视觉为中心的感性主义形态。这样的文化形态转变也带动了人类思维范式从抽象思维向形象思维的转变。周宪从学理角度论证了文化形态由抽象的语言文化向直观的视觉文化的转变对主体的认知角度和认知方式都会产生一定的影响。

柏拉图认为,"美德要在与环境的相互作用中学习,要在受训练的

---

① 周宪:《视觉文化的三个问题》,《求是学刊》2005 年第 3 期。

② [匈] 伊芙特·皮洛:《世俗神话——电影的野性思维》,崔君衍译,中国电影出版社 1991 年版,第 124 页。

③ 陈永国:《视觉文化研究读本》,北京大学出版社 2009 年版,第 46 页。

基础上得到"①。柏拉图坚决反对任何艺术作品表现消极的、负面的精神。视觉文化的艺术表现形式影响着人们进行价值判断和选择。西方马克思主义者阿尔都塞认为，"国家机器包括强制性的国家机器和意识形态国家机器，宗教的、教育的、法律的、政治的、文化的、家庭的国家机器都属于意识形态国家机器，所以视觉文化也属于意识形态国家机器"②。国家将主流价值内置于视觉文化之中，进行直接或间接的价值教育，从而把握人们的价值观念。英国左翼知识分子约翰·伯格在《观看之道》中提出"看的政治"这一说法。约翰·伯格围绕"看"的方式的问题研究了作为观看对象的女性人体，并上升到政治维度进行思考。视觉图像之中蕴含着深层次的社会问题和价值思考。例如，女性身体的裸像呈现，表面上看是欧洲人文主义精神中个性解放思想的宣扬，而实际却是男性在观看建构中强化了文化传统中的性别不平等，女性群体遭受到不平等待遇。法国学者让·特利尔提出，"不能低估图像文化，尤其是动态图像文化。由于它们通过图像作用于情感，从而已经并将继续对表述与价值系统施加深远的影响"③。包含图像与影像因素的视觉文化正是让·特利尔所描述的能够对价值系统产生深远影响的文化形式。加拿大学者马修·弗雷泽以好莱坞电影、可口可乐广告等论证了视觉文化对价值观的传递。电视中形形色色的节目无时无刻不在传递着隐含的价值观。④

我国学者周宪在《文化研究关键词》一书中论述了观看与意识形态之间的联系。"看不仅仅只是表面上眼睛所看到的物象，或长、或方、或圆、或扁，而是会思考其材质、其构造，进而分析其意义，这些都不再是一种自然行为，而是拥有着复杂内容的一种社会行为。"⑤人类的观看行为背后隐藏着复杂的意识形态内容，视觉文化与意识形态之间存在着千丝万缕的联系。

---

① ［古希腊］柏拉图：《理想国》，郭斌和译，商务印书馆1995年版，第48页。
② 张舒予：《视觉文化概论》，江苏人民出版社2003年版，第14页。
③ ［法］让·拉特利尔：《科学和技术对文化的挑战》，吕乃基等译，商务印书馆1997年版，第53页。
④ 杨晓静：《视觉文化的德育功能探析》，硕士学位论文，深圳大学，2017年。
⑤ 周宪：《文化研究关键词》，北京师范大学出版社2007年版，第21页。

国内外学者多从视觉文化对思维发展的积极作用和视觉文化与意识形态的内在关联两个方面进行视觉文化与价值观教育联系的研究。视觉文化背景下,"看"不再是单一的欣赏活动,也被赋予了思考的功能。视觉文化这一新型文化形态的出现,推动人们的思维范式由抽象思维转向形象思维,通过观看感知到的具体形象成为人们认知、思考事物的出发点与主要依据。同时,视觉文化与其他文化形态一样,属于意识形态层面的事物,视觉文化以形象、具体的图像、影像因素展现深刻内涵的表现形式更使其成为意识形态传递的主要载体。由此,视觉文化与价值观之间存在密切联系,优秀的视觉文化信息带给人们良好的视觉体验的同时,促进人们的思维发展和价值观形成,反之,不良视觉文化信息可能使人们的思维方式和意识观念误入歧途。

二　视觉文化解读

视觉是人类重要的认识性感官,人们通过观看来认识世界、了解世界、把握世界。随着时代的变迁和社会的发展,想要依靠自己的力量,通过简单的观看行为全面认知世界已经难以实现。纷繁的信息充实着人们的生活,对身边事物的简单观看不再能够满足人们期望认识整个世界的要求。在这样的背景下,蕴含着丰富信息资源的视觉文化应运而生。视觉文化将人们和以图像及影像形式再现的世界紧密联系起来,满足了人们用观看的方式认知世界的要求。不同于印刷文化,兼具视觉性、直观性和娱乐性的视觉文化充分迎合了现代都市的生活特点。依托大众传播媒介进行传递的视觉文化传播速度快,内容更新及时,能够满足现代人获取新鲜资讯的需求。内容直观、颇具娱乐风格的视觉文化,能够满足现代人追求轻松愉悦的心态。以影视作品、互联网信息、动漫作品和微信信息为主要表现形式的视觉文化深入人们的生活之中,方方面面地影响着人们的生活方式和思维范式。我们已经进入视觉文化时代。

(一)视觉文化兴起的背景

首先,大众传播媒介构建了视觉文化传播的平台。现代科技发展推进下的大众传播媒介不仅能够展现现实,而且能够呈现虚拟现实。数字化媒体的出现以及传播技术数字化、网络化的迅猛发展，使传统的传播格局和传媒自身发生了巨大的变革。数字化与信息化快速消解了以往泾渭分明的信息业、电信业与大众传媒业之间的界限。传统的文化产业因此遭受了重创，但同时数字化传媒也创造了新的产业。数字化传播将传统媒体的单向传播转化为现代传媒与受众的双向互动，受众与传媒距离的拉近为视觉文化走进大众视野提供了途径。

其次，消费社会为视觉文化提供了发展动力。在全球化背景下，消费社会已经成型。由生产型社会向消费型社会的转变为视觉文化的发展提供了社会动力，视觉文化经过商业包装成为一种新兴的文化产业。视觉形象创造了新的消费意识和生活方式，激发了人们对视觉文化产品消费的欲望。巨大的消费能力刺激着视觉文化不断进行新的创新与变革，以应对市场需求。消费社会中的视觉文化表现出鲜明的两重性。一方面，刺激性的视觉体验导致文化商品化和消费形态霸权；另一方面，视觉文化的繁荣促进消费文化市场发展，为文化产业带来了巨大效益，也进一步推动了视觉文化自身的再发展。

最后，现代都市为视觉文化提供了发展空间。现代都市具有人口多、空间小、节奏快、人际关系淡漠等显著特征。在这样的环境中，人们渴望与人交往，渴求获取外界信息。大众传播媒介恰恰解决了人际关系淡漠却又渴求社交的矛盾。电视、互联网等大众传播媒介搭载着丰富的视觉文化信息深入人们的生活之中。同时形象直观的视觉文化相较于需要细细推敲揣摩的印刷文化更能适应快节奏、高效率的现代都市生活，人们在短时间或碎片时间中获取信息的愿望在视觉文化中得以实现。[①]

（二）视觉文化的内涵

1. 视觉、视觉素养和视觉艺术

视觉，可以通俗地理解为观看。孟建提出，"观看，可以说是人类最自然最常见的行为。但最自然最常见的行为并非是最简单的。观看实际上是一种异常复杂的文化行为。我们对世界的把握在相当程度上依赖

[①] 黄云鹤：《当代视觉文化传播的问题与对策》，硕士学位论文，吉林大学，2004年。

于视觉,看,不是一个被动的过程,而是主动发现的过程"①。我们在把握世界的过程中,相当程度上依赖于视觉,因此人类很早就已经有了看的经验,也即视觉经验。生理学和心理学研究显示,人类为了自身的生存和发展而从外界获取的信息中,80%来自视觉器官。黑格尔认为,"视觉(还包括听觉)不同于其他感官,属于认识性的感官,所谓认识性的感官,意指透过视觉人们可以自由地把握世界及其规律,所以,较之于片面局限的味觉或嗅觉,视觉是自由的和认知性的"。视觉的基本形态是看,根据观看的不同状态,又可以表述为凝视、注视、静观、浏览等视觉体验状态。

人们虽然有视觉,但还需要通过锻炼来提高视觉能力,这便涉及视觉素养的问题。视觉素养也可称作视觉修养、视觉教养。视觉素养指人类通过视觉活动体验和在视觉活动中结合其他感官体验发展起来的一系列视觉能力,是理解和制造、创作视觉信息的能力的培养。视觉能力对于人类进行正常的学习活动起到十分重要的作用。具备视觉能力的人能够辨别和解释特定环境中的自然或人工的视觉行为、对象和符号,从而理解图像的真实意义和价值。

视觉艺术也可以称为美术、空间艺术和造型艺术,指用物质材料制作具有视觉性特征的直观艺术形象。美国美学家托马斯·门罗曾说,"艺术本身就是一种行为"。视觉艺术既是人的行为的展现,又是人的行为的成果,还是人的价值观念的反映。人的行为模式中蕴含的价值观念随着行为活动作用于视觉艺术,以直观、可视的形式在视觉艺术中再现人的价值观念。视觉艺术源于生活并服务于生活。视觉艺术是一个内涵宽泛的概念,包括传统美术、传播和设计艺术、建筑和环境艺术、民间艺术和各类艺术制品。诸如绘画、雕塑、电视、电影、动漫、微信、城市设计、珠宝制品等都可归为视觉艺术范畴。

2. 文化和文化的视觉化

文化一词源自拉丁文"Colere",原意为耕作土地。后来延伸为培

---

① 陶东风等:《文化研究》第3辑,天津社会科学院出版社2002年版,第68页。[德]格奥尔格·威廉·弗里德里希·黑格尔:《美学》第三卷(上卷),朱光潜译,商务印书馆1979年版,第311页。钱智民:《视觉文化传播社会影响论》,硕士学位论文,云南师范大学,2008年。盛希贵:《影视传播论》,中国人民大学出版社2005年版,第6页。

养人的精神、兴趣。1897年，英国人类学家爱德华·泰勒提出"文化"的概念，他认为文化具有复杂性和多样性，包括艺术、道德、法律、风俗和知识等。美国的《剑桥百科全书》将文化定义为"后天逐代相传的行为模式和思想，比如信仰、价值观、语言、政体、经济活动以及器具、技术和艺术形式等"①。《中国百科全书》从广义和狭义两个层面对文化进行界定，"物质和精神的全部产品是广义的文化概念；精神生产能力和精神产品，包括社会意识形态是狭义的文化概念"②。

加拿大传媒理论学家马歇尔·麦克卢汉认为，"文化可以划分为口语文化时期、印刷文化时期、视觉文化时期三个不同阶段"③。其中，视觉文化时期以文化的视觉化为基本特征，影像和图像因素占据主导地位，人们倾向于以视觉化的方式呈现和传递文化。随着经济、科技的迅猛发展，人们从互联网、电影、电视中轻松便捷地获取各式各样的图像和影像信息，伴随着视觉文化产品的不断涌现和人们对视觉文化产品需求的日益攀升，文化的视觉化趋势日益深化。

3. 视觉文化

视觉文化同大众文化、流行文化等众多文化都包含于文化领域之中，各文化之间既有区别又相互联系。20世纪80年代，视觉文化这一概念在学界传播开来，学者分别从不同角度对视觉文化进行定义，其中具有代表性的概念界定可以归为五种。第一种观点中，米克·巴尔认为视觉文化是一种交叉学科或是跨学科的研究对象。研究视觉文化需要多学科知识理论和研究方法的支持，"需要借助于其他的多种学科，比如已有的人类学、心理学、社会学，还有其他本身就比较年轻的学科，如电影研究和传媒研究"④。但是需要澄清的是，视觉文化研究与其他学科之间并非简单的从属关系。第二种观点认为，后现代主义就是视觉文化。英国学者尼古拉·米尔佐夫认为视觉文化是处理问题的方式和方法，而不是一门学科。第三种观点认为，视觉文化是对互文本世界的考

---

① 张岱年：《文化与哲学》，中国人民大学出版社2009年版，第64页。
② 陈华文：《文化学概论新编》，首都经济贸易大学出版社2009年版，第58页。
③ 张舒予：《视觉文化概论》，江苏人民出版社2003年版，第88页。
④ ［法］雅克·拉康等：《视觉文化的奇观——视觉文化总论》，吴琼编，中国人民大学出版社2005年版，第125页。

察和研究，对可视范围的实物进行意义阐述。第四种观点中，张舒予把视觉文化界定为"以图像符号为构成元素、以视觉直觉可以感知的样式为外在表现形式的文化"①。第五种观点中，肖伟胜认为视觉文化有广义和狭义之分，"广义的视觉文化分为原始的视觉文化、视觉艺术以及现代影像文化。狭义的视觉文化则是以报纸、杂志、广告、摄影、电视、网络等大众媒介为主要传播方式，以视觉性为精神内核的视像文化形态"②。

综上所述，本文综合张舒予对视觉文化的定义和肖伟胜对狭义的视觉文化的定义，将视觉文化界定为以图像和影像为呈现载体，以互联网、电视、电影等大众媒介为传播载体，以可视、形象的方式展示、阐释事物的一种文化。从电视、电影的风靡到互联网的触手可及，再到手机微信的及时刷屏，视觉文化已成为人们日常生活中必不可少的一部分。

（三）视觉文化的基本特征

1. 视觉文化具有直观性

相较于语言文化和印刷文化，视觉文化作为全新的文化形态具有显著的直观性特征。直观指用感官直接接受。视觉文化由图像因素和影像因素构成，其中图像因素作用于视觉感官，影像因素综合作用于视觉与听觉感官。与以文字为载体，需要细细加工、揣摩文字描绘的景象的语言文化和印刷文化相比，直接呈现的视觉图景使得视觉体验便捷轻松，视觉文化直观可感。

视觉文化中的图像和影像因素有着丰富的来源，既可能是客观现实的真实再现，也可能是基于某一现实的创作表达，还可能是对某种想象的描绘。作为客观现实的真实再现，视觉文化记录着生活中的点点滴滴，跨越时间与空间的限制，将其他地区、其他人群发生的事情搬到受众眼前，使受众期望获得直观形象的视觉体验成为现实。作为基于现实的创作表达，视觉文化利用自身信息加工处理的功能，准确抽取现实事

---

① 吴新丽、蔡冠群：《从视觉文化的角度论教学资源开发的改进》，《中小学电教》2009年第Z2期。

② 肖伟胜：《视觉文化与图像意识研究》，北京大学出版社2011年版，第59页。

件中的关键信息,以节省时间、条理清晰的形式向受众再现某一现实。作为想象的描绘,视觉文化将不存在于现实生活中的事物加工为直观形象的图像和影像形式,方便受众对某一想象的全面把握。总的来说,视觉文化使人们获得了直观、生动的视觉体验。

2. 视觉文化具有大众性

文化具有精英文化与大众文化之分。市场导向下的视觉文化具有鲜明的大众性特征。视觉文化的大众性主要表现在受众广泛和内容通俗两个方面。

一方面,视觉文化的受众广泛。不同于语言文化和印刷文化对受众的受教育程度有着基本要求,视觉文化的受众群体十分广泛,从稚龄小童到百岁老人都可以作为视觉文化的受众,都可以根据自己的方式从视觉文化的图像和影像因素中获取信息。一个没有接受过教育的人或许不具备看书读报的能力,但他却能看懂电视、电影并从中顺利获取信息。传播迅速、雅俗共赏的视觉文化能够适应各个文化层次观众的普遍需求。另一方面,视觉文化的内容通俗。市场导向下的视觉文化决定了视觉文化需要遵循市场的发展趋势,迎合受众口味。简单、通俗、易懂的视觉文化信息更能够适应市场需求,更容易满足不同年龄阶段、不同知识程度人群获取知识的愿望。视觉文化大众性的两方面表现相辅相成,受众群体广泛决定了视觉文化内容的通俗易懂,内容的通俗简明又吸引着大量的视觉文化受众群体。

3. 视觉文化具有后现代性

当代视觉文化伴随着后现代主义而产生,从某种意义上来看,视觉文化是一种后现代文化,具有后现代文化的典型特征。视觉文化的后现代性表现为视觉文化是一种非理性的感官文化,也是一种虚拟文化。

一方面,视觉文化十分强调图像、影像内容对感官的刺激,为此,视觉文化传播的图像和影像内容常常以夸张的形式展现,最大限度地冲击人们的感官。"新的视觉文化最惊人的特征之一就是它越来越趋于把那些本身并非视觉性的东西予以视觉化。"[①] 一些原本非视觉性的事物

---

① [美]尼古拉斯·米尔佐夫:《视觉文化导论》,倪伟译,江苏人民出版社 2006 年版,第 8—9 页。

也趋于以视觉性的形式呈现。在这样的视觉体验包围之下,人们的想象空间被束缚,视觉文化成为非理性的感官文化的代表。另一方面,借助于科学技术进行创作的视觉文化产品已经可以创造出不属于现实世界的形象。从架空背景的科幻电影到网络游戏,视觉文化的虚拟性表现越发显著。人们在现实生活中的社会角色、伦理价值和行为范式都随之发生了改变。①

(四) 视觉文化的表现形式

1. 影视作品

电视、电影是视觉文化的基本表现形式之一,与人们的生活密切相关。影视是一种突破舞台剧的限制,不受时空限制且能同时表达多种场景的艺术,影视艺术能使时间延续、停止甚至倒退,通过视觉体验带领人们畅游未来、品味现实或者回到过去,既是人类梦想的表现,也是历史与文化的再现。一部好的影视作品不仅是对场景的真实再现,更包含着深刻的内涵意义,触动受众的情绪,发人深省。电影包括动作片、喜剧片、言情片、科幻片、灾难片、纪录片等类型。《湄公河行动》《一代宗师》等动作片,既有宏大的场景布置,又有处理极佳的武术打斗细节,壮阔的场景和激昂的打斗引人入胜,仿若置身其中,视觉体验良好。《功夫熊猫》《让子弹飞》等喜剧片,通过戏剧性的幽默情节与构图带给人们巨大的视觉冲击,人们感到轻松愉悦,身心放松。《罗马假日》《乱世佳人》等言情片,将恋人的甜蜜和爱情的美妙娓娓道来,带给人们情感上的满足。《星际穿越》《盗梦空间》等科幻片,通过科技手段将虚拟的人物和情节呈现,将个人想象化为群体的视觉体验。《2012》《后天》等灾难片同样将想象以视觉体验的方式展现,但其中蕴含的珍爱生命、热爱自然、保护地球的深意时刻警醒人们。《建党伟业》《建国大业》等纪录片,以历史为依据,以真人事迹为素材,再现生活、再现历史,抒发人们的爱党爱国之情。电视剧同样包括丰富的表现类型。高质量的影视作品不仅包含良好的视觉体验,更蕴含深刻的精神内涵,为人们提供了一场视觉的盛宴和精神的洗礼。

---

① 刘伟斌:《后现代视觉文化研究》,博士学位论文,吉林大学,2011年。

2. 互联网信息

近年来随着科学技术的高速发展，互联网已经成为视觉文化呈现的主要方式之一，上网成为人们的一种生活方式。互联网是一个虚拟世界，浏览网页、发送电子邮件、编辑微博、网上购物、线上学习、网络游戏、下载资源、话题讨论等网上活动共同构建起互联网世界。虚拟的互联网世界与现实世界相比，具有跨越时空的特点。现实世界中，人们生活在一定的时间与空间范围内，生活交往与信息获取往往也局限于所处的时空之中。而互联网打破了这种时空限制，在互联网的联系下，人们可以和世界各地的人进行交谈，互联网中丰富的信息资料也为人们提供了数量庞大的资源。视觉文化正是承载着这些信息资源的文化载体之一。互联网为人们提供了兼具选择性、开放性和自由性的空间，使人们不再受现实世界中各种物质与非物质的制约，拥有了自主的权利、多重的身份和百变的生活状态。以视觉文化形式呈现的丰富的信息资源，形象直观，吸引人们的注意，满足了人们的好奇心与求知欲，开阔了视野，拓展了知识面，更新了价值观念。

3. 动漫作品

动漫是视觉文化的表现形式之一。在青少年群体中，动漫的影响力不亚于影视作品与互联网信息。以1000名广东省青少年为对象的调查研究发现，84.9%的青少年表示他们很喜欢或较喜欢动漫产品。[①] 动漫是动画与漫画的合称。动画是将多幅静止的画面连续播放的动态影像。漫画是通过虚构、夸张、写实、比喻、象征等多种手法，描绘图画、进行叙事的艺术形式。动漫兼具语言性和诙谐性特征，即使无声也可以表达一定的内涵，情节夸张，幽默风趣。动画《猫和老鼠》讲述一只名为汤姆的猫和一只名为杰瑞的老鼠之间的故事。一百多集的动画片中，汤姆和杰瑞之间几乎没有对话，然而在背景音乐的烘托下，观众很容易把握故事情节，并从中获得乐趣。漫画《老夫子》曾经风靡一时，内容风趣幽默，又能反映时弊，往往令读者发出会心一笑。青少年接触的动漫作品多产自我国、日本和美国，包括励志、教育、伦理、校园、言情、暴力、恐怖、悬疑、科幻和冒险等多种类型。其中，科教性质的动

---

① 邓智平：《广东青少年动漫消费调查报告》，《青年探索》2007年第1期。

漫，以夸张、拟人、象征等表现形式把抽象的知识、原理、概念等内容进行幽默、生动的诠释，由浅入深，使青少年在视觉体验之余，自发地记忆动漫中所蕴含的知识与价值。娱乐性质的动漫，故事情节简单，运用具有趣味性的表现手法呈现认识与审美的价值取向，使青少年获得轻松愉悦的视觉感受。而暴力等与社会主流价值观念相悖的动漫对青少年价值观教育起反作用。

4. 微信信息

随着科技的发展，微信成为视觉文化的重要呈现形式之一。据统计资料显示，截止到 2016 年 12 月，微信拥有 8.89 亿个月活跃用户［包括微信手机版、网页版、电脑版和海外版（Wechat）的用户］，1000 万个公众号平台，1 年来直接带动 1742.5 亿元信息消费。支持移动终端运行，兼具消息推送、公众号平台和朋友圈功能的即时通信工具——微信，走进千家万户，成为人们沟通交流、记录生活、获取信息的重要手段。微信信息中包含大量的图像和影像内容，是视觉文化的重要表现形式之一。一方面，微信支持图片和视频发送与分享功能，相较于文字描述，人们习惯于采用上传图片和视频的方式便捷、直观地展现自己的工作和生活状态，这一习惯倾向使微信的消息推送和朋友圈中充斥着大量的图像和影像内容，使人们生活在视觉文化的包围之中。另一方面，微信的公众号平台针对人们希望在短时间或碎片时间中获取信息的思想，采用图像、影像和文字结合的方式向微信用户推送内容，大大增加了人们接触视觉文化信息的概率与数量。

三　视觉文化对青少年价值观的影响

大众传播媒介的发展和现代都市生活的需求为视觉文化提供了飞速发展的契机，大量的视觉文化产品充斥着人们的生活。然而，视觉文化具有鲜明的两重性。优秀的视觉文化能够帮助青少年树立正确的价值观。而缺乏坚定的价值观指导，价值判断与价值选择能力尚不完全成熟的青少年长期生活在良莠不齐的视觉文化环境中，其生命价值观、审美价值观、道德价值观和生活价值观可能发生异化。

(一)视觉文化对青少年价值观的积极影响

1. 全方位的视觉文化强化了青少年的价值选择和认同

视觉文化以影视、互联网、动漫、微信等多种表现形式进入青少年的生活,为青少年提供了一个认识价值观和行为准则的文化空间。视觉文化通过图像和影像再现了现实生活场景,青少年不需要亲身体验便可以拓展和强化对世界的认知。他们通过观看的方式走近世界,把握世界,看到社会中什么样的人群得到认可,什么样的工作意义非凡,如何维护正义,如何惩治邪恶。全方位的视觉文化为青少年认识世界提供了一条捷径,青少年在这一认知过程中逐渐明确了社会期待,拥有了人生理想,强化了价值选择和认同。

青少年时期是"自我同一性"的探索时期。青少年开始从与他人的比较中认知自我,把握自我。生动直观的视觉文化为青少年呈现丰富的现实图景,反映社会中各类人的生活状态和各项工作的社会价值。青少年通过获取视觉文化,对个人和社会形成初步的认识,进行价值选择。优秀的视觉文化肩负着价值引导的职责,对社会图景的呈现不是原封不动地照搬照抄,而是通过价值考量后的视觉化再现。选取正面的人物和事迹积极宣扬,同时选取部分负面却又有教育意义的人和事进行警示教育宣传,引导受众尤其是青少年学习,从而加深对社会价值观和行为准则的认知和选择。

2. 正能量的视觉文化丰富了青少年的人生价值取向

美国心理学家班杜拉认为,人的一切社会行为都是在社会环境影响下,通过对示范性行为的观察学习而得以形成、提高或改变的。这便是人们常说的模仿,被鼓励当作模仿对象的便是人们常说的榜样。榜样的力量是无穷的。榜样的力量在于它是一种无声的教育,不同于缺乏现实性和生命力的言语引导,榜样通过向他人提供现实的活动方式激励人、改变人,更能得到人们的认可。

从青少年的接受心理出发,相较于外界强行灌输的思想,他们更愿意接受身边榜样的行为引导。而视觉文化的直观性恰恰满足了青少年的这一心理特点,以图像、影像形式呈现的人物事迹仿佛发生在身边。一些电视节目和新闻报道开辟出专题人物栏目,选出一批形象正面、行为符合社会主流价值观的人物事迹进行宣传。以中央电视台的品牌节目《感动中国》《寻找最美乡村教师》《寻找最美乡村医生》和《最美基层法官》为例，节目组在筹备阶段从全国各地搜集榜样人物的事迹，并面向公众进行公开票选，人物事迹受到社会主流价值观的评判，人民群众的支持成为榜样人物入选的依据。而后，节目组跟随入选人物记录拍摄榜样的工作生活情况，整理后在节目播出时以图像和影像的形式呈现给观众。拍摄的图像和影像往往由榜样人物的一天活动剪辑而成，镜头下的榜样可能在整理家务，可能在教室上课，可能在抗洪一线，可能在手术台旁，没有别致的设计、摆拍，仅仅是对工作生活的再现就在无声中拉近了榜样与青少年的距离，触动了青少年想要模仿榜样的心弦。影像中的榜样人物就像青少年身边的人们一样，认真完成普通却有价值的工作。正是这种直观感、普通感拉近了两者之间的距离，使青少年真切地感受到榜样的存在和榜样的力量，意识到榜样的模仿者也可以是普通的自己，榜样的精神与事迹也可以被复制。视觉文化中的榜样不仅仅存在于真人真事的记录，也存在于改编虚构的影视、动漫作品之中。以影视作品为例，近年来，历史剧和青春励志剧受到青少年的喜爱。影视作品中的榜样形象不仅表现出历史传统中某些职业形象的特质，还在创作过程中添加了现代社会对他们的角色期待。历史剧中，保家卫国的军人战士与心怀家国的有志之士表现出的爱国、大义、无畏精神依然是现代社会价值体系中的重要构成。青春励志剧中，升学、创业、工作的情节与青少年的生活经历相近，主人公坚持不懈、勇往直前的勇气也是青少年在日常生活中必不可少的。影视作品以震撼人心的场面或贴近生活的情节向受众传递着与现代价值观相契合的思想，引人入胜的同时，也为青少年树立了虚拟的榜样形象，帮助青少年寻求正确的人生价值取向。

3. 多元的视觉文化促进青少年文化多元价值观的形成

经济全球化的发展为文化全球范围内的传播与交流创造了条件。每一种民族文化都是一个民族的智慧结晶和精神信仰，都有其存在的独特价值。依托高效率、高覆盖的大众传播媒介，借助电视、电影、网络、动漫和微信等丰富多样的表现形式进行传播的视觉文化是全球多元文化展示的重要平台。各种不同的文化汇集在一起，创造了视觉文化产品的繁荣，也培养了青少年文化多元价值观的形成。

以电影为例，不同文化背景的电影拥有不同的精神内核。美国电影以大场面、高科技著称，而剧情的背后是着力于宣扬个人英雄主义的精神内核。《后天》堪称美国灾难片的巅峰之作，故事由全球气候变暖引发毁灭性灾难展开，主人公气候学家杰克·霍尔告知民众这一即将到来的灾难并建议他们尽快逃生后，跋山涉水、克服困难营救被暴雪围困的儿子。不论是影片开头中杰克·霍尔展现出的高超的预测气候状况的个人专业技术，还是后续故事中面对重重危险展现出的顽强毅力，都是对主人公个人英雄主义精神的渲染。《星际穿越》是美国比较具有代表性的科幻片，故事背景设定为不远的未来，地球自然环境不断恶化，人类需要移居到合适的星球，主人公飞行员库珀经过重重考验最终寻找到适宜人类移居的星球。库珀在影片中表现出超乎常人的智慧和毅力，正是这些优于常人的特点帮助他取得了成功，拯救了人类。以一己之力拯救人类正是美国文化极力宣扬的个人英雄主义的写照。不同于美国文化，团结合作等集体主义精神深深植根于中华传统文化之中。《建党伟业》再现了中国共产党建党前夕的峥嵘岁月。孙中山先生就任临时大总统，袁世凯称帝，张勋复辟失败，军阀割据，混战不断。毛泽东、李大钊、周恩来等革命先辈虽然身处不同地方，却都在思索着救国救亡之路，最终建立中国共产党，带领中国人民站起来了。我们从这部影片中观看到的是一群爱国者为共同的使命奔波，感受到的是中华民族的爱国与热血，这正是中华民族文化中的集体主义精神。《湄公河行动》根据真实事件改编，讲述缉毒特别行动小组和情报员通力合作，抓捕毒枭，为民除害的故事。特别行动小组的成员角色塑造丰满，各有所长，正是由于大家的配合，抓捕行动才能够顺利开展。集体的力量大于个人的力量是集体主义精神的真实写照。

在视觉文化和现代传媒手段的支持下，超越空间局限的交流轻而易举便可实现，跨文化交流发生在青少年的身边。不同于文字对其他国家文化的描述，视觉文化以其视觉化的特点将外国的风土人情再现于千里之外的受众眼前。成长于丰富多彩、活灵活现的多元视觉文化环境之中，青少年被赋予了多元文化的视觉体验，增长了见闻，有利于形成文化多元价值观。

（二）视觉文化对青少年价值观的消极影响

1. 商业性的视觉文化助推青少年生活价值观的功利化

在"炫耀性消费"和"示范性消费"等商业性质的视觉文化的推波助澜下，享乐主义和消费主义在价值观念尚未定型的青少年群体间蔓延。以广告为代表的商业性的视觉形象，为了推销产品，往往使用大量的视觉景观夸大表现使用产品的快乐图景。广告设计者巧妙地利用消费者的心理，将幸福图景与毫不相关的商品结合起来，引导人们进行消费，从而获得可以炫耀的资本。部分广告所宣扬的享受生活的方式与强调勤俭节约、自我约束和抑制冲动的传统价值观念相违背，影响了整个社会的价值观体系，不利于青少年人生价值观、道德价值观、审美价值观以及自然价值观等的树立。不仅是广告，影视剧和电影也表现出了这一错误倾向。风靡的青春偶像剧，除了以浪漫的爱情故事和靓丽的男女主角吸引青少年以外，剧中对富豪生活的奢华描绘和对富家子弟挥金如土的行为描述也令青少年羡慕不已。

越来越多的青少年在"炫耀性消费"和"示范性消费"的视觉文化影响下失去了价值评判标准，迷失了道德感，虚荣和攀比的歪风在青少年群体中蔓延。17岁的小豪家庭经济条件优越，常与同龄人出入游戏厅、夜总会等场所，因临近高考，父母限制其外出时间和花销，小豪不惜从家中偷钱以维持日常的高消费。① 近年来通过黑中介卖掉自己的肾脏，购买新款智能手机；卖掉自己的卵子，换取金钱物质享受；以裸照、不雅视频进行"裸贷"，满足不断高涨的物欲需求等违反法律、违背道德的事件频发，不惜以自己的身体健康和品格尊严为代价谋取物质享受的行为伤害自己和家人的同时，也对社会风气造成了不良影响。

"消费示范通过消费品和消费方式的示范对民族文化甚至民族凝聚力形成的冲击也是明显的。在社会变化加剧时期，消费示范会加剧个人享乐主义和浮华腐化的社会风气的盛行，从而对支撑社会稳定的灵魂——社会道德造成巨大的破坏。消费示范过快地激发了民众的消费期

---

① 王敏：《从三起刑事犯罪案例看青少年法律认识误区》，《工人日报》2014年3月22日。

望，使期望本身的增长比转变中的社会在满足这些期望方面的能力的提高要快得多；这样，在人们的期望与现实可能性之间，需求的形成与需求的满足之间形成了一个差距。这种差距在经济高速增长时对社会稳定的影响还不大，一旦经济增长速度放慢或出现衰退时，人们会由于差距的作用而产生社会挫折感，从而对社会稳定造成影响。"① 青少年的生活价值观和消费价值观是民族新一代价值观念的缩影，对于社会稳定和民族发展起到至关重要的影响作用。

2. 虚拟的视觉文化造成青少年道德价值观的缺失

视觉文化的传播媒介十分丰富。其中互联网信息的虚拟性特征对青少年价值观教育产生着不容忽视的影响。根据中国互联网络信息中心（CNNIC）发布的第39次《中国互联网络发展状况统计报告》显示，截至2016年12月，我国网民规模达7.31亿，全年共计新增网民4299万人。互联网普及率为53.2%，较2015年底提升2.9个百分点。中国网民规模已经相当于欧洲人口总量。② 我国手机网民规模达6.95亿，较2015年底增加7550万人。网民中使用手机上网人群的占比由2015年的90.1%，提升5个百分点，网民手机上网比例在高基数基础上进一步攀升。③ 研究人员也对青少年的上网行为进行了调查分析。据中国互联网络信息中心（CNNIC）发布的《2015年中国青少年上网行为研究报告》显示，截至2015年12月，中国青少年网民规模达到2.87亿，新增青少年网民1028万，增长率为3.7%。受益于智能手机等移动上网设备的迅速普及，青少年互联网普及率自2013年起一直保持了较高增速。青少年在家里通过电脑接入互联网的比例达到89.9%，手机上网的使用率达到90%。青少年网民对网络娱乐类应用存在明显偏好，其各类网络娱乐应用使用率均高于网民总体水平，网络游戏超出网民总体水平最多，达到9.6%。以架空世界观的小说、漫画、动画、游戏作为主要载体的"二次元"网络文化在过去几年中通过各类互联网娱乐应用在青

---

① 熊江卫：《广告的"七重罪"——当代广告文化审视》，《广告大观》2001年第8期。

② 中国网民规模达7.31亿，与欧洲人口总量相当：http://www.cnnic.net.cn/hlwfzyj/fxszl/fxswz/201701/t20170122_66457.htm. 2017年1月22日。

③ 手机网民占比达95.1%，移动APP服务全面提升：http://www.cnnic.net.cn/hlwfzyj/fxszl/fxswz/201701/t20170122_66456.htm. 2017年1月22日。

少年网民中快速渗透。作为"二次元"文化传播载体的视频和游戏的青少年用户规模分别达到2.2亿和1.9亿。[①]"二次元"文化描绘的架空世界，在世界观、人生观和价值观上与现实生活存在差异，对于缺乏价值判断能力、价值观念尚未成熟的青少年来说，沉迷其中，不利于其正确价值观念的形成。

负面的视觉文化在虚拟的互联网世界中极易对青少年产生不利影响。首先，青少年难以抵制不良虚拟视觉文化的诱惑，导致道德识别意识缺失。人们常以"地球村"比喻互联网的出现打破了地域和空间的局限，将各个国家、各个民族联系在一起。然而，科学技术是把双刃剑。西方国家通过其在科学技术方面的优势，以互联网信息的方式将其文化理念、意识形态和价值观念推行到世界各国。调查显示，互联网上90%以上的信息是英文信息，5%的信息为法文信息，而中文信息则不到1%。以美国、英国为首的西方发达国家在国际互联网信息资源中占据主导、控制和垄断地位。蕴含西方文化理念、意识形态和价值观念的信息借助虚拟的视觉文化大量流向中国。青少年的世界观、人生观和价值观尚不成熟，在各类虚拟信息的冲击下极易失去信息识别能力和评判能力，在长期接触虚拟视觉文化的过程中产生道德认知上的混乱。失去道德选择能力的青少年容易被虚拟视觉文化中的不良信息所淹没，不能明辨是非。

其次，虚拟视觉文化的匿名性特征致使青少年自我意识模糊，缺乏道德责任感。人们常将互联网世界比喻为虚拟的世界，这种比喻既贴切又片面。一方面，互联网构建起一个相对独立的信息系统，每个人都可以在互联网中赋予自己全新的身份，体验与现实截然相反的生活，人们在这个虚拟的世界中具有匿名性和隐蔽性。另一方面，互联网是基于现实世界中的人和事而建立起来的，尽管这个全新的信息系统具有一定的独立性，但作为社会发展的产物，互联网的使用者也应当遵循社会的法律要求和道德规范，如此才能维持社会秩序稳定。然而，正是对互联网这个虚拟世界的认知不够全面，使得人们在互联网中的表现与现实世界

[①] CNNIC发布《2015中国青少年上网行为研究报告》：http://www.cnnic.cn/hlwfzyj/hlwxzbg/qsnbg/201608/t20160812_ 54425.htm. 2016年8月12日。

中的表现大相径庭，无视道德和社会规范的约束，不对自己的行为负责。青少年在虚拟的视觉文化中失去对"我"的正确认知，无法直接感知自己应当承担的责任。互联网匿名性的特征使青少年不顾应该对自己、他人和社会承担的责任，发布不负责任的言论，做出违背道德甚至法律的事情。浙江温州市的一名家长在无意中将制造和传播计算机病毒的方法教授给 14 岁的儿子，该少年出于好奇心态在网络上大肆传播制造的计算机病毒，致使很多用户的计算机陷入瘫痪状态。①

最后，虚拟视觉文化强大的视觉冲击力，吸引青少年沉迷其中，逃避现实，情感冷漠。青少年沉迷于借助互联网传播的虚拟的视觉文化之中，经常面对没有生命、思想和情感的视觉符号，无法亲身体验现实世界的情感，感觉逐渐钝化，进而对情感变得冷漠，无法妥善处理人际交往关系，逃避现实。越来越多的青少年沉溺于虚拟的互联网世界之中，在以网络游戏为主要呈现形式的虚拟视觉文化中寻找自己的情感寄托，长此以往，青少年将会对现实人际交往产生厌恶、恐惧甚至逃避的心理。2017 年互联网中一款名为"蓝鲸"的游戏在青少年中盛行。操控、自残、死亡等灰暗字眼和血肉模糊、触目惊心的照片大肆传播，强烈的视觉冲击使得这种邪教式的死亡游戏慢慢走入青少年群体。2017 年 6 月，又一款借助互联网传播，名为"人体刺绣"的游戏在青少年之中流行。这种在身体上"穿针引线"的游戏，在互联网上甚至能搜索到不少的视频和图片教程，详细罗列出要用什么针、什么线、怎么缝。

3. 部分暴力、色情的视觉文化造成青少年生命价值观的扭曲

由于视觉文化具有其他文化形式不具备的强烈的直观性特征，视觉文化内容极易对青少年产生示范作用和暗示作用，视觉文化传播媒体中大量充斥的暴力、色情内容不利于青少年树立正确的价值观念，造成青少年生命价值观念的扭曲。久而久之，价值判断能力较弱的青少年群体会把暴力行为当作社会现实，将暴力当作解决问题的唯一方式。而色情内容的传播也不利于青少年个人的发展，个别青少年易受其影响，导致青少年性侵犯行为的发生。

---

① 王敏：《从三起刑事犯罪案例看青少年法律认识误区》，《工人日报》2014 年 3 月 22 日。

暴力内容的视觉文化传播引起全世界的关注。"根据信息——模仿理论，对于社会上一些心理不健全的、非理性的人，他们从媒介中获得各种信息，然后进行简单模仿，这样视觉文化传播的暴力内容往往成为他们模仿的对象，把虚构世界的行为照搬到现实生活中来。"① 1988年，新加坡亚洲大众传媒研究与情报中心对亚洲8国的电视节目进行了暴力检测。结果显示，1988年亚洲电视节目的平均暴力指数为157.3，而同期美国电视节目的平均暴力指数为177.8，美国电视节目的暴力指数远高于亚洲。20世纪90年代中期，美国健康专家和传播媒介机构的管理人员开展了为期三年的"全国电视暴力研究"项目，调查电视对青少年的影响。研究人员对全美23个主要电视频道的2500小时电视娱乐节目进行跟踪调查，发现有57%的节目包含暴力内容，73%的节目中施行暴力的人没有受到惩罚，50%的节目有开枪伤人、用刀伤人或者其他打斗的内容，8%的节目暴力受害者没有任何痛苦的表情，84%的节目没有描写任何暴力所造成的身体、精神和经济上的长期恶果，仅有4%带有暴力内容的节目显示出非暴力解决问题的途径。调查数据令人震惊，泛滥的暴力内容和具有误导倾向的暴力示范对青少年正确生命价值观念的树立造成巨大冲击。

暴力是指身体力量的公开行使导致违背他人意愿的行为，暴力镜头包括媒体上常见的斗殴、谋害、武力和使用各类武器强加于他人的行动。影视、互联网、动漫中大量充斥着犯罪手段和过程描述详细的抢劫、凶杀、绑架、家庭暴力等内容，使善于模仿、容易冲动的青少年深受影响。近些年来，受暴力内容的视觉文化影响，青少年违法犯罪的行为屡见报端。吉林省德惠市发生重大抢劫杀人案，年龄分别为13、14、15、15、16岁的5名犯罪嫌疑人抢劫一名出租车司机后杀人抛尸，被害者被扎30余刀身亡。② 张某沉迷于网游，因游戏中的对战、杀人情节与受害者结怨，最终演化为一场真实的杀戮，致使受害者丧命。③

暴力内容的视觉文化传播对青少年价值观念形成的消极影响是显而

---

① 陈龙：《在媒介与大众之间：电视文化论》，学林出版社2001年版，第309页。
② 刘亚娜等：《论网络游戏对青少年犯罪的影响》，《东北师大学报》（哲学社会科学版）2014年第1期。
③ 同上。

易见的。青少年时期正是人生成长的重要而又特殊的阶段。青少年身体、心理处于成长却又不稳定、不成熟的时期。视觉文化中的暴力内容就像无形的毒品，日益侵蚀着青少年的灵魂。首先，暴力的视觉文化内容造成青少年对生命的冷漠。研究显示，长期观看暴力节目的观众会对现实生活中的暴力伤害产生冷漠感，逐渐失去感受同情和伤痛的能力。暴力内容中生命价值的表达背离传统的道德观念，人类的生命价值变得不值一提，命如草芥一般，死亡变成一件简单、平常的事情。在这种扭曲的观念导向下，有些青少年杀人犯甚至以杀人为乐。他们把陌生人、毫无反抗之力的弱者甚至倾心对待的亲人作为杀害对象，不考虑生命的价值，不考虑犯罪的代价，仅仅是暴力的附庸、欲望的宣泄，严重扭曲了面对生命应有的正确价值观。其次，暴力的视觉文化内容诱发青少年的攻击性行为和暴力犯罪。许多研究者就青少年收看电视暴力节目的时间与他们侵犯性行为之间的关系进行研究，发现长期持续收看电视暴力节目可能会诱发青少年的侵犯性行为。1993年，美国心理学协会抽查了从1955年到1991年间发表的1000份研究，发现"收看暴力节目和发生攻击性行为之间有正向联系，看得多的人比看得少的人更具攻击性"[1]。视觉文化中大肆传播的暴力内容使缺乏分辨能力的青少年错误地认为暴力行为在社会中是普遍存在的，暴力甚至是解决问题的唯一途径。同时，电影电视中展现的暴力行为很少受到应有的惩罚，反而成为"男子汉""大英雄"的象征。这种歪曲事实的错误导向使得青少年更愿意认同暴力、采取暴力，并将暴力行为与幻想中的"英雄"行为紧密联系起来。缺少必要的引导，这种与事实相悖的价值判断将会渗透到青少年尚未成熟的价值观之中，造成青少年价值观念的扭曲。调查显示，我国50%以上的犯罪青少年直接接触并受到过各种不良信息的影响，主要媒介为录像、书刊、电影、电视、音带、游戏机等[2]。青少年暴力犯罪的直接原因竟是为了宣泄因视觉文化中的暴力内容而滋生的暴力欲望。最后暴力的视觉文化内容导致青少年心理障碍的产生。青少年

---

[1] 俞燕敏、那利群：《无冕之王与金钱——美国媒体与美国社会》，中国社会科学出版社2004年版，第40页。

[2] 徐建、肖建国：《21世纪中国青少年法律保护的走向》，《当代青年研究》1996年第3期。

的生理、心理尚在发展阶段,对事物的认知既不成熟也不稳定。青少年观看越多的暴力作品,就越容易认为人是自私自利、不可信任的,他们对于暴力的态度也将从抵抗、厌恶转向认可、接纳,对暴力受害者缺乏道德上应有的同情和帮助。研究表明,受暴力内容的长期持续影响,青少年会认为社会比实际生活中更加危险,对暴力的恐惧程度急剧上升,增加对他人和社会的不信任感,进而形成极端的自我中心主义倾向。

视觉文化中的色情内容与暴力内容是密切联系在一起的。一些不适宜青少年观看的色情内容充斥着视觉文化传播的各个媒介之中。生动、形象、直观的色情图像和影像向身心尚未发展成熟的青少年提早展示着成人世界的隐秘,时刻诱惑着青少年偷尝本不属于他们的"禁果",从而引发一场场无法挽回的悲剧。色情内容的视觉文化严重扭曲了青少年的价值观念。

受传统思想的影响,中国人基本回避谈论与色情相关的话题,但是中国的色情电影随着时代的变迁却在逐步发展。深具诱惑力与吸引力的色情电影屡禁不止。李安导演执导的电影《色·戒》由于涉及色情内容被要求重新剪辑后才可发行。李玉导演执导的电影《苹果》因违规制作色情内容的片段遭广电总局全面禁映。为了追求经济利益,一些不法分子非法出版涉及色情的音像制品。电视节目中,男女过分亲昵的镜头随处可见。广告中女演员穿着短得离谱的迷你裙宣传着毫不相关的商品,仅仅为了博人眼球。互联网中更是有铺天盖地的情色信息和性暗示内容。

视觉文化中描绘、呈现的成人世界使得青少年变得越来越早熟,他们与成人世界间的界限似乎也变得越来越模糊。然而不具备价值判断和选择能力的青少年,吸收了许多其年龄段不适宜、不需要的经验反而不利于其健康成长。盲目追求视觉刺激的包含暴力、色情内容的视觉文化向青少年传达出一种不正常的、带有社会观察偏向的信息。这些以视觉图像、影像形式呈现的信息比文字信息更加通俗、直观、形象,极易引起青少年盲目的偏听偏信。低俗的视觉文化对青少年的价值观形成、品德塑造、行为规束产生了负面影响,向青少年传递错误的社会文化和价值观念,造成青少年生命价值观念的扭曲。

4. 泛滥的视觉文化造成青少年审美价值观的庸俗化

随着视觉文化的广泛传播,视觉审美走向千家万户,人们的审美经验不再局限于高雅艺术的欣赏,而源于日常生活之中。公园里的思考者、大卫雕塑,广告牌上的《向日葵》《星空》,影视媒体中探访艺术的纪录片等,视觉文化时代的审美体验发生在我们生活的每一刻、每一处。视觉文化的传播在促进大众审美教育发展的同时,千篇一律、泛滥无际的视觉文化也使得价值观念不成熟、价值判断和选择能力不完备的青少年丧失欣赏艺术的独立性,造成青少年审美价值观走向趋同化和庸俗化。研究者曾选取重庆市的青少年学生进行有关青少年审美价值观的调查分析。调查结果显示,影视作品成为青少年最喜欢的艺术形式,认同率高达26.7%;26.3%的青少年的主要余暇文化活动是看电视电影,12.3%的青少年的主要余暇文化活动是上网,二者占比接近40%。电视、电影和互联网正是视觉文化传播的主要手段,视觉文化的冲击对青少年审美价值观的影响具有间接性和隐蔽性的特点,青少年审美标准趋向泛化与感官化,青少年审美表现出追求形象性的特征。[①]

传播学理论家拉扎斯菲尔德和莫顿曾说过,大众传播媒介会导致审美情趣和文化修养平庸化的负面效应。为了适应市场需求,大众传媒所传播的视觉文化往往遵循普适性原则,将传统的审美降低到适应大多数的普通受众的水平。市场导向下的审美体验不再是单纯的艺术享受,而转化为利益相关的消费行为。泛滥的视觉文化、低质量的审美体验,借助高受众群体的影视、互联网、动漫、微信等形式的传播,必将对青少年审美价值观的养成造成不利影响。形象直观和转瞬即逝的视觉文化使青少年养成了不加思索、被动接受信息的习惯,长期沉浸在追求感官娱乐的视觉文化之中,青少年将会失去深层的审美感悟能力和丰富的想象创新能力。视觉文化的自身特性决定了视觉文化需要适应大众需求,内容通俗,简单易懂,具有娱乐性质且能够吸引注意力,博取眼球。一方面,为了满足大众的需求,高雅艺术以视觉文化的形式进行展现时,必定会将其进行加工,使之通俗化、简单化,以适应多数普通受众的实际水平。在这一加工、再现的过程中,高雅艺术所具备的区别于通俗艺术的特点将会被模糊化处理。视觉文化展现出的泛滥的高雅艺术内容不再

[①] 赵永萍、张进辅:《青少年审美价值观调查与分析》,《西南师范大学学报》(人文社会科学版)2004年第5期。

具备高雅艺术自身的特点,普适化的视觉文化内容尽管符合大众需求,却不再具备审美教育的功能,长此以往,内容直观、传播迅速的通俗化、简单化的视觉文化内容反而对青少年审美价值观的培养产生负面影响,不利于青少年审美价值观的形成。另一方面,广义的视觉文化泛指一切可以观看的事物,既包括高山、大川等自然景观,也包括人工制造的各类图像、影像。随着科学技术的发展,影视作品、互联网信息和动漫作品充斥于大众生活之中。借助大众传播媒介进行传播的视觉文化,其内容多为经过技术筛选和加工的人工制造的各类图像和影像。这类人工制造的视觉文化,不同于自然形成的视觉文化,具有强烈的引导倾向,社会思想和制造者个人意志加入其中。青少年从影视、互联网、动漫、微信中获取的视觉文化是制造者进行自主加工和筛选后投放的,包含了制造者的意志信息。这类视觉文化不再具备信息的纯粹性,具有强烈的价值导向和审美导向,不利于青少年审美价值观的自主养成。

基于以上原因,视觉文化时代的青少年很少能够获得真正意义上的审美享受。便捷的传播手段和丰富的视觉文化内容客观上降低了青少年接触艺术的门槛。但是泛滥的视觉文化使得青少年的感官灵敏度不断下降,降低和弱化了青少年的审美能力。面对纷繁复杂的视觉文化信息,青少年只是忙于观看,却没有时间和意识去进行深刻的思索和品味。在视觉文化泛滥的当下,青少年仅仅增强了观看的能力,审美能力却在下降。缺乏独立思考和大胆想象的审美体验,青少年只会被赋予千篇一律、层次水平偏低的庸俗化审美情趣,不利于青少年审美教育的实施和个性的养成。

四 视觉文化影响下青少年价值观异化的归因分析

视觉文化对青少年价值观产生的消极影响源自多方面的因素。既有视觉文化自身价值的旁落、商业资本运作导致视觉文化沦为资本增值的载体,失去文化固有的品格,又有大众传播媒介缺乏自律意识与责任意识,公开传播价值导向错误的视觉文化;既有青少年自身的价值判断与价值选择能力尚不完全,不能在泛滥的视觉文化包围中坚持坚定的价值观,又有学校现有的青少年价值观教育落后于时代发展,实效甚微。诸多原因共同造成了青少年价值观在不良视觉文化的影响下发生了异化。

（一）视觉文化沦为资本增值的载体

英国学者费瑟斯通提出，"消费性的文化，特别是视觉文化，对社会具有三种功能，一是文化的削平功能，二是文化的民主功能，三是特有的经济功能"。① 视觉文化的广泛传播使文化脱离原有的精英路线走向大众化，文化内容开始迎合大众品味，文化自身的经济效益被无限放大，视觉文化在不知不觉中逐步沦为商业资本增值的载体。

一方面，商业资本运作下的视觉文化自身品格不断下降。沦为资本增值载体的视觉文化往往将视觉文化带来的经济效益视作发展的动力和目的，一味地迎合受众的品位以提高视觉文化产品的曝光率和经济收益，而忽视视觉文化自身应当承担的社会效益和教化作用。过度商业化的视觉文化片面追求经济效益的事例在生活中屡见不鲜。影视作品中的广告植入现象变得明目张胆，历史剧中的主人公无所顾忌地使用现代品牌的商品，仅仅是为了获得商家的投资赞助，就不惜破坏整部作品的文化底蕴。不顾影视剧情发展需要，仅仅为了迎合受众的猎奇心理，提高曝光率和收视率而拍摄的暴力镜头和暧昧镜头更是层出不穷。上述种种表现都是商业资本运作下的视觉文化降低自身文化品格的例证，为了经济效益和博取眼球而破坏文化固有品格的视觉文化丧失了文化的社会效益，给青少年造成错误的文化价值观导向和经济价值观导向，不利于青少年正确价值观的形成。另一方面，商业资本运作下的视觉文化存在价值导向偏差。近年来，各类选秀节目十分盛行。在一夜成名、一夜暴富的价值倾向诱导之下，越来越多青少年的价值观念发生了变化。他们不再遵循中华民族传统美德教诲的勤奋、刻苦去努力学习，拼搏奋斗，而是漫无边际地畅想着自己有朝一日可以坐享成功的喜悦。"成功"这一饱含辛勤与汗水的词语在商业资本运作下的视觉文化的错误引导中产生了价值偏差，青少年简单地认为取得成功是轻而易举的事情，根本不需要多少努力。这种与传统价值观念和青少年价值观教育理念相违背的错

---

① 孟建：《视觉文化传播：对一种文化形态和传播理念的诠释》，《现代传播》2002年第3期。

误引导,随着视觉文化的普及和深入,影响着思想、情感和价值观念处于关键发展时期的青少年,造成青少年价值观的异化。

(二) 部分大众传播媒介缺乏自律

视觉文化通过电视、电影、互联网等大众传播媒介进行传播,但是部分大众传播媒介和传媒工作者缺乏自律意识和责任意识,利用视觉文化形式传播一些不利于社会和谐稳定,违背社会主义核心价值观的产品,对社会和青少年群体造成不良影响。

一方面,部分大众传播媒介缺乏自律意识。电视、电影和互联网等现代传播媒介在社会中织就一张无形的网,时刻将附着大量信息的视觉文化传播到世界的各个角落,大众传播媒介的高覆盖广度、高传播速度和高渗透深度使得视觉文化等信息深入人们的生活之中,大众传播媒介宣扬的内容与人们的生活密切联系在了一起。但是,由于部分媒介没有遵循应尽的信息筛选义务,致使一些不良信息通过视觉文化表现形式走进大众视野,造成不良影响。这些不良大众传播媒介高挂市场原则的旗帜,不顾法律规范、道德要求和自身责任,仅仅将受众当作消费者,将传播的视觉文化当作商品,将文化传播行为当作商业行为,只要受众喜欢,即便内容媚俗也毫无顾忌。在视觉文化传播过程中,不仅对受众获取不良图像、影像信息的欲望不加控制,甚至故意使用暴力、色情等低级趣味的图像和影像资源吸引受众的注意。这种将利润放在首位,抛弃责任与义务的行为严重破坏了大众传播媒介的公信力和影响力。传播的不良视觉文化内容对于具有强烈好奇心和不成熟的价值判断能力,价值观念处于养成阶段的青少年影响十分恶劣。

另一方面,部分传媒工作者缺乏责任意识。视觉文化通过电视、电影、互联网等大众传播渠道向人们传递的过程是传媒工作者对视觉文化进行二次加工的过程。传媒工作者不仅需要将视觉文化转化为人们喜闻乐见的文化内容,还要对视觉文化的内涵、价值进行把关,将一些低级庸俗、不符合主流价值观念的视觉文化进行剔除。但事实上,大众传播媒介成为生产视觉文化产品的工厂,传媒工作者仅仅担任将流水线生产的视觉文化产品进行机械包装的流水线工人角色。2003年,新浪网在《中国新闻工作者职业道德调查报告》中研究了中国新闻从业人员对有偿新闻的看法。对于记者为自己的单位联系广告业务，16.8%同意，56.4%态度暧昧，这俩部分占整体的近四分之三；对于为自己的版面或节目联系赞助，26%同意，54.2%态度暧昧，这俩部分占整体的五分之四；对于主动淡化不利于重要广告客户的新闻，12.1%同意，54.2%态度暧昧，这俩部分占整体的三分之二；对于接受被采访方招待用餐，21.5%同意，62.8%态度暧昧，这俩部分占整体的六分之五；对于接受被采访方安排的免费旅游，10.7%同意，55.1%态度暧昧，这俩部分占整体的近三分之二；对于接受被采访方现金馈赠，6.3%同意，40.5%态度暧昧，这俩部分占整体的近半数；对于记者为企业担任公关工作，9.9%同意，42.8%态度暧昧，这俩部分超过整体的一半。[1] 这组数据表明，部分传媒工作者在面对与职业规范和职业道德冲突的利益诱惑时，存在屈从利益诱惑的心理倾向或行为。部分传媒工作者缺乏职业责任感，丧失了对视觉文化产品进行价值判断和筛选的独立性，只是简单地把视觉文化产品呈现在受众面前。而视觉文化受众长期受到直观、形象的视觉文化冲击，已然丧失了对视觉文化进行价值判断和选择的能力。如此往复，传媒工作者没有达到信息筛选的要求，人们接收到原始的视觉文化信息，数量巨大、质量参差的视觉文化信息对人们的生活造成了严重困扰。作为价值观念不成熟、不稳定的青少年，在这样的恶性循环中成为最大的受害者，不良视觉文化信息冲击着青少年的价值观，导致青少年价值观的扭曲和异化。

（三）青少年价值判断和价值选择能力的不足

受生理和心理发展状况的限制，青少年尚不具备完全成熟的价值观。道德意识模糊、法律意识淡漠、审美意识缺失、判断能力欠缺等成为部分青少年的标签。当代青少年是生活在鲜艳的五星红旗下的幸福一代，他们拥有和谐的生存环境、良好的物质资源和悉心的亲人呵护，这样的环境在促进青少年茁壮成长的同时，也导致青少年涉世未深，人生阅历不足，难以通过外界恶劣因素的考验。随着大众传播媒介大肆传播

---

[1] 郑保卫、陈绚：《传媒人对"有偿新闻"的看法——中国新闻工作者职业道德调查报告》，《新闻记者》2004年第5期。

的不良视觉文化信息正是困扰青少年生理和心理健康成长的重要因素。

一方面，不良视觉文化信息中包含大量的暴力、色情等违背社会主义核心价值观的内容，这些不良信息随着影视作品、动漫作品、互联网信息和微信信息潜入青少年的生活之中。部分青少年自身缺乏价值判断和价值选择能力，不能在接触不良视觉文化信息的第一时间产生警觉和采取有效应对措施。长此以往，青少年价值观极易被不良视觉文化信息侵蚀，导致价值观异化。暴力、色情等在日常生活中接触不到的事物，通过图像、影像因素生动、直观地展现在青少年面前，对生理和心理处于发展成熟阶段的青少年来说具有较强的吸引力。青少年好奇心强、善模仿、易冲动等特点使青少年极易受视觉文化中暴力、色情等信息的蛊惑，动摇价值信仰，做出违背道德、触犯法律的事情。另一方面，部分青少年不能全面、正确地认识视觉文化，忽视视觉文化的教化作用。视觉文化产品由于针对的受众目标和涵盖内容不同，存在多种分类。简单地说，既有以娱乐为主要目的的视觉文化产品，也有以科教为主要目的的视觉文化产品。娱乐性质的视觉文化产品以愉悦身心为目的，科教性质的视觉文化产品以传播知识为目的。青少年处于接受教育、发展自身的关键时期，正确、全面地认识视觉文化的类型，重视视觉文化的教化作用，合理管理自我接受视觉文化信息的频率与内容是青少年在视觉文化广泛传播应用的时代环境中获得有效发展的需要。然而，现实生活中，部分青少年对视觉文化的类型和作用缺乏全面、恰当的认识，相较于内容较为枯涩的科教信息，青少年更愿意接受新奇的娱乐性质的视觉文化甚至为世俗所不容的暴力、色情内容。部分青少年缺乏对视觉文化必要的认知，欠缺价值判断和价值选择能力，极易在纷杂的视觉文化中迷失自我，造成价值观异化。

(四) 青少年价值观教育效果的低下

青少年价值观教育是基于价值观之于人的重要意义和我国青少年价值观的现状基础上设定的，价值观教育的目的在于向青少年普及社会主流价值观念和行为准则，帮助青少年树立崇高的社会理想和人生理想，培养青少年价值判断和价值选择的能力，使青少年获得追求幸福人生的价值导向和能力。然而现行的学校青少年价值观教育呈现出与本初的价值观教育相背离的情形。

总的来说，现行的学校青少年价值观教育在教育内容和教育方法上存在一些问题。其一，教育内容方面。学校青少年价值观教育内容的问题主要集中于存在脱离生活实际的倾向。青少年价值观教育不同于一般的语文、数学学科的教育内容，不是按照既定的知识框架进行教学就能轻松取得良好的教育效果。青少年价值观教育是培养青少年树立正确价值观的教育，是针对青少年表现出的价值观缺陷而开展的教育。因此，学校青少年价值观教育内容不应是一成不变的，而应当在规定的基本知识框架的基础上，结合社会环境特点和青少年成长特点实时补充、更新。目前，视觉文化在大众传播媒介的推动下走入千家万户，青少年仿佛置身于一个由图像和影像构建起来的全新世界，面对视觉文化这个充斥在生活每个角落的新事物，缺乏针对性指导的青少年很容易产生价值观的动摇。然而，应当担负起指导青少年正确面对视觉文化等新事物的学校青少年价值观教育却没有在不良视觉文化信息诱导青少年酿成祸端之前及时发现和积极应对这一问题。问题出现前及时解决和问题发生后疏导应对所达成的是两种截然相反的教育效果。其二，教育方法。现行的学校青少年价值观教育方法多为传统的说教式的教学方法。课堂中，以教师讲授为主，学生提问为辅，学生在教学过程中的重要性和参与度都大打折扣，学生的学习兴趣也不易被调动。长此以往，学校青少年价值观教育很难达成预设的教育目的。此外，缺少情境预设和情景互动的青少年价值观教育不能使青少年将学习到的理论知识与具体实践有机地结合起来，不便于青少年在日常生活中面对价值判断和价值选择时有效调动学习过的理论知识。基于上述两方面的现实问题，现行的学校青少年价值观教育缺少一定的现实性、针对性和互动性，对青少年价值观的影响甚微，不足以支撑青少年面对不良视觉文化的错误诱导时做出完全正确的价值判断和选择。

五 视觉文化影响下青少年价值观教育的建构

视觉文化时代，我国文化原有的模式和思维特征发生了巨大的变化。青少年在接触大量视觉文化信息后，受到视觉文化所蕴含的内容与价值观念的影响，效仿视觉文化营造的模板生活。尽管青少年从视觉文化体验中获得了一定的快感和知识，但泛滥的视觉文化对青少年价值观的错误导向严重影响了青少年价值判断和价值选择能力的培养以及正确价值观念的树立。通过有效的青少年价值观教育途径，对视觉文化影响下的青少年价值观进行矫正，使青少年的价值观健康、理性发展，是青少年价值观教育在这个遍地是影像和图像的时代中必须做好的事情。政府、大众传播媒介、学校与家长在视觉文化影响下的青少年价值观教育中担负着重要责任。

（一）政府应当规范视觉文化传播

市场经济作用下，文化呈现出商业化气息，成为了一种产业。精英文化陨落，以视觉文化为代表的大众文化走俏，沦为商品的文化开始成为娱乐性、商业性的代名词。面对市场经济主导下形成的文化困境，政府必须进行有效介入，对视觉文化产品加强管理并出台视觉文化产品的生产、发行规范，以整治社会风气，复归文化本色，消除不良视觉文化对青少年的消极影响，帮助青少年重树正确的价值观。

首先，文化政策方面，政府应当对代表先进文化发展方向的视觉文化作品和相关产业予以支持，以政策支持的方式鼓励文化工作者和大众传播媒介制作与传播先进视觉文化。其次，面对视觉文化繁荣、语言及文字功能衰退的局面，国家也应当在文化政策上对语言、文字等传统文化予以保护，通过政策倾斜，为具有鲜明民族特性的语言和文字文化发展创造有利空间。优化文化传播结构，满足人们对多元文化内容和文化形式的需求。再次，壮大在线教育平台，通过政策力量鼓励社会、学校等多方力量面向青少年价值观教育开发在线教育资源。建设青少年价值观教育相关的优质在线开放课程和资源库，与学校教育有机结合，为青少年群体学习和践行社会主义核心价值观创造条件。最后，加强对视觉文化制作与传播的管理，制定相关政策法规。在严格监管视觉文化产品内容和深层价值的同时，实行分级制，限定青少年不宜接触的视觉文化产品。目前，世界多个国家已经采取分级制规范电视行业。国外实施的电视分级制包括"年龄分级制"和"内容分级制"两种分级方式。顾名思义，"年龄分级制"指以受众的生理年龄作为划分依据，电视内容根据受众年龄进行分级；"内容分级制"指以电视内容种类作为划分依据，包括色情、暴力等。实施过程中，"年龄分级制"得到家长和学校的认可，而"内容分级制"尽管对电视传播内容进行了严格区分，但标注了色情、暴力标签的电视内容更加刺激青少年，增加了青少年观看的欲望。我国可以借鉴上述分级制经验，扩大适用范围并优化管理方式，对视觉文化进行分级制处理，严格管控青少年接触的视觉文化产品质量，为青少年身心的健康成长营造优良的文化氛围。

（二）大众传播媒介需要增强自身社会责任感

视觉文化作为当前主流文化形式的重要构成部分，肩负着促进人的全面发展、培养青少年正确价值观的责任。如果传播视觉文化的大众传播媒介无视责任，任其发展，那么视觉文化表面的经济繁荣背后必将隐藏着深刻的社会危机。大众传播媒介需要加强自律机制，承担起以正确的舆论引导人、以优秀的作品鼓舞人、以高尚的情操塑造人的职责，提升文化品位，体现人文关怀。

大众传播媒介应当加强把关意识，约束虚假信息传播，提高视觉文化底线伦理。大众传播媒介具有向社会成员传递社会规范的功能。目前，大众传播媒介传递的视觉文化信息良莠不齐，既有浅显的、低俗的视觉文化产品，也有内容丰富、意义深刻的视觉文化产品。视觉文化产品内容与价值悬殊的差别在于大众传播媒介有没有真正做好把关工作。缺乏把关监督，却又具有商业属性的大众传播媒介往往会把一些经济利益趋势下形成的内容虚假、品位低俗的视觉文化产品传递到人们的视野之中，对青少年造成误导等不良影响。因此，大众传播媒介应当严格履行视觉文化质量的把关义务，坚决抵制不利于社会和谐的视觉文化产品进入人们视线。媒体工作者做好舆论导向和业务质量两部分的把关工作，保证符合社会主义核心价值观的视觉文化产品才能进入大众传播媒介，保证信息的真实性、全面性和客观性，以提高大众传播媒介的社会公信力。"在信息传播中，应传播真实的信息而避免错误的信息；在引导舆论中，应引导积极的舆论，避免消极的；在教育大众过程中，应树立正确的价值方向，反对错误的价值导向；在提供娱乐的过程中，应坚持健康的、高品位的内容,反对低级庸俗的内容等。"①

(三)学校应当提高青少年价值观教育的实效

1. 优化青少年价值观教育的教学环境、内容和方法

视觉文化的飞速发展为青少年价值观教育的开展创造了新的契机,丰富、直观的视觉文化产品为青少年价值观教育提供了大量的教学资源。将视觉文化与青少年价值观教育有机结合,有利于改善青少年价值观教育的教学环境,丰富教学内容,改进教学方法,进而优化教学过程,促进青少年价值观教育的高效开展。

首先,利用视觉文化优化青少年价值观教育的教学环境。传统的青少年价值观教育往往局限于课堂中开展,单纯的理论灌输不易引发青少年的学习兴趣,调动学习积极性,使学生产生一种价值观教育是枯燥说教的错觉。如今,伴随着视觉文化的飞速发展,青少年价值观教育与兼具时效性、直观性和娱乐性的视觉文化相结合成为了可能。将青少年价值观教育的教学环境逐渐由课堂扩展到社会,由较为封闭的状态走向开放。学校通过组织青少年参观展览和观赏影视作品等方式,将视觉文化体验带入课堂教学之中,将体验实践与理论知识相结合,以求达到更加理想的教学效果。同时,传统的课堂教学中也可以适当引入视觉文化作为辅助教学手段,通过展示和放映与青少年价值观教育主题契合的图像和影像,活跃教学气氛,提高青少年的学习兴趣。视觉文化的发展为青少年价值观教育走向开放的教学环境提供了可能,使教学活动与现实体验紧密结合,调动青少年的学习积极性。其次,利用视觉文化优化青少年价值观教育的教学内容。丰富的视觉文化产品为青少年价值观教育提供了大量的教学素材。直观、形象的视觉文化相较于枯燥的语言文字对青少年具有更强的吸引力,在青少年价值观教育实施过程中,可以引入相关视觉文化素材作为教学辅助内容,先对青少年进行直观的视觉刺激,再对青少年进行价值观理论教育,更容易使理论知识在青少年群体中得到共鸣,激发青少年的理解认同和学习兴趣,从而达到价值观教育的目的。在以励志类影视作品为代表的视觉文化中,艰难曲折的故事情

---

① 黄富峰:《论大众传媒伦理的范畴》,《当代传播》2006年第3期。

节和奋斗不息的主人公对青少年往往具有极大的吸引力，在被主人公坚持不懈的奋斗精神所震撼的同时，青少年也会自发地将主人公作为学习的榜样，从主人公的精神和行为中得到巨大的鼓舞与振奋。这种具备精神力量的视觉文化能够丰富青少年价值观教育的内容，拓展青少年价值观教育的实施环境。最后，利用视觉文化优化青少年价值观教育的教学方法。传统的青少年价值观教育以说教式的教学方法开展，平淡的理论说教使青少年丧失了新鲜感，容易失去学习的动力。视觉文化时代的到来为青少年价值观教育教学方法的优化提供了机会，促使价值观教育的教学方法趋向多样性与创造性。例如，在教学活动开展过程中，利用生动直观的图像和影像因素，创设生活化、动态化的教学情景，进行情景式互动教学。青少年通过参与、体验教学情境，对知识理论掌握得更加透彻，推进青少年价值观教育的高效开展。

2. 提升青少年价值观教育实效

首先，提高青少年的道德信念和认识水平，培养青少年树立坚定的道德价值观，需要做好以下两个方面。第一，以对青少年的全面认识为指导。现代社会的青少年，受益于科学技术的飞速发展，接触到许多新兴事物，但另一方面，青少年的思想认识和思维能力也出现了"早熟"的情况。面对思想活动复杂、思维独立性突出的青少年群体，教育工作者应当给予青少年更多的关怀和引导。教育工作者在引导、教育青少年的过程中应当遵循青少年思想道德形成和发展的内在规律，有条理地进行价值观教育，逐步提升青少年的道德觉悟和认知水平。第二，注重心灵沟通，推动青少年道德信念的养成。道德认识、道德情感、道德实践与道德信念紧密相连。只有在正确的道德认识基础上，通过道德实践的巩固，道德情感才能最终发展成为坚定的道德信念，正确的道德价值观由此形成。在视觉文化影响下，树立道德信念，培养道德品质，可以促使青少年以道德评价的标准对视觉文化内容进行有效的价值判断，从而抵制视觉文化中的不良诱惑。在青少年价值观教育的实际开展过程中，由于青少年之间存在个体差异，青少年群体间的道德情感发展水平不尽相同。面对这样的差异，教育工作者应当时刻注意观察，经常与青少年进行心灵沟通，了解青少年的实际道德信念水平，做到因材施教，根据青少年的特点调整价值观教育的方法和进度，使每一名青少年都具备良好的道德信念和认识水平,树立坚定的道德价值观。

其次,培养青少年法律意识。青少年正处于成长发育时期,性格多变,易冲动,社会经验少,较鲁莽,在生动、直观的影像、图像视觉文化诱导下,容易出现行为偏差。近年来,青少年犯罪率居高不下,关于青少年犯罪的研究成为社会热点话题。在视觉文化通过大众传播媒介越发普及的现代,影视、互联网、动漫、微信等对青少年犯罪有着很大影响。一些电视、电影和网络自制剧为了迎合受众猎奇的心理和青少年的好奇心,录制一些血腥暴力、挑逗暧昧等具有刺激性的影像。尽管我国对大众传播媒介的内容核审严谨,但由于互联网的盛行和盗版的猖獗,一些被禁止的、不适宜青少年观看的暴力、色情影像仍然通过各种渠道流通。青少年分辨能力和自控能力不足,却善于模仿,喜欢模仿影视中的情节,例如黑社会的砍砍杀杀、调戏女生、殴打老师、吸毒贩毒、抢劫杀人等剧情。青少年在这些不良视觉文化产品的影响下,开始厌恶学习,失去理想,出现性早熟、早恋情况,甚至走上违法犯罪的道路。上述情况的出现多源于青少年法制意识淡薄,缺少法律知识,守法观念不强。因此,视觉文化影响下的青少年价值观教育中,法律意识教育占据重要地位。第一,使青少年了解我国社会主义法律法规,知道我国有哪些法律、哪些行为构成违法犯罪,做知法、守法、护法的楷模。第二,营造有利于青少年价值观念发展的视觉文化氛围,重视影像、图像因素对青少年的影响力。选择价值导向正确、内容合适、具有普法意义的视觉文化作品作为青少年的视觉体验对象,使青少年在健康的视觉文化环境中提升法律意识,培养理性思维能力和自我克制能力,减少青少年犯罪动机。

最后,加强青少年互联网价值观教育。青少年互联网价值观教育是青少年价值观教育在互联网这一视觉文化传播媒介中的延伸。借助互联网手段对青少年进行具有针对性和现实性的价值观教育,可以有效促进青少年正确认识互联网对社会和人生的价值,学会分辨利用互联网传播的视觉文化信息的优劣,并懂得如何在互联网这一虚拟世界中实现自己的价值,同时也是对传统青少年价值观教育的有益补充。现阶段的青少年社会阅历有限,辨别是非的能力不强,容易遭受互联网中不良视觉文化信息对价值观的侵害。特别是一些自身综合素质不高、学习能力一般、在校表现普通的青少年，更愿意沉浸在虚拟的互联网世界中追寻现实生活中没有得到的自信心和满足感，沉迷于网络游戏不可自拔。沉溺于在互联网中获得现实生活中没有得到的信心与快感，继而没有更多的时间、精力和耐心在现实生活中完成学业、追求理想，再次受到现实的打击，最终沉迷于互联网不可自拔。这样的恶性循环几乎发生在每一名沉迷互联网的青少年身上。长时间、不正确地使用互联网会使得青少年厌倦现实生活，对现实中的理想目标产生惰性心理，并且在现实中更加缺乏信心，只得通过互联网来寻求自己的价值。长期遭受互联网的侵蚀，青少年将会与现实社会产生脱节，身心健康也将出现严重问题，容易导致孤僻、自闭甚至厌世等心理疾病的发生。为避免上述伤害的发生，针对互联网世界的青少年价值观教育势在必行。教育工作者应当帮助青少年树立正确的价值观念，感受现实生活的美好和互联网的虚拟性特征。坚持对青少年进行正确的人生理想和社会理想教育，以理想目标为引导，帮助青少年走出互联网世界的阴霾，以积极、健康的生活态度面对现实生活。教育工作者还应当对青少年加强自我约束、自我管理和自我控制等方面的教育，使青少年文明、理性上网，获得抵制互联网中不良视觉文化的侵扰、揭发互联网不文明现象的能力。

3. 注重青少年综合能力培养

一方面，提升青少年审美和创新能力。视觉文化凭借其自身的创意性、娱乐性赢得众多青少年的喜爱。教育工作者要把握好视觉文化的这一优点，以优秀、生动的视觉文化产品作为青少年价值观教育的手段，调动青少年学习的积极性，寓学于乐，促使青少年热爱学习，渴求知识。审美能力对于价值判断具有重要意义。拥有一套合理的审美标准是实现人生价值、追求理想生活的指路明灯。然而现实中，以大众传播媒介为载体的视觉文化随着经济的发展和科技的进步，图像与影像信息充斥着人们的生活。名画、名曲、大师级表演等具有极高审美价值的艺术以视觉文化的形式呈现在人们面前。审美体验成为一件触手可及的事情。但是在质量参差、产品纷杂的视觉文化中人们一定能获得高品位的审美享受吗？辨识能力弱、自我控制能力有待加强的青少年能够有效地分辨具有审美价值的视觉文化产品吗？问题值得我们思考。由此，对青少年审美能力的培养是青少年价值观教育的重要环节之一。良好的审美素养能够有效帮助青少年进行理性的价值判断，做出正确的价值选择。广义的视觉文化不仅包括图像、影像信息，还包括人文景观、自然景观等视觉性的事物。教育工作者可以组织青少年走出课堂，欣赏祖国的大好河山，体验自然之美。爱因斯坦曾说过："想象力比知识更重要，因为知识是有限的，而想象力却概括了世界的一切，推动着进步，是知识进化的源泉。"丰富的想象力是创造思维的基础，富有的创造力是青少年实现人生价值、追求人生理想的能力基石。在青少年价值观教育过程中，教育工作者可以有选择性地将一些富含创造力、价值导向正确的视觉文化产品引入教学之中。利用好视觉文化生动、直观的特性，借助视觉文化形式进行能力培养和价值引导，激发青少年创造力的发展。同时，互联网作为虚拟世界，为青少年提供了更多的选择性、开放性和自由性空间。引导青少年正确使用互联网，通过互联网中丰富的、优秀的视觉文化自主开拓眼界，获取资源，提升创造能力。

另一方面，加强青少年价值判断和选择能力。视觉文化影响下，青少年想要树立正确、坚定的价值观，必须把握好两组关系。第一，现实世界与视觉文化的关系。随着视觉文化的愈发普及，部分青少年长期被动接受视觉文化信息，简单地从视觉文化产品中认识世界、了解世界，将图像、影像中描绘的世界看作现实世界。这样的认识是错误的。现实世界是我们存在和生活的大环境，而视觉文化仅仅是大千世界中的一种文化形式。在科技高度发达的今天，人们消费的视觉文化产品不是自发产生的，而是经过科技和专门人员的处理后才呈现在人们面前。视觉文化以图像和影像描绘的世界有些是现实世界的真实写照，有些与现实世界有一点关系，有些则与现实世界相背离。视觉文化作为视觉性的消费品，具有娱乐性、商业性和虚拟性，为了迎合受众的需求，夸大事实描绘现实世界的情况屡见不鲜。视觉文化作为一种文化形式，蕴含艺术的创造性，视觉文化不仅仅是图像、影像的再现，还是包含内涵和价值的艺术创作。由此看来，视觉文化可以是现实世界的再现，也可以呈现与现实世界无关的内容。第二，受众与视觉文化的关系。简单地说，视觉文化之于受众，既不是朋友，也不是敌人，只是单纯的获取信息的工具。视觉文化质量参差不齐，有优劣之分。因此，受众对于视觉文化的态度不能是一味地被动接受，而应是自主地选择。视觉文化以其特有的直观、形象特征向受众传递信息，受众不应被视觉文化的视觉性刺激所迷惑，而应该有选择性地从大量视觉文化产品中选择具有真实性和价值性的信息，帮助受众更好地生活。青少年应当牢记上述两组关系，分辨现实世界与视觉文化的关系，明确视觉文化之于自身的意义。视觉文化作为承载信息的文化形式搭载着高速发展的大众传播媒介，迅速充斥着青少年生活的每一个角落。在视觉文化的影响下进行青少年价值观教育，树立正确的价值观念，青少年就必须具备价值判断和价值选择能力，明确视觉文化的工具性本质，跳出视觉文化的围困，从泛滥的视觉文化产品中筛选出有益信息，帮助青少年更好地实现人生价值。

（四）家长需要教育和引导青少年正确价值观的形成

家庭是社会结构中的特殊构成部分。家庭对于青少年的思想、性格和行为的形成与发展起着关键性的作用，是实施青少年价值观教育的重要场所之一。家庭作为青少年生活的主要场所，青少年最初接触视觉文化是从家庭中开始的，青少年获取视觉文化的行为也大都发生在家庭之中。面对视觉文化信息泛滥，质量参差不齐，青少年价值观受视觉文化的负面影响出现扭曲和异化的困境，家长需要履行对青少年获取视觉文化的行为进行监督的责任。

家长首先应当提高自己对视觉文化价值的判断和选择能力，以便对青少年获取视觉文化的行为进行有效的监督和引导。资料显示，一些国家通过技术手段或培训手段，提高家长管理媒介使用的能力，从而对青少年接触视觉文化的行为进行有效的监督、指导、交流和建议。家长只有保持对不良视觉文化的警觉性，才能对青少年获取视觉文化的行为进行监督，帮助青少年有效规避不良视觉文化的侵扰，为青少年挑选合适的视觉文化产品。为了能够有效监督青少年接触获取视觉文化的行为，家长可以尝试以下四个方面的措施。第一，限制时间，限制青少年获取视觉文化的时间。不可否认，视觉文化中包含了大量有益信息，对于青少年的学习成长和价值观教育起到积极作用。但是，如果不对青少年获取视觉文化的时间进行控制，青少年可能会趁家长无暇照看时浏览价值不明的视觉文化内容，同时，长时间沉溺于视觉文化之中也不利于青少年自身思维能力的发展和身体健康。第二，限制内容，对青少年获取的视觉文化内容进行限定。无论是否经过有效训练,大多数家长的人生阅历丰富,具备基本的审美能力和价值判断能力,可以胜任从大量的视觉文化产品中挑选出适合青少年观看,有利于青少年价值观形成的有益视觉文化产品的工作。第三,直接干预,家长可以提出批评或解释。现代技术的迅速发展,促使青少年可以从多个渠道获取丰富的视觉文化内容。面对青少年浏览价值导向明显错误,内容包含暴力、色情等不良信息的视觉文化,家长可以直接提出批评并进行解释,及时纠正青少年的错误行为。第四,间接干预,家长可以在青少年面前讨论电视节目中的负面内容以防止青少年模仿。青少年具有极强的好奇心与模仿能力,接触到图像、影像中的猎奇情节,往往想要尝试模仿一番。家长需要防患于未然,在观看到视觉文化中具有错误导向的内容时,应当及时进行解释说明,使青少年了解其中的利害关系。[①]

视觉文化对青少年价值观产生无形而巨大的塑造力量。面对青少年价值观在不良视觉文化围困下出现的异化现象,政府、大众传播媒介、学校和家庭既要清楚地认识到视觉文化的负面影响对青少年群体成长和价值观树立造成的巨大影响,又应当积极面对和思考如何扬利去弊,赋予视觉文化更多的精神价值、道德品位、文明素质和思想蕴含。帮助青少年全面认识视觉文化的两重性,探寻正确获取和使用视觉文化的途径,从丰富、直观的视觉文化中汲取精华,为青少年价值观教育营造良好的文化氛围。

---

① 王嵩音:《传播研究里程碑》,台湾远流出版事业股份有限公司1994年版,第433页。

第三章 后现代文化影响下的青少年价值观教育

一 后现代文化与青少年生活的交融

(一) 后现代文化概述

1. 后现代主义的内涵

"后现代主义"（Postmodernism）一词最早见于西班牙人 F. D. 翁尼（F. D. Onis）1934 年编纂的《西班牙及西属亚美利加诗选》一书。1947 年，英国著名的历史学家阿诺德·汤因比（Arnold Toynbee）在《历史研究》中也采用这个术语。20 世纪 50 年代，美国的理论家查尔斯·奥尔森（Charles Olsom）在他的评论文章中经常使用"后现代主义"一词。到 20 世纪 60 年代，后现代主义的概念得到了广泛的运用，涉及大众艺术、建筑、试验小说、后结构主义哲学及其文学批评等多个领域，成为一个"仁者见仁，智者见智"的研究课题。波林·罗斯诺（Pauline Marie Rosenou）曾说："有多少个后现代主义者，就有可能有多少种后现代主义的形式。"① 随着社会的巨变，各种理论和流派群体不断涌现，经过各种理论的论战，后现代主义初露锋芒，成为风靡西方的"显学"。后现代主义（postmodernism）从现代主义（modernism）中衍生出来，与现代主义具有密切的联系和巨大的区别，是一种对现代主义的反思、解构与超越的新思维方式。

---

① ［美］波林·罗斯诺：《后现代主义与社会科学》，张国清译，上海译文出版社 1998 年版，第 18 页。

后现代主义很难找到全面准确的界定，从哲学角度看，后现代主义是由诸多的哲学流派组成。如解构哲学是后现代主义最具代表性的理论，它反对长期以来统治西方的形而上学逻各斯中心主义，主张消解中心，提倡多元形式下的差异表现。"我思"（笛卡尔）、"绝对精神"（黑格尔）、"先验自我"（胡塞尔）都是解构范围内的完美诠释。解构哲学下只有冲突、差异，世界是处在一个差异运动的过程中。再如新实用主义与以往传统哲学相对立，打破形而上学中心性，是提倡差异性的后哲学。这种哲学宣布不同于以往的传统，新实用主义是以实用性为第一要义，实用、满意作为知识学习的评价标准，直接形成消费主义价值取向。还如存在主义反映了西方生存危机和精神危机赋予人自由度和能动性，是一种关注人的焦虑、孤独、反抗、超越和自我选择的理论。总之，后现代主义是西方社会发展的产物，是西方哲学家对主体异化和技术进步的不断反思，它否定了西方主流理论基础、价值取向和思维方式。后现代主义被用于文学、艺术、建筑、哲学、社会和政治学的大量领域中，各种领域都有着其丰富的见解。后现代主义于20世纪80年代初期传入我国，但在当时并未引起广泛关注。随着市场全方位开放，国内急需消解过多的意识形态的束缚，后现代主义随后急速地在我国传播开来，到了20世纪90年代以后成为一门"显学"。

2. 后现代主义的基本特征

后现代主义作为西方社会对现代性批判的理论，尽管分析的理论视角有差异，但又有诸多的共性，它们共同的基本特征如下：

第一，反对基础主义和反对本质主义。基础主义（foundationalism）认为，认识的基础是要为人类的知识找到可靠的基础，基础必须是正确的、不容怀疑的。基础主义者认为自明的真理、感觉材料都可以视为基础，这些材料不需其他的信念做支撑。基础主义者认为，认识有一个具体的标准，该标准是不能改变的，固定的。而后现代主义者认为，任何活动都有着自身的价值观念，不存在统一、客观的知识。后现代主义主张多元性，主张寻找不确定因素和差异性，反对一元发展的势态。

基础主义认为，认识是要有一个目标，目标的实现是获得真理。强调现象与本质的区别、内在与外在的分裂，人们认识事物是从现象了解本质，本质是一种固有的属性。后现代主义则认为，科学理论是一种话语，事物因为语境的变化而变化，不能超越语言实体获取其他内容，主张消解本质，从现象关系中寻找现象体现的意义。

第二，反对理性主义和反对整体。面对日益破坏的环境和不断加剧的社会问题，后现代主义认为造成这一系列问题的原因是理性被夸大为唯一的、有效的认识方法。后现代主义崇尚非理性，注重情感思维和直觉的重要作用，反对普遍的、绝对的理性主体，主张自由的、非理性的个体性主体。后现代主义诅咒整体偏执于碎片化信息，喜欢组合和分割事物的关系。后现代主义认为，世界是由诸多片段组成，但是片段之和却构不成整体。后现代主义摒弃全面性、完满性、有序性、完备性、整体性等目标，而追求孤立性、边缘性、凌乱性和片段化。

第三，注重当下生活和消解权利话语。"后现代主义挣断历史的链条，抹去过去和将来，只有当下的存在。"① 历史是国家和民族的记忆，维系着人类生存的根本。抛弃历史，人们的生活将呈现碎片化，缺少系统性。后现代主义认为，历史只不过是叙事文本，文本应该是开放的、可以从不同的方面解释。文本不借鉴过去，不展望未来，只关注当下生活。打破历史传承下的价值体系，将传统文化的价值、美德和意义全部遗弃，时间只属于当下生活。他们反对现代主义文化传统，消解传统文化和意义。

后现代主义消解权利话语，倡导话语"均权"，宣传"一切都行"的方法论。"一切都行"的方法论主张上帝不存在，真善美和假恶丑也不存在。抹杀不同观点的高下优劣，拒绝一切可行的标准，否认最佳解决方法的存在性，认为一切都可以做。一切都行意味着一切都不行，破除了传统思维的缺陷，但也使得真善美的追求、生命的价值与人类精神被后现代主义解构，造成极端怀疑主义的肆虐和虚无主义的盛行。

利奥塔说，"从最简化的意义上，我把后现代定义为对元叙事的怀疑"②。后现代主义认为，历史是叙事文本，历史遭到质疑，权威思想和边缘思想就没有明确的分界线。后现代主义强调以自我为中心，要质疑精英话语和社会权利话语。他们还认为世界是一个不断解构和建构的

---

① 朱栋霖：《1949—2000 中外文学比较史》（上），江苏教育出版社 2009 年版，第 532 页。

② ［加］大卫·莱昂：《后现代性》，郭为桂译，吉林人民出版社 2004 年版，第 23 页。

过程。要解构权利话语,由知识的霸权走向资源共享,改变以往的言语方式和言说内容,对权利话语表现出一种叛逆。

总之,后现代主义不是对现代主义简单的批判,是对现代主义的反思和超越,后现代主义对世界产生了巨大的影响,是人类宝贵的精神财富。

3. 后现代文化的意蕴

(1) 文化的概念

文化的研究源远流长,"文化"的概念相对复杂。文化与人生活的方方面面都不分离。"英语中的 Culture (文化) 一词来源于拉丁语 Cuhura,而 Cuhura 源于 Cultus,Cuhus 又是 Colere 的过去分词形式。Colere (Colo) 的基本含义是'耕种、培育;修饰、打扮;景仰、崇拜、祭祀'。"[①] 文化此时的意思为耕种,引申为人的某种能力和才干 (主要是指种植和耕种能力)。进入罗马帝国时代,词义开始发生转变,着重点由种植和耕种能力逐渐演化为内心世界的建构,有化育心灵、情操、智慧、风尚等意思,促使人们成为合格的罗马公民。文艺复兴时期,文化的含义继续延伸,落脚于个人智能、兴趣和精神等,此时文化明显可以界定为物质文化和精神文化。随着欧洲社会的不断发展,到 18 世纪,启蒙思想家对文化的诠释使其更加接近现代文化概念,如法国人认为文化是修炼心智,西班牙人认为文化是人类的精神财富。

在我国,"文化"一词也是自古有之,"文"的本义,指各色交错的纹理。"《易·系辞下》载:'物相杂,故曰文。'《礼记·乐记》称:'五色成文而不乱。'《说文解字》称:'文,错画也,象交叉。'均指此义。"[②] 之后主要衍生为三种意思:第一,主要指文字内容;第二,装饰、彩画和人的修养等;第三,美、善、德性之义。"'化',本义为改易、生成、造化,如《庄子·逍遥游》:'化而为鸟,其名曰鹏',《易·系辞下》:'男女构精,万物化生。'"[③] "化"主要是指事物的改

[①] 林坚:《文化学研究引论》,中国文史出版社 2014 年版,第 7 页。
[②] 宋君波:《从集约到发散:文明发展的一种新思想》,武汉大学出版社 2014 年版,第 170 页。
[③] 同上。

变。汉代后，首次把"文化"放在一起使用："凡武之兴，谓不服也；文化不改，然后加诛。"① 这里指的文化是文治与教化。

进入现代社会，文化的概念繁多。如"文化是人类的物质生活及精神生活之任何由社会传衍而来的要素"（萨皮尔 Sapir）②，《辞海》对"文化"的解释是，"从广义来说，指人类社会历史实践过程中所创造的物质财富和精神财富的总和。从狭义来说，指社会的意识形态，以及与之相适应的制度和组织机构"③。迄今为止，"文化"没有获得一个公认的定义。文化概念侧重不同，但文化体现的实质却是统一的。文化笼统地说是一种社会现象，是一种普遍的意识形态。文化主要是人类以群体意识认识世界和改造世界，传承生活方式、思维方式、行为准则和价值观等。

（2）后现代文化的释义

20世纪后半期兴起的后现代主义早已不仅仅是一种哲学思潮，它包括哲学、语言学、物理学、生物学甚至计算机科学等多样性领域的混合，"它要求对现实重新进行解释，并且已在学习、发展和组织等领域里产生了革命性的深刻见解"④。发展至今，后现代主义成为一种文化风格，逐渐演变为自我反思、无中心、无根据、无深度的多元文化，这种后现代文化就是在后现代语境下产生的文化现象总称。后现代文化思潮是理性主义文化的反动，是后现代语境中的产物，反对传统的一元论、中心性，标榜多元化、碎片化和随机性，否定传统文化。后现代作品呈现的是解构理性、拼贴、大众化。

后现代文化起源于西方社会，中国学界已有大量关于后现代文化的资料和阐释作品，从作品中可知后现代文化并非是统一的一种流派或者理论，它包括各种各样的思想，有的思想之间甚至有所冲突。后现代文化代表一种文化倾向，是新的精神取向和文化哲学，下面着重分析一下后现代文化的内涵和特征。

---

① 刘向：《说苑全译》．王瑛等译注，贵州人民出版社1992年版，第650页。
② 友斌等：《西方文化与礼仪》，厦门大学出版社2013年版，第4页。
③ 张振宗：《企业文化管理》，中国言实出版社2014年版，第2页。
④ 冯周卓：《后现代文化与管理变革》，《北京师范大学学报》（社会科学版）2003年第1期。

后现代文化的内涵主要分为两个层面：第一是哲学文化层面。经历两次世界大战后，西方哲学家开始进行反思，后现代主义在一定程度上可以说是在这个大背景下形成的。知识分子对当代西方社会进行的现实哲学思考，如新阐释学、女权主义、意识形态批判等，都是后现代文化的价值反思体系。后现代主义者发现以理性主义和人道主义为核心的现代价值体系充斥着大量的问题，为了解决这一系列的问题，探寻新的价值体系就很有必要。后现代主义者开始对现代价值体系进行强有力的批判，提出了各种反叛思维理论，从而形成一种新的具有反叛精神的文化思潮。第二是大众文化层面。文化理论家杰姆逊指出："现代主义的特征是乌托邦式的设想，而后现代主义却是和商品化紧紧联系在一起的。"① 从杰姆逊的话中能发现，后现代文化与社会高度商业化有着密切的联系，是一种大众消费文化。如商业化的电影、通俗小说、家庭伦理剧，甚至是电竞游戏、微信微博、选秀节目等文化形式。工作和学习等方方面面都渗透着资本的逻辑，生活的各个空间都充斥着商品的味道，后现代文化呈现出通俗、廉价、复制性等特点。总之，后现代文化是一种具有消费性的、世俗的商品社会文化。

后现代主义虽与现代主义有着千丝万缕的联系，但后现代主义却一直以现代主义"反叛者"自居。后现代文化的主要特征是主体性丧失、平面化模式、历史意识消失、距离感消失。伊哈布·哈桑归纳了后现代特征："不确定性；零乱性；非原则化；无我性，无深度性；卑琐性，不可表现性；反讽；种类混杂；狂欢；行动和参与；构成主义。"② 结合后现代理论家的论述，可以归纳后现代文化的主要特征如下：

首先，后现代文化属于一种碎片式的文化。逻各斯中心主义认为理性是意义和真理的中心，理性能够认识和掌握真理，它以存在为永恒的主题。但是后现代主义者对这种观点持怀疑的态度，拒绝永恒的主题，以普遍性代替特殊性，认为世界的本质是多元，而非同一。世界是无数断裂的碎片构成，具有无限开放性和无限可能性，没有可确定性，是破

---

① [美]弗雷德里克·詹姆逊：《后现代主义与文化理论》，唐小兵译，北京大学出版社1997年版，第171页。

② 童庆炳、马新国：《文学理论学习参考资料新编》（下册），北京师范大学出版社2005年版，第2251页。

碎的世界。哈桑在《后现代转折》中提出"后现代主义者只是割断联系，他们自称要持存的全部就是断片"①。由此可知，后现代文化结构上是"不确定性"，精神上是反对权威主义。后现代文化主要反对思想权威话语，提倡文化共享和民主氛围，反对专制。后现代文化的文本是以消解权威、发散叙述、复制等特征彰显特点。

其次，后现代文化是一种平面文化。现代文化是一种深度文化，追求一个终极本质。后现代文化一切画面的展开是平面化的，无深度。其一，现代社会建筑空间深度消失。古典城市有中心塔，所有街道都是指向中心塔。自后现代文化兴起以后，城市结构发生了巨大的变化，取消了古典城市的透视关系。后现代城市里，没有透视，找不到固定的方向，从建筑层面深度消失。其二，从文学层面上讲，现代文化中的文学作品只需要阅读和理解，并在此基础上不断地研读，寻找书中的意义。但后现代文化背景下文学作品不需要过多解释，如《万有引力之虹》就是一种体验，不必解释它，也没必要寻找意义，作者将他表达的意义全部写进作品中，后现代文化只注重现时，历史是个已不存在的事件或时代。其三，从摄影作品中可知，抽象的表象成为了过去，摄影属于写实主义作品，而写实答案是唯一。摄影作品和电影都是可复制的，后现代文化乐于复制现实。总之，后现代文化展现在我们眼前的就是碎片化的平面展开，忽视深度拓展。

最后，后现代文化是一种反对主客二元论文化。所谓主客二元论指的是主体和客体、思维和存在及人与世界二元对立的一种观点。现代文化追求的是精英意识和高雅文化，而后现代文化否定了这种二元对立的思想，主张消除精英文化与大众文化、高雅文化与通俗文化之间的鸿沟。在后现代文化中，一切事物商品化，文化成为消费品进入社会，并失去了神圣的光环，变得流行和通俗。高雅文化和通俗文化之间的沟壑渐渐填平，全球文化成为消费性产品。

总之，后现代文化自身充满矛盾和悖论，表现出复杂性和多样性。"大卫·格里芬认为，后现代不仅体现一种纯粹的解构思维或否定思维，

---

① 王潮：《后现代主义的突破》，敦煌文艺出版社1996年版，第37页。

还体现一种建设性的重构思维，将人类的认识建立在一个有机整体的基础上。"① 后现代文化反映在各种领域，它们之间相互充斥又相互促进，构成后现代文化复杂的理论。后现代文化是一种颠覆性的标新立异，是一个矛盾共同体，是一类褒贬难断的思想。

（二）后现代文化与青少年联系密切

随着信息技术的不断进步，后现代文化在专家、学者的不断解读和推介下，借助现代微电子平台迅速传播。后现代文化对当今社会有着重大影响，从形式到内容契合青少年身心发展规律的后现代文化，受到了广大青少年的追捧。厘清后现代文化与青少年之间的关系，有利于青少年价值观教育的开展。

1. 后现代文化易接受性吸引青少年

后现代文化通过多种渠道传播，包括课堂教学、书籍报刊、学术讲座、同辈互助和网络平台等，青少年很容易接触到后现代文化。后现代文化具有强烈的感染性和时代感，有助于解决青少年面临的价值困惑。"后现代文化注重个人对他人的非理性的、即时的、本能的、移情的反应，对贯穿和构成任何人类事件的历史、传统、叙述的多样性的敏感和经验式的理解。"② 这使青少年对后现代文化中的各种观念产生强烈的认同感，与传统的对青少年灌输价值认知、价值选择截然不同。青少年往往在无意识中接受后现代文化中的价值取向，成为青少年价值观中不可缺少的一部分。

后现代文化强调教育者要重视受教育者的感受，应关注青少年在真实情景中的感受，青少年不是生活在说教的真空中，青少年要遵循自我感受，形成真实的自我判断。后现代文化基于青少年的现实生活，解决青少年生活中面临的价值困惑，青少年在心中更愿意接受后现代文化，易受后现代文化的感染，因此，后现代文化易融入青少年的生活。

---

① 朱栋霖：《1949—2000 中外文学比较史》（上），江苏教育出版社 2009 年版，第 532 页。

② 牛晓玉：《论后现代文化思潮中青少年价值观教育观念的转变》，《山东省青年管理干部学院学报》2009 年第 4 期。

2. 后现代文化易渗透性吸引青少年

易渗透性表现为青少年直接与后现代文化接触,并不加辨别地全盘接受。后现代文化具有广泛性,教师和家长容易接受后现代观念。教师、家长和朋友是青少年最为信赖的群体。他们的言行举止是青少年学习的榜样。当教师、家长和朋友直接向青少年讲解和传授后现代文化的理论知识,青少年不经思考就会欣然接受,日积月累后现代文化渗透到青少年的心中,赢得了青少年的青睐。

与此同时,现代社会生活节奏的加快,知识产生和更新速度更为迅猛,工具理性和科学技术肆虐,导致人们生活压力越来越大,尤其是青少年。社会各界对青少年过度关注,使青少年生活中充满恐惧、焦虑和不安,多数青少年心理呈现出亚健康状态。以重庆市青少年为例,"躯体亚健康、心理亚健康和身心亚健康的症状检出率分别为 35.4%、48.3%、56.0%"[①],青少年在高压状态下需要情感的寄托,后现代文化的出现满足了青少年情感需求,致使后现代文化更易渗透到青少年内心。

3. 后现代文化易理解性吸引青少年

青少年生活在物质富裕的年代,他们的追求早已经摆脱物质的享乐,转而寻找精神上的快乐。为了满足精神上的需求,青少年喜欢各种娱乐节目、明星大咖、电影电视和电子游戏等。后现代文化中平面化、简单化和庸俗化的特点恰好迎合青少年的这种精神需求,使后现代的理论观点容易被青少年所理解。后现代文化使青少年情感自由宣泄,获得青少年的广泛关注。

青少年的个体意识强,喜欢以自我为中心,厌烦遵循主流价值观,讨厌权威和标准。后现代文化消解权威,提倡多元文化,重视情感体验和感官刺激,这些无疑都迎合青少年的情感需求,让青少年所信奉的传统价值观逐步消解。后现代文化引导青少年更加关注自我情感发展,注重内心感受,以满足青少年个体需要。

4. 后现代文化生态观吸引青少年

后现代文化满足青少年对生态文明社会的追求。现代文明给世界带

---

① 邵际晓等:《重庆市青少年亚健康状况调查》,《现代预防医学》2011 年第 9 期。

来巨大的财富,让人类摆脱了自然的束缚,走向利用科技征服自然的道路。而同时也给社会造成很多生态问题,如道路拥挤、交通拥堵、环境污染、资源浪费和恶劣与极端的气候问题等。青少年生活在现代文明带来的困扰之中,他们希望更好地处理人与自然的关系,后现代文化恰好满足了青少年解决生态问题的诉求,引导他们思考人与社会、人与自然、人与人之间的关系,关注生态环境。

后现代文化蕴含着丰富的生态思维,著名的生态哲学家约翰·科布明确地把生态思维引入后现代文化之中,生态思维成为后现代文化中的重要支撑点,强调保护生态环境和自然资源,不要一味地追求经济效益,破坏生态环境。后现代文化中的生态理念指导青少年正确处理人与自然的关系,正如怀特海所说,"世界万物并不是一个既成的物质世界,而是一个在不断变化的过程中,由主体和客体,以及各种条件共同形成的'共同体'"①,这种共同体是整个人类社会和大自然和谐存在和发展的基础,引导青少年正确思考和处理人与社会、人与自然、人与人之间的关系,保护生态环境是后现代文化的重要思想。

后现代文化与青少年的生活有着密切的联系,后现代文化注重个人感受、具有强烈的感染力、开放性等特点,这些都对青少年价值观念养成产生重要的影响,关注后现代文化对青少年的影响有助于青少年价值观教育的开展。

二 后现代文化对青少年价值观的影响

价值观在社会发展、人类进步和个人生活中占据着重要的地位,引领人们的思想和行动。从文化维度可知,价值观是一种文化中的精髓,文化的转变也必然带来价值观的转变。人们对后现代文化表现出欢喜,亦有忧愁。判断文化的影响,不仅看是否有时代超越性,而且还要看是否被接受和认同,后现代文化作为大众流行文化的重要部分,对青少年价值观有着积极和消极两方面的影响。

---

① 乐黛云:《涅槃与再生:在多元重构中复兴》,中央编译出版社2015年版,第118页。

（一）后现代文化对青少年价值观的积极影响

后现代文化对于丰富青少年的生活，满足青少年的精神需求有着至关重要的作用，对社会发展和道德情操培养有着不可小觑的影响。后现代文化开启了全新的文化空间，拓展了青少年获得知识的渠道，使青少年生活更加丰富。后现代文化解构了"精英文化"，用青少年能够接受的形式诠释社会生活，填补知识存储量，让知识得以普及。后现代文化使青少年更加容易认识社会，加强与社会的联系，在润物无声中改变青少年价值观。

1. 人生价值观：立足现实，关注个性

"人生价值观即是人生价值的观念反映，是人们对人生价值的根本看法和态度，是人们在对自己的人生价值自觉或不自觉地进行评价的过程中所形成的。它也是人们对人生目的、意义的基本观念，是人们对自身生活道路、生活方式选择的基本理念，是人们对人生活动进行评价的基本依据。"[①] 随着科技的发展，人们的思想不断解放，逐渐打破现代社会权威性伦理，摒弃统一模式塑造。后现代文化鼓励青少年去思、去想、去感受、去创造，让青少年依据现实情况来追求生命的意义，而不是束缚于"绝对真理"的人生价值中，从而忽视现实的需求。

后现代文化引导青少年关注现实生活。后现代文化从未刻意强调现实生活，但从后现代书籍和理论中都会发现后现代文化关注现实生活。后现代作家品钦在《笨鸟集》写道："曾经令我感动、给我带来快乐的小说现在看来却意义深长、绝对真实，因为我发现它源于我们真实生活当中更普通却更深层面的东西，这需要付出一定的代价。"[②] 从品钦这段话可知，后现代文化关注真实生活，关心群体意识，鼓励人们在现实生活中汲取精神力量。关注普通现实生活，人生价值才会变得深刻。青少年受后现代文化影响，关注多姿多彩的社会世俗生活。青少年关注现实生活更加容易体会现实的点滴美好，从美好现实生活中找寻人生的意义，树立远大的理想。青少年只有以现实理想为依托，理想才具强大的

[①] 刘济良等：《价值观教育》，教育科学出版社2007年版，第44页。
[②] 刘凤山：《后现代语境中的托马斯·品钦小说研究》，山东大学出版社2013年版，第9页。

执行力，有助于人生理想的实现，养成正确的人生价值观。

后现代文化引导青少年关注个性。后现代文化打破原先被奉为神明的价值理念，反对现代文明对人进行"批量生产"，热衷于标新立异。后现代文化认为差异无所不在，没有差异，世界将变得死气沉沉，要尊重差异，发现独特。尼采曾说过，不存在事实，只存在解释。"后现代主义标新立异的目的不是为获取真知，而是出于纯粹的兴趣。"① 后现代文化主张要以现实为依托，密切联系生活中的实际，关注每个青少年的独特性，形成差异性的价值观。因此，青少年应当大胆追求现实生活的美满幸福，以满足自我的需求和个性的张扬。后现代文化主张青少年要依据自身的不同需求，选择性地接受更加适合自己成长的人生价值观念，提高生命成长与发展的热情，不盲目地以"圣人"的人生目标来要求自我，以便形成自己正确的人生价值观。在此思想的影响下，青少年开始关注适合自身成长的生活理念，推崇自己的个人价值，关注个人的发展，追求自己的独特价值和信仰。

2. 道德价值观：注重对话，追求平等

道德价值观是由一个人的道德观念组成，道德观念是一种价值取向。"价值取向的确立是一种精神的确立，也是一种观念文化深层次的抉择。"② 后现代文化拒斥主流道德价值观，宣扬多元道德价值观，强调道德实践，这使我国传统的道德价值观发生巨大的变化，走出过分"神圣化"的要求，返回人间；使当今青少年从传统的道德价值观要求相对统一和过分神圣的单一模式道德教化中解放出来，走进"我的青春，我做主"的时代。

在后现代文化的影响下，权威话语正在不断地消失，冲破权力的霸主地位。大众文化使主流文化的地位不断削弱，"后现代"在瓦解"真理"的同时倡导"对话"和"理解"。正如罗蒂所说："理性在对话的意义上得到了理解。我们把理性仅仅当作就各种事情展开讨论，倾听另一方意见，尝试达成和平共识的意愿的另一个名称。它不是透过表象直达科学实在或道德实在之固有本质的官能的名称。对我们来说，成为理

---

① 景君学：《后现代与当代中国》，甘肃文化出版社2015年版，第182页。
② 谭砺：《砥砺当年》，湖南人民出版社2014年版，第97页。

性的，也就是成为可以对话的，而不是成为愿意服从的。"① 后现代文化提倡"对话"，倡导沟通，追求理解和包容。受后现代文化的这种影响，青少年摆脱了传统的、统一的道德观的束缚。他们在与教师、朋友和父母的交往过程中能倾听他人的声音，有利于解决道德冲突，促进彼此之间的精神交流。当他人在表达不同的意见和生活方式时，青少年能给予理解，并能够最大限度地理解和包容与其相悖的观点。

在保持与人对话的基础上，后现代文化主张追求人人平等。依据"本体论平等"的价值观念，倡导民主，摆脱笛卡尔的绝对二分法的桎梏。受此观点的影响，青少年能更加关注"对话"中自身所处的地位。伽达默尔指出，"将对话视作语言的本质和生命。后现代思想家所谓的'对话'，绝非内心的独白，而是一种人际发生的过程，它是指现在与过去的对话，解释者与本文的对话，解释者与解释者的对话，这是一个无限展开的过程"②。青少年在"对话"的背景下，他们要求与他人地位是平等的，与他人产生价值观冲突时，通过"对话"，包容理解他人的道德价值观，并充分阐释自身的道德立场，追求彼此之间关系和地位的平等；在接受道德教育时，青少年不是一味接受长者所信奉的道德价值观，而是崇尚自我，结合自身信奉的道德理念，追求自己的道德信仰、生活语言和表达方法。在后现代文化影响下，青少年不再绝对服从道德权威，师生之间在共同探究中解决青少年的道德困惑，从青少年内心建构正确的道德价值观。

3. 生命价值观：乐于创造，风格独特

生命价值观是"人们认识和处理生命价值问题所持有的根本观念。这种观念，既凝结着以往生命价值的实践经验与感受，又反映着人们对当下生命价值问题的根本立场、观点、态度和看法，它表现为关于生命价值的信念、信仰和理想等"。③

生命价值观对人有着重要作用，青少年时期是生命价值观形成的关

---

① [美]理查德·罗蒂：《后形而上学希望：新实用主义社会、政治和法律哲学》，张国清译，上海译文出版社2003年版，第124页。
② 江畅：《现代西方价值哲学》，湖北人民出版社2003年版，第606页。
③ 梅萍等：《当代大学生生命价值观教育研究》，中国社会科学出版社2009年版，第19页。

键期，生命价值观的形成对人的成长有着至关重要的作用，它让人珍惜生命，热爱生命，以实现生命的价值，追求生命的意义。后现代文化主张消解权威，摧毁一切束缚人们的宏大叙述，倡导青少年积极发挥人的创造性，形成风格独特的个体生命。

在美国后现代世界中心主任大卫·格里芬看来，创造性是人性的一个基本方面，他认为："从根本上说，我们是'创造性'的存在物，每个人都体现了创造性的能量。"① 人的生命是不间断的运动，生命在原有的基础上创造出新的内容，不断地喷涌出新形态的力量，不断地完善自我人格和形成独特的个性。后现代文化强调不确定性、怀疑性和多元化等思维特征，这种思维特征是激发创新的动力，它使青少年走出人生价值观僵化的壁垒，从不同层面上激发青少年的创造力。融入了多种创新元素之后，青少年生命价值观呈现出独特性的生命活力，每个人呈现独特风格，使生命充满张力。由此可见，后现代文化让青少年明晰生命的独特性，开发生命的创造力，正确运用有限的生命，从而获得永恒的生命意义。

4. 审美价值观：突破传统，追求新异

"审美价值是审美主体评价审美对象时，对审美对象的价值的肯定或否定及其程度大小，具体如美与丑、优与劣、悲与喜、完美与缺憾、高尚与卑鄙等，是人类的一种高层次的精神需要与审美对象之间的关系。"② 后现代文化追求不确定性、差异性和折中性，融合多元文化，放弃统一和确定性的追求，这些后现代化理念影响着青少年的审美价值观，促使青少年审美价值观打破传统审美理念、审美方式、审美情趣等，突破了固有的审美界限和审美标准，审美视野更加广阔。

青少年处在审美价值观形成的关键期。在后现代文化影响下，审美价值观具有包容性和广泛性等特点，青少年审美价值观呈现出动态、开放和多元化的特点，这种审美的观念丰富了青少年的现实生活世界，使青少年充满无限的活力，具有很强的求知欲，喜欢标新立异，追求时尚。在此基础上，青少年敢于挑战美学权威，追求审美差异，提倡融入

---

① ［美］大卫·雷·格里芬：《后现代精神》，王成兵译，中央编译出版社2011年版，代序3页。

② 陈章龙、周莉：《价值观研究》，南京师范大学出版社2004年版，第210页。

新的时代元素。他们不断地突破传统审美标准，建立多维度的审美观念。在后现代文化推动下，青少年告别从众心理，特立独行，乐于用独特的视角去鉴赏美，搭配和设计自己的发饰和穿着，不断地寻找和完善自我，塑造与众不同的自我形象。在追求新异的心理驱使下，他们在网络上、书本上和影视作品中找寻青春的轨迹，在多样的文化里追求绚丽多彩的自我，能够与时俱进，实现对"自我"的审美价值超越的追求。

5. 环境价值观：万物共生，和谐共处

随着科技的不断发展，环境问题成为世界范围内日益突出的话题。"环境价值观即人对环境的价值及人与环境的关系的态度和认识。"[①]环境价值观教育对国家的可持续发展有着至关重要的作用，青少年是国家的未来，因此，应该时刻关注青少年环境价值观的养成。后现代文化兴起对环境价值观的转向有着重要的意义。后现代文化摒弃以人为万物灵长的环境价值观，打破现代人与自然是敌对关系的观念，改变现代人习惯占有的心态，转而信奉有机论，宣扬万物共生，提倡人与自然和谐相处的环境价值观。

后现代文化下的环境价值观是通过对启蒙理性、人为宇宙的中心等环境价值观的解构而产生的，它主张自然环境的内在理性价值，提出了生态中心论、权利论和生物中心论等观点。当今环境危机深层的原因是人类中心论的价值观，消解以人为宇宙中心的观点是人走出环境危机的前提。因此，后现代文化强烈地抨击了现代文化以人为宇宙中心的观点，反对人是万物的主宰的思想；同时，后现代文化提倡以整体观为基础，重建人与自然和谐发展的关系，培养人的良好生态价值观。后现代文化这种重视保护生态环境的思想，对培养青少年和谐的环境价值观具有重要意义。

在后现代文化背景下，青少年认识到万物共生、和谐共处才是正确的环境价值观。后现代文化认为自然环境具有先在性和客观性，人是这个宇宙生态整体的一部分，其价值不能超过生态系统本身。克服工业文明开始时形成的人是主体、万物和自然只不过是人的认识对象、任何价值都是人赋予的错误认识。在后现代生态理论的影响下，青少年形成了

---

① 刘济良等：《价值观教育》，教育科学出版社2007年版，第91页。

自然是人赖以生存的载体，不是一个随意开发的资源宝藏的观点；形成了应关心人类及其他地球上的生命、万物皆是平等的思想，形成了人和万物都具有主体资格、人应该与自然对话的思想。青少年具备了整体观，就能够正确认识人与自然的关系，就会更加爱护动物和花草树木，秉承勤俭节约的美德，体会到万物共生的欢乐，养成正确的环境价值观。

（二）后现代文化对青少年价值观的消极影响

后现代文化在满足青少年精神需求的同时也带来负面影响，随着后现代文化越来越商品化，为迎合青少年的口味，刺激他们的感官，娱乐化和游戏化被刻意强调。而远大理想、人文关怀和道德理性等不断弱化，使人的价值观世俗化、平面化。青少年价值观处于形成时期，选择和辨别能力较弱。长期受后现代文化的影响，青少年易形成悖逆于社会主流文化的价值观。

1. 人生价值观：趋于功利，享乐至上

随着科学技术的发展、知识的不断更迭和后现代文化的消极影响，人们更喜欢简洁的生活方式，这就造成了对生活缺乏深层思考，生活目标更加趋近于功利化，更加迷恋新奇事物。俄罗斯著名作家索尔仁尼琴认为，"对新奇无休止的迷恋——我们这个世纪的劫难"[①]。青少年身心发展尚未成熟，不善于理性的思考，对现实生活易产生认识的错误，不愿意思考人生的终极意义，使人生沉浸在颓废的物质取向中。这就导致青少年选择更加务实的人生目标，缺少社会责任感和高尚的精神追求。学习上，他们不愿意努力学习，抄袭作弊现象层出不穷，投机取巧想要取得好成绩；思想上，游戏人生，胸无大志，及时行乐。

《玉林日报》曾报道某高三学生因痴迷网络小说，杀害其班主任：

> 2015年12月4日，邵东县某中学高三学生小龙（化名）当着母亲的面，杀害了班主任滕昭汉。一个平时看似文静瘦弱内向的孩子，且没有和班主任有什么大的过节，平时班主任也没粗暴对待他

---

① 林贤治：《我们的时代·散文卷》（B卷），贵州人民出版社1999年版，第155页。

或伤他自尊,却仅仅因为老师建议他缩减月假时间回校而将老师杀害。他觉得老师妨碍了他看小说、睡懒觉。仅仅因为这个原因杀人,在我们看来是多么不可思议,这超出了正常人的认知。

任何一个案件的发生,专家都要探究其作案动机,其实有很多案件,根本就没有杀人动机,只是激情杀人或过失杀人。

在这个案件中,我注意到了几个细节:11月30日,小龙买了三把刀,在学校一直把刀揣在身上,一直到12月4日才动手。在这几天时间里,老师和同学们都没发现他异常?他买刀时,商家就不问问他一个少年为什么一下子买三把刀?

"我从来没把他的命放在心上。"小龙说(指班主任)。"他就像被小说控制了,分不清现实和虚幻了。"他的同学说,"他迷上了网络小说,沉浸在小说世界里,经常带手机去学校。"①

上面的案例说明,受后现代思潮的影响,现在网络小说粗制滥造,追求感官刺激,充满了暴力、黄色的内容,青少年沉迷于其中,产生幻想,迷失心智,活在虚拟的空间里。后现代文化中享受主义价值观给青少年带来误导,使青少年生活平庸,没有理想,沉溺于幻想世界。伴随着社会的不断进步,青少年不曾体验过艰苦的生活,没感受过贫困和饥饿。在后现代文化的影响下,青少年攀比盛行,每个人都想成为"高富帅"和"白富美"。近期流行的电视剧《W两个世界》《微微一笑很倾城》等,电视剧情节脑洞大开,俊男美女纷纷登场,豪车华服应有尽有,剧中主人公没有经过努力就取得了事业的成功,剧中爱情、娱乐成为生活的主体。这种夸大事实的剧情助长青少年不劳而获的心理,使青少年沉迷于物质生活的享受。他们崇拜影视红星,渴望一夜成名,努力寻找人生的捷径,在追逐名利的过程中迷失了自我。部分青少年只看到别人成功的光环,没有看到他们成功背后的艰难。在功利心和享乐至上的影响下,部分青少年急功近利,缺乏责任感,存在着严重的利己主义,进而丧失了高远的理想,精神生活空虚,人生意义缺乏。

2. 道德价值观:抛弃传统,道德滑坡

青少年是特定的亚文化群体,后现代文化影响着他们道德价值观的

---

① 许振兰:《青少年不宜多看网络小说》,《玉林日报》2016年8月9日。

养成。后现代文化是一种追求高额利润的文化,它在极大地满足人的欲望,取悦消费者的喜好的同时,也导致了青少年抛弃传统,道德滑坡。后现代文化展现给青少年的多是平面化的追求,消解着高尚的道德理想,影响着中华民族传统美德的继承。在后现代文化的影响下,青少年认为传统文化是一种保守的文化,不分青红皂白把传统价值观抛到脑后,导致传统价值被忽视和消解。浅薄的调侃代替理性的思考,空洞和无聊在青少年的生活中蔓延,戏说历史、恶搞经典、杜撰新闻等无聊的情节在青少年的生活中不断上演。媒体商业化导致社会环境不断被虚构化,在重复消费的过程中人们丧失了道德的崇高感。青少年喜欢新奇的事物,容易得风气之先,但是由于他们缺乏分辨能力,很容易受后现代文化浮躁心态的影响,急功近利,淡漠社会责任,导致青少年价值判断无章可循,信仰迷失。在传统文化式微的今天,青少年更容易产生道德困惑,做出一些令人咂舌的事情,如"裸贷"(贷款人拿自己的裸照和裸露身体的视频做抵押,向别人借贷)就是典型的例子。

《楚天都市报》报道的一则名为"女大学生欠贷 26 万遭遇裸照逼债"的新闻就令我们震惊:

恩施农民周先生收到一条彩信,打开一看,不禁惊呆了:女儿的裸照出现在屏幕上。

原来,上大学的女儿小周凭"裸条"向一家网贷平台借了钱,之后不停地向其他网贷平台借钱还债,一开始的 5000 元借款,短短半年时间就滚成 26 万余元。父母帮她还了近 16 万元后,再也无力偿还剩余欠款。为了催债,网贷平台向小周的亲友、同学发送了她的裸照。自感颜面扫地的小周,被迫中断学业,随父母逃到外地躲避。[①]

"裸贷"的产生就是后现代文化满足青少年的欲望后,传统道德被抛弃,道德底线下滑的极致表现。同时,后现代文化追求的是一种自我的升华和关注个人的生活幸福,受这种后现代文化的影响,青少年普遍追捧简单、时尚的生活方式,过分地夸大自我意识,容易陷入极端个人主义的深潭之中,偏离它本应遵循的正确轨道。受这种后现代文化的不

---

① 周丹:《女大学生欠贷 26 万遭遇裸照逼债》,http://ctdsb.cnhubei.com/html/ctdsb/20170411/ctdsb3091941.Html. 2017 年 4 月 11 日。

良影响，目前社会文化市场良莠不齐，如图书市场中图书呈现暴力、色情等内容，宣泄着人们的生理欲望；电影市场主要翻拍美日韩电视剧，主要戏码为英雄成长记和超级财阀爱上傻白甜，电视、电影中充斥着不切实际的浪漫主义情怀；互联网缺乏监管机制，充斥着大量的虚假信息和桃色文字。低俗的文化借助着现代的传媒进行快速的传播，肆无忌惮地践踏着中国优良的道德文化，在这种潜移默化的过程中使得青少年的道德价值观与社会主流背道而驰。青少年在这种错误的道德价值观影响下，导致道德滑坡，甚至走向犯罪。

3. 生命价值观：漠视生命，放纵随意

"生命价值观是个体对生命及其价值的根本看法和态度，也是一种生活态度和生活理想。生命价值观教育就是要引导人们认识生命、尊重生命、珍爱生命、欣赏生命，树立正确的生命价值观。"[①]生命对于每个人来说都是宝贵的，而且只有一次，让有限的生命发挥重要意义，就要树立正确的生命价值观。后现代文化给生命教育观注入了新元素，但也带来消极影响，尤其是对身心尚未完全成熟的青少年带来更大的不利影响。由于青少年正处于生命价值观形成与发展的时期，明辨是非的能力较弱，在传统教育和后现代文化的激烈碰撞之下，青少年在接受和理解生命价值观时会造成偏差，价值取向模糊，可能做出错误的判断。此外，后现代文化注重以个人为中心、"潇洒走一回"，具有较重的娱乐化和游戏化特征，这就造成了青少年闲暇生活更倾向于娱乐，而现在的青少年娱乐活动很多都和网络有关，无论电影、电视剧、电竞还是手游都充斥着暴力和色情内容。在这种后现代文化潜移默化的影响下，青少年的生命价值观发生扭曲。在模糊、扭曲的生命价值观的影响下及暴力因素的刺激下，部分青少年漠视生命，随意放纵，甚至自杀。请看下面的例子：

据北京电视台报道，一名15岁的少年在网上学习"一刀毙命"将室友杀死，当少年被捕时，他并没有后悔，反而显得非常得意，

---

① 陈万柏、张耀灿：《思想政治教育学原理》，华中师范大学出版社2009年版，第153页。

他说:"我不知道什么是年少轻狂,我只知道胜者为王,我活着他死了,我就胜利了。"

对于杀死室友,他早有预谋,之前在网上查阅怎么可以一刀毙命和一些很具体的法律知识,他自己知道未成年人肯定不会判处死刑的,觉得自己二三十岁出来还是一条汉子。

据悉,少年和其中一室友以前是同班同学,后来各自出去打工,再后来俩人相继来到北京,在朝阳的一家印刷厂当工人。为了解决住宿问题,印刷厂租了一个平房当宿舍,里面一共住了6名工人。

两人上学期间关系就不是很好,成为室友后更是经常发生口角。于是他出门买了一把折叠刀,随后伺机找机会动手。

室友们都在熟睡,他将前同学杀死后引起的动静致其他室友纷纷转醒。少年心一横,看谁醒了就杀谁,随后他躲进厕所,点了一根烟等待警察的到来。就像电影里的男主角一样透着一股奇特的"洒脱"。①

报道中15岁少年杀死自己的工友兼同学,随意践踏他人宝贵的生命就是这种漠视生命的价值观造成的。他认为他是未成年人,"肯定不会判处死刑的,觉得自己二三十岁出来还是一条汉子"。该少年完全无视他人生命的价值,随意夺取他人性命,视生命如草芥,才造成这样的惨剧。后现代文化提倡突破传统,打破常规,而青少年不愿一成不变,墨守成规。所以,他们否定传统,追求独立,张扬个性,追赶时尚潮流。由于青少年社会阅历偏少,知识积累不足,他们不能正确认识人的生命价值,导致生命价值观出现偏差。

4. 审美价值观:泛娱乐化,品位庸俗

随着社会主义市场经济的不断繁荣,人们在思想上达到空前的解放和民主,大众的审美价值观也发生了巨大的变化。尤其是后现代文化的传入,颠覆了传统的审美价值观。在后现代文化的影响下,实用与功利

---

① 《少年练"一刀毙命法"捅全屋室友:看谁醒了杀谁》,http://www.hnr.cn/news/gnxw/201504/t20150409_1920761.html。

的审美价值观取代了传统的推崇阳春白雪、非功利的审美价值观。科技推动着网络媒体的发展，大众审美朝着娱乐化、感官刺激、休闲性和平面化等方向发展。青少年处于身心发展阶段，叛逆心强，追求自我和喜欢标新立异，而后现代文化正好迎合了青少年的这种审美价值观。随着大众传媒的丰富，青少年的审美价值观越来越呈现泛娱乐化，他们更加倾向于直观刺激、浅显直白。而充斥网络媒体的平面视觉文化（配有大量的图片和图解），让青少年直接、简单、快捷地获得感官上的满足，在游戏人生中丧失了批判能力、思考能力，成为感性的奴仆，使审美价值观呈现直白化、娱乐化、低俗化。长期在后现代文化的影响下，青少年的审美意识会发生偏颇，影响正确审美价值观的形成，甚至造成精神上的缺失。青少年审美价值观泛娱乐化和品位庸俗主要体现在几个方面。

一是在审美内容层面上，审美价值观喜欢与功利相结合。随着我国社会主义市场经济的不断发展，受后现代文化的影响，青少年的审美价值早已经被纳入到经济的轨道，多数的审美活动与商业挂钩，使得青少年审美价值观呈现出功利化的追求。如穿着名牌服装是美，戴着奢侈品是美，开着豪车是美……这些审美观念致使青少年的审美价值观更加功利化，美似乎变成取悦世俗的工具，美成了物质的表征。二是在审美方式和审美情趣层面上，他们追求简单直接。最明显的表现是对话取代了诗歌，漫谈随笔取代了学术专论，通俗音乐取代了古典乐曲。审美深度趋于平面化，声音、影像和特效组合，主导审美潮流，传统艺术解体，可感知的、生动的、形象的艺术世界消解主客体之间的距离，使审美缺少深度思考，呈现平面化的特点。在后现代文化的影响下，文化产品多呈现形象高于理性，容易出现萎靡、粗鄙、低劣的风尚，导致青少年的审美观念品位不高，弱化文化批判能力，讲求片面的娱乐感性刺激。如青少年更加喜欢漫画，文字成了可有可无的调味品；韩流、日剧盛行，冲击主流审美价值观，使青少年活在童话之中。三是在审美情感层面上，青少年放弃了古朴含蓄的美，去追求热烈而又奔放的情感，表现颓废、享乐和物质化等取向。现代社会的竞争日趋激烈，生活节奏不断加快，青少年课业负担重、升学难，青少年学生心理压力过重。为了缓解压力，青少年更加注重选择轻松、娱乐性、非理性的文化作品，更加容易接受纯娱乐性质的艺术，错把审美艺术当作娱乐的工具，宣泄自身情感。这样，青少年的审美价值始终停留在生理层面，感官娱乐要重于精神的愉悦。在此背景下，青少年的审美价值观已经超越衣服、化妆品和名牌包包，而是走向人体美。为迎合大众审美，青少年开始进行整容、隆胸等，因此出现了整容极致"蛇精男""蛇精女"等，使审美水平只停留在耳目层面，在放纵感官的同时降低了审美趣味、生活境界和生活品位，进而导致青少年生活空虚，生命沉沦。四是在审美行为层面上，青少年审美观多变，易受多种目的左右，产生病态的审美价值观。青少年在潜意识中认同前卫行为，片面地追求时尚、流行美。青少年喜欢追求新奇，讨厌束缚，往往越另类越能吸引他们的兴趣，而传统的固定模式很难引起他们的关注。青少年追求时尚过程中呈现出的是一种消费文化，喜欢苹果手机、喜欢欧美大片、喜欢各种奢侈品。尤其是一部分青少年更加喜欢虚幻的世界，也就是表演性和不真实性，追求营造一个虚幻美丽的世界。如明星把自己包装得光鲜华丽、产品不重视质量而关注精美的外表……青少年陶醉在虚幻的美丽幻想之中，而丧失了接受现实的能力。

5. 历史价值观：忽略历史，浅层思考

古语有云："读史可以明智，读史可以明兴亡、知更替，可以医愚，可以清心。"可见历史知识对人们的重要性。而后现代文化的流行，在不断地消解我们对历史的观点和思考。后现代文化对客观的历史事实进行摧毁、拆解、重新定位，以形形色色荒诞的碎片来取代"宏大叙事"，这对青少年的历史价值观产生了巨大的冲击。他们更加喜欢孤立地看待每个时段，打破历史的连续性。当今的青少年不喜欢古典书籍、传统文化已经成为普遍现象，他们更喜欢节奏感极强的重型音乐，他们把历史不断地逐出意识世界，使其变得暗淡无光；青少年不愿意回顾历史、体味含蓄与深沉，而喜欢享乐当下。由于对历史知识模糊不清，青少年对中国传统文化的认同感越来越低。我国有五千年的灿烂文明和优秀文化遗产，是古人留给后人的宝贵精神财富，但为了迎合青少年的叛逆心理，无数文化节目和文化商家随意解构名著，切割正史，杜撰人生……历史成为人们消费的对象。尤其是网络媒体为了博人眼球，在微信、微博中吸引人阅读，常常会用"爆料""解密""真相"等为题目，故意歪曲事实，赚取阅读量。

最受青少年喜欢的新兴网络媒体就是微信、微博等，微时代的开启使信息碎片化达到极致。后现代文化利用碎片化的特征随心所欲地切换历史情节、更换历史场景，以某个历史人物和历史场景做切入点，以点带面地扭曲实际内容，断章取义，以小细节歪曲大历史。后现代文化的碎片化传播起源于细节，也终于细节，哪怕是本着公正的原则，往往也难脱离组合和拼接，不能够揭示历史的真相和还原历史的本原，这就易使青少年陷入扭曲的历史漩涡里，导致其对历史的理解发生扭曲，消解历史的价值。在后现代文化的影响下，随着泛娱乐化不断加强，纯粹娱乐性质的"恶搞"历史人物拉开了序幕，这对身心发育未成熟的青少年来说有着致命的影响。

> 恶搞戏说颠覆主流：黄继光堵枪眼不合理，刘胡兰系被乡亲所杀，雷锋日记全是造假，狼牙山五壮士其实是土匪……这些现象是网络恶搞文化的一个缩影，却从深层次反映出一些网民价值观的缺失与精神信仰的迷失。
>
> ……
>
> 互联网时代，历史虚无主义并非只有一张面孔，在"时尚元素"的包装下往往会粉墨登场——通过网络"恶搞"、调侃，乃至丑化、滑稽化英雄先烈和历史人物：赖宁是"官二代"，雷锋玩"姐弟恋"，孙中山"包二奶"，岳飞是"大地主"，孔子是"丧家犬"……①

对于"恶搞"历史人物，大部分人已经习以为常，觉得没什么大不了，开不伤大雅的玩笑而已，但是对于早已经达成民族共识的社会象征符号（如历史人物、标识性历史事件）不应该随意触碰，更不能随意"恶搞"和玩笑，这些是国家基本价值观存在的根基。这种胡编乱造混淆青少年的历史观念，削弱青少年的思考问题的能力，扭曲传统历史文化。长此下去，青少年将缺少明辨是非善恶的能力，缺少对历史价值观的认同，难以形成共同理想和追求，随之历史责任感和社会责任感将被

---

① 姜波：《抹黑英雄恶搞历史成网络公害》，《人民日报》2015年6月25日。

弃之脑后。历史记忆黯然消退，民族精神悄然落幕，青少年的价值观变得浅薄和无聊，这将导致中华民族的文明被逐步蚕食。

三　后现代文化影响下青少年价值观异化的归因分析

（一）后现代文化自身的弊端

1. 娱乐狂欢和审美缺失

"在这个时代里，人们的工作方式走向更多的脑力化即精神化，而人们的生活方式却走向了更多的物质消费与享乐。"①在后现代文化的影响下，当代世界推崇快乐原则，娱乐倾向于庸俗化，人们在物质上的需求得到了满足，开始走向精神的消遣。为了迎合大众的精神需求，以娱乐为目的、赚钱为手段的文化消费取代了以提升精神和陶冶情操为价值准则的文化熏陶。在庸俗和狂欢的氛围下，庄严的文化已经失去了神圣光环，陷入了恶搞、反讽和反叛等后现代文化的深潭之中，被青少年所消遣。青少年通过窜改、涂鸦、"恶搞"等不断地宣泄着自己的压力，缓解着自己的愤怒，通过低层次的感官刺激来打发无聊的生活。娱乐化直接影响着青少年价值观的形成和发展。

娱乐狂欢导致审美缺失的后现代文化使审美不再是商品社会的孤芳自赏，而是更加的通俗和实用，显现出直觉化、狂欢化和平面化的特点，它直接扼杀青少年深度思考的精神，难以提升青少年的价值观念。从价值视角来看，后现代文化的艺术类作品，几乎都是以消遣为主要的目的，为了取悦大众，多以快乐和轻松为基调，但是能够给人类身心带来震撼的文化产品少之又少。一些产品单纯迎合青少年娱乐需要，是毫无美感、毫无价值的文化垃圾。传统美学艺术被束之高阁，深层次的经典文化被排挤，人文意义不断被消解，粗制滥造的快餐影视、隐私文学等成为青少年追捧的对象。迎合读者、观众的低层次心理需要，呈现"恶趣""畸趣""性趣"等低级庸俗的文艺节目和文化产品，只能够造成青少年价值观的低俗化、庸俗化、甚至恶俗化。

---

① 姜静楠、刘宗坤：《后现代的生存》，作家出版社 1999 年版，第 30 页。

2. 商品文化与符号消费

后现代文化影响下的当今社会，消费已经侵入人们生活的方方面面，导致消费主义盛行。人们在不断地消费着周围的人、事和物，侵蚀着人们的精神，腐蚀着人们的道德，蚕食着人们的信仰。消费观念不仅是一种经济方式，更是一种意识形态和价值体系。长期沉迷于以消费利润为理念的市场之中，人生意义、社会思想和民族精神被撕得支离破碎；文化被不断商品化，经典名著无人问津，网络文学改编电视剧比比皆是，如《甄嬛传》《青云志》《千山暮雪》……青少年在这种文化商品化的影响下，价值观逐步庸俗化甚至低俗化。

在非理性的消费过程中，青少年养成了拜金主义和功利主义思想，无节制的物质追求和消费享受，使他们丧失了义务感和责任感，陷入符号消费的怪圈。符号消费正渗透到他们生活的每一个角落，无处不在的广告把他们团团包围，如"没有陌生人的世界（佐丹奴）""Just do it（Nike）""事事因你而精彩（雀巢咖啡）""四海一家的解决之道（IBM）"等充斥着他们的日常生活。媒体广告的符号力量深深地影响着青少年，使他们在广告中寻找认同，消费成了身份和地位的象征。大量的广告催生品牌效应的产生，在此影响下，多数青少年吃穿住行都必须是名牌，甚至有些青少年为了名牌，做出偷盗、诈骗等违法乱纪的事情。此外，欧美大片、日韩动漫的涌入带来的流行时尚也是符号消费的一个重要方面。青少年烫发、染发、美甲和穿着奇装异服等，多是受这些欧美大片、日韩动漫等影响的结果。时尚消费的最大拥护者就是青少年，做个"贝克汉姆头"要花费三四百，穿个"杨幂同款卫衣"也要小二百，"宋仲基同款韩鞋"要百元以上……而青少年对这些明星同款的东西甚是喜欢，并对此有很强烈的欲望。所以，后现代文化娱乐泛化的符号消费对青少年价值观有着重大的消极影响。

3. 反基础与注重阐释

后现代文化主张反基础、反中心，而基础的重要构成部分就是真、善、美、爱、公平、正义等亘古不变的价值观。青少年受后现代文化的消极影响会陷入怀疑主义和相对主义的误区之中。青少年反对事物背后都有其永恒不变的本质的观点，他们认为试图去寻找价值基础的做法无疑是痴人说梦的妄想；所谓的价值观的基础是人们自身创造出来的东西;传统价值观念中的真善美、假恶丑只不过是先验预设的目标,并不具有普适性。同时,青少年对正确的价值观持"无所谓"的态度,产生人生享乐是自我选择、传统美德不适合当代社会、没有低俗的审美观等错误认识,从而消解了传统的价值观,彻底摧毁了社会的价值基础。

后现代文化秉承批判权威的价值观,每个人以自我为中心阐释价值理念。也就是说在多元文化盛行的现代社会,后现代文化在反基础的同时注重个人阐释,"没有任何一个规则不曾在这个时候或那个时候被违反过,无论它多么可信,在逻辑上和一般哲学上有多么充分的理由"①。在这种观点的影响下,青少年注重以自我为中心进行阐释,采用后现代文化奉行的"怎么都行"的方法进行抉择,形成了以自我为中心的价值观,但这种以自我为中心的价值观破坏了价值观养成的根基,也与社会主义核心价值观格格不入。这种以自我为中心进行阐释所形成的价值观,缺乏统一的衡量标准,与社会主流价值观相冲突。当青少年在实际生活中遇到矛盾冲突的时候,无疑会加重他们的价值困惑,心中无所归依,造成青少年价值观念的混乱。

(二)复杂多变的社会环境

1. 虚拟网络平台盛行

网络虚拟平台除了影响青少年角色认同外,不良的网络信息还影响其价值观的形成。青少年在虚拟网络社会中行走,各种不良信息充斥着网络空间,对青少年正确价值观的形成有着不利影响。如网络游戏多数涉及血腥和暴力,而青少年容易效仿游戏人物的行为;网络直播现在缺少监管,有些直播会涉黄、涉毒。青少年热衷于网络直播,而这些暴力、黄色内容又缺少有力的监管,这些内容不仅妨碍青少年的身心成长,而且还严重影响青少年正确价值观的形成。

随着电子商务领域的不断崛起,青少年群体成为"网店""微店"的主要消费者,而网络消费在使生活变得更加迅捷和方便的同时也带来了新的网络隐患。青少年使用网络消费易出现超前消费,如分期付款买

---

① [美] 保罗·费耶阿本德:《自由社会中的科学》,兰征译,上海译文出版社1990年版,第120页。

手机、电脑，导致青少年出现"经济危机"。为了超前消费或者缓解经济紧张，一些青少年就利用缺乏社会监管的网络借贷，使自己陷入网络高利贷和"裸贷"陷阱里，最终导致自己负债累累，身心饱受摧残。在这种经济压力下青少年不仅不能形成正确的价值观，还可能做出违法乱纪的事情，甚至自杀或杀害他人。

2. 真实社会环境危机

"社会环境是指人类生存及活动范围内的社会物质、精神条件的总和。广义包括整个社会经济文化体系，狭义仅指人类生活的直接环境。"① 社会环境随着科技的不断发展、全球化的不断加强、外来文化的影响，会不断发生变化。社会环境的变迁，直接地影响着我国社会主义核心价值体系。从计划经济到市场经济，社会结构不断优化，生产力不断发展，社会对个体的包容不断加强，多元价值并存，导致价值评判的标准也变得多样化，主流价值观的形成更加开放。在今天这个开放的世界里，社会主流价值观的每一次变革都会影响到青少年的价值观。

青少年的价值观教育不能脱离社会环境及其影响，良好的社会环境对青少年价值观的形成有着巨大的推动作用；而如果社会出现了问题，没能及时解决，也将给青少年价值观教育带来消极的影响。如当今社会不少人为了自己的利益不惜牺牲他人的利益，甚至触犯法律。这种腐败问题滋生享乐主义、拜金主义和个人主义等，会误导青少年的人生理想和个人发展，严重的腐败会使青少年不再相信社会所倡导的主流价值观念和道德准则，从而怀疑一切价值标准，游戏人生。诸如此类的问题反映了现实社会环境存在的危机，而这些问题冲击着青少年的知情意行，阻滞青少年正确价值观的形成。

3. 校园文化环境育人功能弱化

"美国教育心理学家比格认为，学生个人的心理行为由其所处的生活空间环境决定，外部环境的东西如不被个人注意并相互作用，就无法影响个人的心理和行为，一旦被个人注意并与个人发生相互作用，就会

---

① 李鹏林：《大学生职业生涯规划与就业指导》，中国农业大学出版社2015年版，第107页。

构成他个人的生活空间,影响他的心理行为。"① 可见,校园文化是价值观教育的重要环境因素,直接影响着后现代文化影响下的青少年价值观的形成。青少年是校园文化的主体,青少年生活除学习外就是唱流行歌曲、玩电子游戏、跳舞等。青少年喜欢的游戏、唱歌和跳舞多为娱乐性质,这使校园文化育人功能弱化。娱乐化浓重的校园文化不仅使青少年产生懒惰、享乐和懈怠等不良情绪,还有碍于青少年价值观教育的开展。

随着青少年接受信息的渠道越来越多,后现代文化涌入校园并对校园文化生活产生消极影响。校园内电台、校报和一些娱乐活动多表达个人感受、"小资生活"等,多处于自娱自乐的低级状态,缺少对积极价值观念的宣传。受后现代文化的影响,校园活动实用性和功利性色彩浓厚,青少年面对利益冲突时,不愿意坚守价值追求和道德准则。此外,校园文化中精神文化和物质文化不协调,一方面,校园精神文化育人功能不断被弱化,另一方面,校园物质文化却受到过度关注和张扬,尽管良好的物质文化环境在某种意义上能够有助于青少年的健康成长,但当下却过度关注校园物质文化,易误导青少年的价值观,对价值观教育产生较大的负面影响。

(三) 学校对青少年价值观的引导偏差

在应试教育盛行、素质教育式微的当代,学校注重对青少年的知识传授和技能培养,而忽视青少年的价值观教育,致使学校价值观教育出现内容空洞、方法单一等问题。

1. 青少年价值观教育内容空洞

当前我国学校的价值观教育理念过分理想化、完美化。我们在德育中给青少年倡导和树立的榜样往往不食人间烟火、缺乏时代感,给青少年很强的距离感。这样的学校价值观教育总是刻板、孤立的存在,忽视青少年的主观能动性,忽视他们的价值判断和选择。过高、孤立的价值观教育不能使青少年产生价值认同,甚至会引起他们的反感,因此,滞

---

① 胡方、龚春燕:《学校变革之特色学校发展战略论》,重庆出版集团 2008 年版,第 148 页。

后的价值观教育理念不能给青少年正确的价值观指导。

当今社会科技不断进步，社会发展日新月异，新事物层出不穷，社会生活丰富多彩，而在这种变幻莫测的社会里，青少年在现实生活中将遭遇到前所未有的价值困惑和迷茫。而当今价值观教育内容面对多彩的世界显得空洞，脱离实际。一味地强调正面的效果，回避复杂的社会现实，不能从根本上解决青少年在实际生活中面临的价值冲突和困惑，这样会造成青少年价值迷茫。

2. 青少年价值观教育方法单一

学校对青少年价值观养成的主要课程是思想品德或思想政治课，这类课程主要以灌输为主要教学方法。灌输是一个由外向内深化的过程。教师借助外部力量，系统地向青少年传播正确的人生观、道德观、历史观等，促使青少年由外向内形成正确的价值观。灌输方法是一个单向传递的过程，其强制性容易使教师忽视青少年的内心真实感受，对价值观教育产生厌烦情绪。师生之间缺少互动，青少年一直处于被动和厌烦的状态，不利于青少年形成正确的价值观。

青少年通过灌输获得正确价值观理论，缺少在现实生活中践行正确价值观的锻炼。掌握正确的理论知识只是获得一种理念和一种简单的价值判断，然而这种理念却不能有效地转化为实际行动，提升青少年价值判断能力。只采用简单的灌输不能满足青少年实际要求，达不到形成青少年正确价值观的目的。正确价值观念深入内心要靠不断的实践，实践活动可以调动青少年的积极性和主动性。单一的灌输使青少年在面对复杂多变的生活问题时难以做出正确的价值判断，知行难合一。因此，仅仅用单一的方法使青少年形成正确价值观是不可能的，这不仅浪费大量的人力和物力，还会造成青少年对价值观教育产生反感。

（四）青少年自身的原因

改革开放后，随着我国科学技术的飞速发展和生产效率的极大提高，人民的生活水平得到了极大的改善，青少年生活在物质富裕的社会里。而在这种物质富裕的社会里成长起来的青少年，由于受后现代文化的影响，再加上自身身心发展的不成熟和缺少家长、教师的监督，在部分青少年中就出现了辨别能力与抗压能力差、理想的缺失和躲避崇高、盲目崇拜西方文化等现象，从而使得价值观出现了偏差和异化。

1. 青少年辨别能力与抗压能力差

"辨别能力较差是青少年的一大显著特点，这和青少年时期缺乏社会实践有着密切的关系。只有对社会运动的亲身感知，才能对社会存在有比较客观的认识。青少年由于社会活动范围狭窄，不可能有更多的机会接触社会，也就不可能有丰富的社会经验，对社会上存在的不良现象缺乏心理准备和免疫力，辨别能力也就相应较差。"[1] 青少年身心还未完全成熟，对事物的认识还不是很全面，对新理论、新思想容易跟风、人云亦云，加之青少年正处于知识积累阶段，知识储备还不全面，价值观还处于形成阶段，因此，对后现代文化的认识不准确、不全面、不客观，盲目地认为后现代文化对人们的影响都是积极的，看不到后现代文化的消极方面，受其影响不能很好地辨别生活中的真善美与假恶丑，导致其宣传不正确的价值观。

除了辨别能力差之外，青少年的抗压能力也比较低。青少年抗压能力低导致他们容易受到外界的蛊惑，情绪变动比较大，价值立场不够坚定，心理容易失调。当青少年面临学习、交往、就业等困难问题时，就容易自暴自弃，难以摆脱困境。为了逃避所面对的问题和挫折，青少年极容易被大众化、低俗化、平面化的后现代文化所倡导的游戏人生、躲避崇高、消解权威、及时行乐等所吸引，常常会出现校园暴力、网络欺凌，甚至是伤害事件等，形成错误和扭曲的人生价值观和生命价值观。

2. 青少年理想的缺失和"躲避崇高"

一个人有了理想才能够找到精神的寄托，才有生活的动力。理想是一种世界观、人生观和价值观的结合体。有理想，青少年就有了生活的目标和人生追求的意义，才能拒绝虚度人生，追求高尚的生活。在全球化进程不断加快的今天，受多样化的思潮和后现代文化的影响，一部分青少年的人生理想不再是为了祖国的繁荣昌盛和中华民族的伟大复兴而贡献智慧，而呈现为现实、功利、享受等状态，导致理想总是围绕着个人层面展开，一味地重视个人的欲望，理想追求现实化、自私化、功利化、浅薄化，功利色彩比较浓重。如一部分青少年的理想是当电影演

---

[1] 张保平、李世虎：《犯罪心理学》，中国人民公安大学出版社 2015 年版，第 293 页。

员、模特、歌手……因为这些职业收入高、挣钱快、生活舒适、个性张扬。这种狭隘的理想观使青少年胸无大志、及时行乐。北京大学教授钱理群对于此种狭隘理想观如此诠释,"我们的一些大学,包括北京大学,正在培养一些'精致的利己主义者',他们高智商,世俗,老到,善于表演,懂得配合,更善于利用体制达到自己的目的。这种人一旦掌握权力,比一般的贪官污吏危害更大"[①]。所谓的"精致的利己主义"其实就是拒绝崇高,理想比较狭隘,形成的价值观念狭隘而又偏颇,这对青少年的成长和心理发展极为不利。而这样的青少年即使成长为有知识的人,也对社会和国家没有任何用处,甚至会走向犯罪。像马加爵、药家鑫、林森浩等,他们有着高人一等的才智,却做出令人发指的行为。他们走向命运的终结点,有一个共同的原因是理想总是停留在个人层面,日积月累价值观就会发生偏差,做出一些骇人之举。

3. 青少年盲目崇拜西方文化

随着全球多元化进程的不断推进,西方文化越来越深入地渗透到中国大地。而我国又正处于社会转型的重要时期,一部分青少年缺乏对文化的分辨和甄别能力,再加上后现代文化的消极影响,导致一部分青少年缺少精神信仰,对于我国主流价值观淡漠,盲目地热衷于西方文化。调查研究表明,青少年对西方人的生存方式、生活方式较为认同。"'你认为哪国人的生存方式更吸引你?'一问中,有36.2%的学生选择欧洲人,31.5%的学生选择美国人,18%的学生选择中国人,8.3%的学生选择日本人,6%的学生选择其他国家人民的生存方式。"[②] 这表明青少年更喜欢西方的生活方式,热衷于洋节、西餐、洋装等,对西方文化极度关注,忽视中华传统文化的学习和继承。在对"外国文化"的看法上,青少年选择对"外国文化'非常感兴趣'的占17.4%,'感兴趣'的占46.4%,认为自己对外国文化兴趣'一般'的占33.2%,不感兴趣的只是极少。"长期生活在这种环境下,没有中国传统文化做根基,不能形成正确的社会主义价值观,就难怪一些青少年做出危害祖国

[①] 北大教授钱理群:《北大等大学正培养利己主义者》,http://news.sina.com.cn/c/2012-05-03/040724359951.shtml。

[②] 王亚杰、郑瑞君:《多元文化背景下当代大学生信息接受习惯与认知方式研究》,北京邮电大学出版社2013年版,第56页。

和民族的事情来。

四 后现代文化影响下青少年价值观教育的建构

(一) 后现代文化影响下青少年价值观教育的目标设定

青少年价值观教育目标是价值观教育活动所蕴含的实践预期,是青少年价值观教育的出发点,也是最终落脚点。吸收后现代文化的积极影响,把青少年价值观教育的目标设定如下:

1. 生活化——青少年价值观教育的根基

后现代文化"呈现出来的孤独个体的纠结,所反映出的正是当代现实的个人在真实生活中的归属需要;后现代主义对相对性的极端推崇,所折射出的正是当代现实的个人对生活确定性的无比渴望;后现代主义对于传统政治之宏大叙事的无情消解,所表达的正是对回归生活世界的本真政治的真挚向往"[①]。可见,后现代文化根植于生活,后现代文化影响下的青少年价值观教育的目标之一应该是以生活为根基,而以生活为根基的青少年价值观教育是对青少年的心理、生理等全方面的呵护和关爱。为此,青少年价值观教育应做到:

首先,要认识到青少年的成长是一个不断推陈出新、逐步丰富和完善的过程。人没有与生俱来的本质,永远不存在普适、永恒的本质。卡西尔认为人没有抽象的本质,也没有永恒不变的人性,人的本质是永远的创造和制作的过程。后现代文化认为,社会具有复杂性和不确定性等特点,生活世界中没有始终如一的事物,任何事情和人都是处于成长过程之中。青少年价值观教育应了解青少年是一个成长过程,不是一成不变的样态。只有这样,当青少年出现违背道德、破坏生态、信仰偏差、意志薄弱等问题时,教育者才能有信心对青少年的错误行为加以纠正,有针对性地对他们进行教育,培养他们的个性独立、生活健康、热爱生活、意志坚强等积极态度,在生活中不断进步和成长。

---

① 韩升:《和谐话语的政治哲学建构:以西方共同体主义为中心》,人民出版社2015年版,第41页。

其次，要培养青少年的创造性。卡西尔在《人论》中写道："人性并不是一种实体性的东西，而是自我塑造的一种过程：真正的人性无非就是人的无限的创造性活动。"① 当今中国的青少年价值观教育偏重于追求统一的价值取向，过高的道德权威脱离了青少年的实际，也压抑了青少年的个性和创造性。后现代文化的特点在于消除这些不利因素，提高青少年的自我创造精神。美国的后现代世界中心主任大卫·格里芬非常重视和认可人的创造性，他说："从根本上说，我们是'创造性'的存在物，每个人都体现了创造性的能量。"② 人的生命是不间断的运动和创造的过程，在这种创造的过程中人不断地完善自我人格和形成独特的个性。因此，在生活环境不断变化的时代背景下，我们的价值观教育要培养青少年的创新精神、创新意识和创新能力，激发青少年自身潜能，促使青少年不断地健康成长。

最后，要引导青少年重视知识在生活中的内化。当今青少年价值观教育多以理论知识的学习为主，而理论知识只有在现实生活中被不断深化，才能与自身的价值体系融为一体。后现代文化强调要尊重个体的体验，因此，教育者应尊重青少年的情感、欲望和信仰等，引导青少年把所学知识应用于生活之中来解决遇到的价值困惑。只有这样才有助于青少年做出正确的价值判断，积极谋求自我价值选择，形成丰富的情感、独特的个性、多样的追求，以适应丰富多彩的生活。

2. 开放性——青少年价值观教育的动力

后现代文化的一个贡献就是将"他者"这一概念引入到人们的视野，消解思想意识主体，带来一种开放的立场。后现代文化视域下青少年价值观教育的目标之一是以开放性为动力。开放"按照海德格的理解，意味着'不阻塞'，也就是'不设界'。它让存在物无碍地'相互依靠，相互团结'。著名过程思想家苏哈克则将'开放'界定为'存在向新价值的取向'"③。后现代文化主张开放就是倾听他人的声音，他

---

① [德] 恩斯特·卡西尔：《人论》，甘阳译，上海译文出版社1985年版，第5页。
② [美] 大卫·雷·格里芬：《后现代精神》，王成兵译，中央编译出版社2011年版，代序3页。
③ 王治河：《作为一种生活方式的后现代主义》，《北京大学学报》（哲学社会科学版）2006年第3期。

人可以是名人政要，也可以是最为卑微的小人物，所有人都有发声的权利。因此，后现代文化视域下青少年价值观教育以开放性为目标，广泛听取他人的意见，有利于青少年价值观教育的开展。后现代文化意在培养青少年"倾听他人""尊重他人""向他人学习"的开放心态，为此，我们的价值观教育要做好以下几方面：

首先，教育、引导青少年学会倾听他人。倾听是一种默默的关注，是开放思想的第一步。当与他人发生道德分歧、信念冲突、观念相悖等问题时，不应粗暴地否定他人的观点和思想，要学会倾听他人的意见，悦纳他人观点的合理因素。因此，青少年价值观教育要引导青少年倾听他人不同的观点，尤其是教育者的观念，了解教育者的出发点。理解自身与他人的分歧、冲突在哪里，有助于青少年提高思想意识，厘清道德选择、信仰追求和理想目标。此外，青少年学会倾听他人有助于建立和谐的人际关系，当遇到挫折、困难和迷茫时，有助于获得他人的帮助，获得他人的鼓励，有助于认识自己和正确定位。

其次，教育、引导青少年学会尊重他人。德里达曾说过："文化作为同一的整体，就在于它与自身保持差异。一种文化和自身存在差异；语言与自身存在差异；每个人与自身也存在差异，一旦你考虑到这种内在的、异于一般差异的差异，你就注意到了你的他者，你就理解了，为你自己的身份而战，并不能排除另一种身份，而要向另一种身份敞开。"① 向"另一种身份敞开"就是尊重他人，尊重他人是内在修养的外化，朋友间、同学间、邻里间都需要尊重，完全以自我为中心，完全忽视对方的感受，难以理解他人，不利于自我身心的成长、发展、丰富与完善。因此，教育要引导青少年尊重他人，青少年可以不赞同他人的生活方式和价值观念，但是要试着理解他人、尊重他人、欣赏他人。生活中青少年难免遇到他人的不理解、误解，甚至有意无意的伤害，这时要学会换位思考，用大度和宽容来对待他人。尊重他人有助于理解不同的观点，拥有开放的环境氛围，激发青少年深度思考价值困惑，促进正确的价值选择。

最后，教育、引导青少年向他人学习。子曰："三人行，必有我师

---

① 李永毅：《比较之维：诗歌与诗学论稿》，重庆大学出版社2014年版，第32页。

焉；择其善者而从之，其不善者而改之。"① 后现代文化同样强调向他人学习，如建设性后现代主义不仅强调解构，而且强调建构，倡导开放和平等，"主张倾听他人、学习他人、宽容他人"②，引导青少年尽量放下自我，放弃与人攀比的心理，放弃与别人的利益纷争，就会发现周围人身上的优点。因此，青少年价值观教育要引导青少年多学习他人的优点，以丰富自我的内心，克服自身缺点。不断地向他人学习，青少年就会逐步摆脱庸俗、无聊、自私、封闭等消极的价值观念，就会形成良好的思想品德、远大的人生理想、健康的审美情趣和坚定的人生信仰等，这样，青少年就会形成正确的价值观念，获得更进一步的发展。

3. 生命完善——青少年价值观教育的本真

后现代文化关注生命的意义和生命的目的，韦伯曾说过，"只有当这些价值判断对我们表现出有效的，是从我们最高价值中得出的并且是在与生命现存的疑难的斗争中发展出来的时候，我们才能够真正地采纳这些价值"③。由此可见，后现代文化关注个体生命的意义，把生命成长、生命发展和生命完善作为价值观教育的基础，把促进青少年个体生命不断地发展与完善看做教育的本真追求。为此，青少年价值观教育必须做到：

首先，要关爱和呵护每个青少年。人的生命成长旅程中需要关爱和呵护，没有爱的滋润人就会感到烦闷、孤独、抑郁，就会觉得生命失去意义。人的生命旅程中最需要关爱和呵护的阶段就是青少年阶段。青少年时期属于身心尚未成熟的阶段，教育者应该给予青少年更多的关爱和呵护，让他们在充满关爱、温馨、和谐、呵护、尊重的氛围中，形成良好的情感、关爱的品质、健康的人格和独立自信的性格。心理学家弗洛姆说过，"爱是人的一种主动的能力，一种突破把人和其他同伴分离之围墙的能力，一种使人和他人相联合的能力；爱使人克服了孤独和分离的感觉，但他允许他成为他自己，允许他保持他的完整性"④。因此，教育者要关爱和呵护每个学生，让他们感受到生活的美好、人间的温

---

① 《论语》，杨伯峻译注，岳麓书社 2000 年版，第 63—64 页。
② 周敏：《什么是后现代主义文学》，上海外语教育出版社 2014 年版，第 8 页。
③ 俞吾金：《意识形态论》，上海人民出版社 2014 年版，第 160 页。
④ 万俊人：《现代西方伦理学史》（下卷），中国人民大学出版社 2011 年版，第 585 页。

情、社会的和谐。只有这样青少年才能热爱生活，内心丰盈，才能发挥生命最大的潜能去追求生命的价值。

其次，关注青少年个体成长与发展。后现代文化反对理性中心对生命的压抑与异化。萨特认为人是自我设计的存在物，福柯认为人的本质性要素是人的灵魂，德勒兹和瓜塔里认为人是欲望的机器，海德格尔则认为人是存在的看护者，从后现代思想家对人的认识和定位，就可以发现他们虽对人的本质看法有所不同，但都肯定了人的个体性、自主性和发展性。因此，后现代文化影响下的青少年价值观教育应关注青少年的个体成长与发展，有区别地对待不同的个体，避免一刀切的价值观教育方法。每个青少年都是一个鲜活的个体，具有丰富的情感世界和内在的价值情思，因此，唤醒青少年心中蕴藏的巨大生命力，给青少年最大限度的尊重和自由，充分实现其自身的生命价值是青少年价值观教育的本真追求。

最后，关注青少年的精神超越。精神生活是人特有的品质，是生命的重要支撑。正如恩格斯所说，"他们既然对物质上的解放感到绝望，就去追寻精神上的解放来代替，就去追寻思想上的安慰，以摆脱完全的绝望处境"①。因此，后现代文化视域下青少年价值观教育要关注青少年的精神超越，要引导青少年正确处理物质和精神之间的关系。在承认和肯定青少年对物质需要的合理性追求的同时，要注重激发青少年对生命的热爱，引导他们精神的提升，控制对物质的过度欲望，把他们培养成为道德高尚、精神丰富、灵魂安定的人，以促进青少年价值观念的不断完善，形成与社会主义核心价值观相一致的正确价值观。

4. 丰富个性——青少年价值观教育的追求

后现代文化倡导多元性和多样性，主张每个人都具有差异性和个性。后现代文化主张教育应采取比较宽泛的态度，应根据青少年的兴趣、爱好、特长、个性等方面实施积极引导，形成青少年个体自身独特的生活方式和情感体验，培养成为充满正能量的富有个性的青少年。为培养青少年的丰富而独特的个性，青少年价值观教育应做好以下几点：

首先，引导青少年正确认识个性的内涵。后现代文化是一种强调差

---

① [德]《马克思恩格斯全集》（第19卷），人民出版社1979年版，第334页。

异性、平等性、多元化等特点的思维,这种全新的思维方式敦促教育者尊重青少年的个性,同样也促使青少年形成自己独特的个性。但在现实生活中一些青少年对个性认识的偏差导致他们不能做出正确的价值选择。为消解这些弊端,教育者应正确引导青少年认识个性的内涵,一方面,个性是意志品格、情感态度、思想境界、性格特征等方面有别于他人的品质,这种有别于他人的品质不是哗众取宠、天马行空、作风飘浮、我行我素等,真正的独特个性是积极的、正确的价值观念的体现;另一方面,个性具有稳固性。个性是一个人长期稳定的思维方式、生活态度、行为表现的总和,不是一两次的偶然而为。正确认识个性的内涵和特征,才能有助于青少年形成自身独特的个性。

其次,运用多种教育方法。个性化的青少年符合社会发展的需要,正如马克思所说,"特殊人格的本质不是人的胡子、血液、抽象的肉体本性,而是人的社会特质"①。为培养青少年丰富而独特的个性品质,价值观教育应采取多样化的教育教学方法。单一的教育教学方法是一种模型式的铸造,只会按部就班、人云亦云,产生千人一面等不良后果,也会使青少年厌烦这种价值灌输,无法激发和吸引青少年的兴趣,无法培养青少年多样化的个性和丰富的心灵。而采用多样化的教育教学方法,可激发每个青少年蕴藏在内心的潜力和能量,养成其独特的个性、丰富的心灵、优秀的品质、高尚的道德和卓越的人格,有助于青少年接受正确的价值观教育,并对所学的价值观念进行自发地整合,形成具有自身特色的价值体系,为社会发展做贡献。

最后,引导青少年个性化的生活。利奥塔指出,"在面对总体化时注意差异的根本重要性,也鼓励人们站在差异一边行动"②。差异是个性化的具体表征,后现代文化倡导差异性,热衷于标新立异,追求个性的解放,最终形成个性化的生活。而个性化生活是肯定自我、欣赏自我和实现自我的重要表现。生活中充满挫折、坎坷、道德困惑和价值迷茫等,不可能时时刻刻有人能给予帮助,必须要靠自身的力量才能进行自我解救,走出困境,战胜困难。因此,青少年价值观教育应引导青少年

---

① [德]《马克思恩格斯全集》(第1卷),人民出版社1956年版,第270页。
② 于伟:《现代性的省思——后现代哲学思潮与我国教育基本理论研究》,教育科学出版社2014年版,第80页。

个性化的生活，正确地认识自我，悦纳自身的优缺点，养成战胜困难的勇气和品质。个性化的生活是青少年遵从内心而生活，这种生活能激发青少年的生活热情，有助于理解生活的意义，促使青少年积极地面对生活中的困难、挫折、艰辛等，从而形成与社会发展相一致的正确价值观。

（二）后现代文化影响下青少年价值观教育的原则遵循

"价值观教育的基本原则，就是进行价值观教育的过程中所要遵循的基本准则和要求，它对价值观教育中的有关教育目标的取向、教育内容的选择、教育方法的运用、教育效果的评价等都具有一定的指导作用。"[①] 后现代文化影响下青少年价值观教育过程中有其要遵循的原则，掌握和遵循这些原则有助于青少年价值观教育的开展，提高青少年价值观教育的效果。

1. 对话性原则

对话是人类生存的一项基本诉求，人们生活的每时每刻都离不开对话。巴赫金认为："语言只能存在于使用者之间的对话交际之中。对话交际才是语言的生命真正所在之处。语言的整个生命，不论是在哪一个领域里（日常生活、公文交往、科学、文艺等）无不渗透着对话关系。"[②] 在相互理解的基础上，对话是一种民主、宽容和平等的合作文化，是一种积极主动的参与交往活动，有助于消除种种矛盾和对立关系。从价值观教育层面论述对话内涵不仅是价值观教育开展的主要途径，也是价值观教育顺利开展的重要原则。

我们现在的价值观教育是一种主客体的教育思维，用教育者主体意识否定客体（学生）的需要，这就使得我们的青少年价值观教育缺少对话意识，没有生命的活力。"后现代文化倡导建立两极之间平等的相互交流、沟通的'对话'关系，使不同的事物之间互为主体。"[③] 在后现代视域下，青少年价值观教育是"我"和"你"相遇、相知和相通的对话过程，价值观教育需要对话，青少年价值观教育中的对话是一种相

---

① 刘济良等：《价值观教育》，教育科学出版社 2007 年版，第 113 页。
② 财启超、王国兴：《中国学者论巴赫金》，南京大学出版社 2014 年版，第 59 页。
③ 骆冬青：《新闻眼——文化哲学的思考》，南京师范大学出版社 2015 年版，第 236 页。

互理解、相互合作、共同进步的过程。

后现代文化视域下青少年价值观教育对话性原则的实施主要依赖于教育者，教育者享有对话的主动权，而青少年在大部分时间里处于被支配状态。为此，应当做到以下几个方面：第一，应注重倾听青少年的内心诉求，开展民主对话。青少年和教育者要在平等中相互沟通，要调动青少年自发学习社会主义核心价值观的相关知识，建构属于他们自身的价值观念，使青少年价值观教育能让青少年与教育者达到心灵上的沟通、相契、相悦。第二，应注重青少年的切身体验和对主体性的诉求。青少年价值观教育要符合青少年追求独立的心理特征和心理诉求，针对这种心理诉求，要注意培养学生独立思考的能力，引导他们体悟什么样的品德是高尚的、什么样的人生是美好的、什么样的艺术是高雅的、什么样的生活是丰富而又有意义的……在这样一个动态开放、相互沟通与对话的过程中，青少年在教育者的引导下不断地提高自己的价值认识，不断地丰富自身的价值情感，不断地升华自己的价值理念，不断地坚定自己的价值信仰，从而形成正确的价值观。第三，应鼓励青少年勇于批判和质疑。后现代文化的最核心的理念就是反思与批判，就是对日常生活的不断否定和不断超越，就是对新生活的不断追求和建构。因此，如果青少年缺少批判和质疑精神，就只会迎合教育者，缺少自我反思能力，难以形成自身正确而稳定的价值观念和价值体系，造成青少年价值观的左右摇摆和举棋不定。遵循对话性原则有助于青少年价值观念的内化，自觉规范自身的价值追求，形成与社会主义核心价值观相一致的思想与行为。

2. 人文性原则

随着工具理性的猖獗和价值理性的遮蔽，在青少年的思想与行为中出现了道德滑坡、信仰缺失、生命焦虑等问题，使得青少年价值观异化，不断追求功利，缺乏远大的人生理想与价值追求，进而使青少年的工具性膨胀而人文性缺失。而后现代文化对现代社会人文精神的简单化和功利化给予猛烈的抨击。后现代文化认为人的精神世界是复杂多变的，主张恢复人的多元精神面貌，肯定人的多元价值追求，倡导人与自然的生态伦理，强调个人的主观感受和独特生命体验，使得人的人文精神重新回归。人文性对人的存在和发展至关重要，它体现了人之为人的精神追求，人之为人的价值情思，人之为人的道德境界，人之为人的崇高信仰。因此，后现代文化视域下青少年价值观教育要以"人文性"为原则。

人文性有其丰富的内涵，可从多种角度来理解其意义。从人文性的内涵来看，它是"以人为本，充分尊重人和人的价值，追求真善美的价值理想，以人的自由和全面发展为目的"①。从道德追求层面来看，人文性是"人类对于真善美的永恒追求"②。总之，从不同角度了解人文性的内涵都有其回归本心、追求精神、强调价值、坚定信仰的意蕴和内涵。因此，后现代文化视域下的青少年价值观教育的人文性原则就是要求青少年价值观教育要从工具理性返回价值理性，回归本心，追求精神的超越。

后现代文化视域下青少年价值观教育遵循人文性原则，要引导青少年注重对人生的意义、生命的价值等问题的思考。使青少年在富含人文关怀中，在自身的反思中，逐渐树立正确的人生目标、养成良好的道德品质，学会关爱生命、提升审美品质，不断促进自身人文精神的丰富，提升人文知识水平和人文素养，不断提升自身的价值判断能力和价值决断能力。这样，才能有助于青少年克服功利主义、道德滑坡、审美庸俗等工具理性带来的弊端所导致的青少年价值观的异化。

3. 差异性原则

后现代文化非常强调尊重和追求差异性。"福柯认为，长期以来西方思想愈益严重的危机就在于'回避我们现实的差异'，用'一种人类中心思想来整理围绕着人的存在的这些问题，从而使我们回避对实践的分析'。"③ "利奥塔指出，应当寻求差异，倾听那些代表着差异的沉默的各方的声音，说出与多数话语相反的原则和观点，这样就会突出并包容差异，从而走向多元理性。"④ 差异性是后现代文化的主要内容和核心思想之一。因此，后现代文化影响下的青少年价值观教育应遵循个体

---

① 孙宏安：《科学的人文精神》，《大连理工大学学报》（社会科学版）2003年第3期。
② 许苏民：《人文精神论纲》，《学习与探索》1995年第5期。
③ 刘北成：《福柯思想肖像》，上海人民出版社2001年版，第198页。
④ 于文秀：《后现代差异理论："文化研究"的理论基石》，《天津社会科学》2003年第3期。

的差异性原则。

后现代文化视域下的青少年价值观教育要求教育者要根据青少年的不同特点,设计不同教学方案和采用不同的教学方式;要能够照顾到青少年的个体差异,使每个青少年都主动地参加到价值观教育课堂里,促进每个学生养成正确的价值观。首先,要了解青少年不同的个性特征、价值困惑和生命追求。教育者要弄清楚每个青少年的兴趣爱好、个性特长、气质类型、人生理想、价值追求等;要了解每个青少年的价值取向和发展水平,了解青少年价值体系上出现的不同漏洞,澄清现阶段青少年价值观体系存在的差异。其次,正确对待青少年价值体系中存在的差异性。后现代文化视域下青少年价值观教育承认青少年之间存在的差异,如有的人生价值观缺失,有的道德价值观偏颇,有的审美价值观扭曲等。教育者要对青少年表现出来的这些差异性进行具体分析,有针对性地进行不同层面的价值观教育。最后,针对青少年价值观上存在的差异进行分类教育。遵循差异性原则就是给不同类型的青少年制订不同的价值观教育目标,选择不同的价值观教育内容,采用不同的价值观教育方式方法等,通过差异化的教育来提高青少年的价值观念、思想意识、生命情感、审美情操等。

4. 体验性原则

体验是在实践中认识人、事、物,是一个学习过程,即"通过感官与思维的协调互动过程,运用语言直接或间接地体验'认知与表达'事物而进行的学习和实践活动"①。体验一般发生在日常生活中,多样化的日常生活蕴含着丰富的人生哲理、美好的道德品质、积极的生命意义等,任何人都离不开日常生活,用心体验日常生活中的点点滴滴,体验生活中的精彩才能使人生充满乐趣。由此可见,体验对人的价值观念有着重要的影响。"在后现代文化中,'体验'被看作当代生活中最流行的话语。它通常指涉个人的亲身经历和实践过程。"② 因此,后现代文化视域下青少年价值观教育要关注青少年情感价值体验,始终坚持体验性原则。

---

① 色勒扎布:《体验与语感》,民族出版社2008年版,第1页。
② 程立涛、蔺子雨:《日常生活体验与后现代道德》,《河北师范大学学报》(哲学社会科学版) 2010年第5期。

体验性原则通过实践、感受和接触等多种方式，使教育融入实际生活，引发受教育者产生共鸣，加深内心的感受和情感上的体验。为此，青少年价值观教育应当做到：首先，根据青少年的具体环境设置价值观教育情境，使青少年设身处地体验生命的价值、高尚的道德情操、健康的审美情趣等，激发青少年内心情感和经验。坚持体验性原则能够增强青少年的切身体会，调动青少年在价值观教育中的主动性，有助于青少年坚定崇高的政治理想、高尚的道德情操、坚定的生命信仰。其次，价值观教育要重视青少年的间接经验，引导青少年体验积极健康的生活。后现代文化认为"生活目标就是对新体验、新价值、新用语的无止境追求"①。生活中除蕴含直接的情感体验，还有丰富的间接体验，关注间接经验的意义有助于价值观教育的开展。如青少年观看爱国电影能体验到革命先辈的爱国情怀、青少年听名人讲座能体验到名人的崇高理想、青少年参观历史博物馆能体悟文化的深邃……由此可见，坚持体验性原则有助于青少年形成正确的价值观。

5. 生活化原则

生活化理论的提出是在19世纪以后。随着现代科学技术的发展，随着科学主义滥觞、物欲的膨胀、精神的失落等问题的出现，人类社会逐渐陷入发展困境：一方面是科学技术的高歌猛进，另一方面是人类精神和现实生活的不断被异化和遮蔽。为了解决这些问题，胡塞尔"提出了'生活世界'概念，试图通过重构生活世界来解决当时社会的无序局面。他之后的海德格尔、维特根斯坦、马克思等学者借用了这一词汇，来表达对科学的神话和霸权的疑问"②，引导人们回归现实生活。生活世界是人类一切活动的基础，存在和发展离不开生活，生活本身就蕴含着丰富的价值。

满足后现代文化的生活理念和行为习惯。为了让人们更好地展现人生的价值和生命的意义，更加热爱生活和热爱生命，后现代文化主张人

---

① [英] 迈克·费瑟斯通：《消费文化与后现代主义》，刘精明译，译林出版社2000年版，第182页。

② 牛利华：《回归生活世界的教育学省察——兼论教育与生活的关系样态》，东北师范大学出版社2015年版，第55页。

们应回归当下的现实生活。利奥塔认为,全部的伦理观和道德信条应当有利于提高生活质量和生命意义,建构一种"生活道德论"。因此,生活化在后现代文化中有着重要的地位。为更好地进行青少年价值教育,我们就应当遵循后现代文化所倡导的生活化原则。为此,我们应当做到:首先,青少年价值观教育内容要与现实生活密切联系。青少年价值观教育内容要取材于现实生活,紧扣时代主题,围绕身边的鲜活的实例,用身边人的亲身经历引导青少年进行积极的价值思考,引发出良好的道德情感,催生出良好的道德行为。其次,要引导青少年关注周围的人和事。后现代文化视域下青少年价值观教育应引导青少年发现身边的真善美,青少年只有注意观察周围的人和事,才能对生活充满兴趣,才能对未来充满希望,才能认可和践行社会主义核心价值观。青少年与父母、同学和教师经常沟通,才能发现生命中的美好,远离孤寂;才能正确看待生活中的挫折和困难,养成积极乐观的生活态度。最后,要加强学校、家庭和社会之间的有效沟通和良好互动。青少年价值观教育要积极引导青少年多与外界联系,多与他人沟通,多向社会学习,构建开放、生动和动态的生活世界,营造健康向上的生活环境,从而有效地促进青少年正确价值观形成。

(三)后现代文化影响下青少年价值观教育的实施策略

面对后现代文化对青少年价值观教育的影响,我们要立足吸收其合理因素,发挥和弘扬其积极因素,摒弃其消极因素,确保青少年养成正确的价值观。

1. 吸收后现代文化的合理性,扩大其对青少年价值观的积极影响

《后现代精神》中写道:"后现代意味着去重新发现能够给人类存在赋予意义的合理的精神基础。"[①] 后现代文化中有许多与时俱进的合理性的因素,这些合理性的因素和理论可以对青少年价值观的形成产生积极的影响。因此,我们应当很好地利用后现代文化的合理性因素,对青少年进行价值观教育。

---

① [美]大卫·雷·格里芬:《后现代精神》,王成兵译,中央编译出版社2011年版,第130页。

(1) 承认差异性存在,拓展青少年发展可能性

法国后现代主义思想家德勒兹在《差异与重复》一书中指出多元化的重要性时说,"没有差别的世界是一个孤寂的世界,没有差别的人只是一尊尊丧失个性的木偶"①。后现代文化承认差异的存在,并要求人们要尊重差异性。因此,价值观教育必须要正视青少年的差异性存在并尊重这种差异性。在青少年的成长发展过程中,无论是人生价值观、生命价值观,还是道德价值观、审美价值观等的形成与发展,无论是青少年的价值困惑、价值冲突还是价值情思等,不可能都发生在同一层面。所以,只有关注青少年之间的差异性,针对青少年不同的价值困惑、价值冲突的特殊性进行有针对性的教育,才能帮助青少年迅速地走出价值困惑,树立正确的价值观。为此,我们的价值观教育要努力做到两个方面:一方面,明确价值观教育的目标不是把学生培养成为具有统一价值理想和价值观念的人,而是在丰富的价值观教育内容中找寻正确、恰当、适合个体生命发展的价值意识和观念,绝不是按照一个预设的标准,批量化生产一批统一规格的"完人"。促进学生个性全面、和谐地发展,才是价值观教育追求的终极目标。另一方面,青少年是一个未成熟的个体,有着无限发展的可能性,这种可能性并不是指单纯的知识的增长,更是一种价值观的形成与发展过程。青少年价值观教育要不断丰富教育的内容,不断地革新教育的方式,不断地创新教育的方法。要针对青少年不同的价值困惑、价值冲突,采取不同的教育方式和方法;要关注青少年发展中的小型的叙事、弱势的群体,要关注差异性和个体性,让青少年养成正确的价值观。

(2) 构建平等对话关系,宽容理解青少年

利奥塔把后现代文化总结为:"消解、去中心、非同一性、多元论,解构元话语、元叙述,不屈服于权威和专制,冲破旧范式,藐视限制,追求不断变化。"②后现代文化否定等级观念,提倡"本体论上的平等";反对绝对权威,主张教育者与青少年具有平等的地位,教育者不再是"立法者",而应充当阐释者。"某一个共同体的阐释者的地位并不高于

---

① 王治河:《当代西方哲学中的非哲学》,《社会科学战线》1993 年第 2 期。
② 牛宏宝:《现代西方美学史》,北京大学出版社 2014 年版,第 709 页。

另一共同体的阐释者,也没有一个阐释者天生高于其他阐释者。相比于立法者而言,阐释者几乎没有什么权力,尤其是将他的解释施加于共同体成员和其他阐释者的权力。"[1]这就要求我们在青少年价值观教育过程中应该建构一种平等对话的关系,彻底改变传统的价值观教育那种灌输式的教育,摒弃那种看不到青少年个体的尊严与价值、压抑个体成长的做法。

构建平等对话的关系,要求我们的价值观教育做到:首先,教育者要树立正确的学生观。学生不是价值观教育过程中的客体,价值观教育不能简单地把学生看作是价值观知识的被动接受者。真正富有活力和成效的价值观教育需要青少年的参与,需要双方共同的努力。其次,关注青少年的内心诉求。青少年时期渴望得到各方面的认同,教育者可以围绕这一心理特点展开价值观教育,创设对话情境,从精神上真正地回应他们遇到的价值困惑,更加注重倾听青少年的心声。对青少年一些激进的价值观念给予包容,并加以正确的引导。最后,鼓励青少年养成质疑和批判精神。个体生命在成长的过程中,随着年龄的不断增长和知识的不断增加,会不断地对先前的一些价值观念产生怀疑、否定,并不断地形成和追求新的价值观念。这是青少年成长与发展过程中的正常现象,对此,教育者应当有个清醒的认识和正确的理解,不能简单粗暴地处理青少年成长过程中的这些价值观念的不断更新现象,否则会使学生无法表达自己真实的价值观念,难以内化为稳定的价值观念体系。

(3)倡导多元化,鼓励青少年的自主价值选择

多元化是后现代文化彰显的主要特征,对价值观教育有着重要的意义。一方面,提倡多元化的风格,能让青少年形成不同的人生价值观和人生价值追求。另一方面,多元化能够使教育者对价值观教育进行深入的思考。和传统的价值观教育强调的服从性、统一性和计划性相比,后现代文化视域下的价值观教育强调认识世界的多向度、多视角、多元化。为此,价值观教育要做到:首先,要承认多元价值的存在。社会生活本身是丰富多彩的,是复杂多样的,这就注定不同类型的人有不同的价值观,有不同的人生价值追求。所以,青少年价值观教育就要从追求

---

[1] 严翅君等:《后现代理论家关键词》,江苏人民出版社2011年版,第249页。

统一化、标准化和计划化的桎梏中走出来,给青少年以更大的自主选择权,给青少年以更多的选择机会。其次,培养青少年的价值选择能力。要不断创设价值困惑和价值冲突的环境和氛围,让青少年在这种充满价值困惑和冲突的环境中,通过自己的独立思考和判断,自主做出正确的价值判断和价值选择。最后,注重青少年价值观念的内化。自主价值观的选择是瞬间的结果,而价值行为必须与价值信念有机衔接,才能形成价值观。教育者要注重引导青少年把思考和践行社会主义核心价值观有机地结合起来,形成稳定、习惯化的价值行为能力,并把它内化到青少年的价值观念中。

(4) 正视娱乐价值,正确引导青少年度过闲暇时光

后现代文化是注重感官刺激的娱乐文化,这种"玩"的心态体现在后现代作品之中,如后现代画作是一种"玩艺术","他们以'玩'的方式既消解了绘画的社会功能和以往为政治服务的严肃状态,又呈现了新潮美术家的社会变革使命感,对画坛某些人的领袖欲、占山为王的心态表示出轻蔑"[①]。后现代文化中的这种娱乐性受到青少年的喜爱和追捧,同时也给青少年的价值观带来了积极和消极双重影响。

正视娱乐价值,正确引导青少年度过闲暇时光要求我们做到:首先,引导青少年树立正确的娱乐观。当今青少年学习生活压力较大,寻找快乐、排解压力是他们的内心诉求。青少年要认识到娱乐是生活的重要一部分,有责任和义务把它安排好,以促使身心的发展和个性的完善。教育要引导青少年摆脱单纯为了快乐而进行无意义的消遣的心态,要多关注身边的人和事,让娱乐回归本心。其次,引导青少年参加积极的文娱活动。青少年闲暇时间喜欢沉迷于网吧、游戏厅和 KTV 等场所,而这种场所人员混杂,易滋生不良行为。青少年长期在这种娱乐环境下易沾染不良习气。所以,在假期和课间等闲暇时光,学校要组织青少年开展丰富多彩的娱乐活动,如各种体育活动、各种文艺活动,这些活动既能锻炼身体,也能激发青少年的兴趣和爱好,又能陶冶青少年的情操。青少年在健康的文娱活动中宣泄不良情绪,学会与他人合作,锻炼意志品格,形成正确的价值观。最后,建立以家庭、社区和学校为基础

---

① 李一:《一画心源》,中国文联出版社 2015 年版,第 202 页。

的休闲娱乐监管网。娱乐是青少年生活中的重要部分，青少年由于身心发展尚未成熟，需要家庭、社会和学校对其娱乐活动进行监督。对青少年的娱乐活动监督不仅是学校或家长的责任，也是社会不可推卸的责任。三方联合起来，避免青少年过度娱乐，净化青少年的娱乐环境，确保青少年接触积极向上的价值观。由于娱乐是生活中不可缺少的部分，因此，抑制和减少青少年的消极娱乐活动，就同时能够促进青少年参加积极的娱乐活动，就有利于青少年形成正确的人生价值观、道德价值观、生命价值观、审美价值观等。

2. *发挥后现代文化的积极性，拓展价值观教育新视角*

后现代文化有丰富的人文精神、和谐的生态理念、多样的生活关怀和强烈的批判精神，这都对青少年价值观的养成有着积极的作用，发挥后现代文化的积极性，有助于我们拓展青少年价值观教育的新视角，提高青少年价值观教育的效果。

（1）提升人文精神，丰富精神境界

后现代文化提倡人文关怀，对科学主义进行批判和解构，这有助于形成青少年的人文精神。人文精神是对人存在的关怀，人文精神关注的是人的目标、道德、理想、价值，是关注人的人生价值、生活意义、生命信仰等问题。全球化、信息化时代的到来，社会主义市场经济和商品化的发展，工具理性的膨胀和价值理性的遮蔽等都侵蚀着青少年的人文精神，使他们过于看重物质层面的享受，过于追求个人的私欲和利益，使得他们过于重视工具层面而轻视价值追求。因此，借鉴后现代文化所主张的提高青少年的人文精神，对青少年进行价值观教育才能使青少年自觉抵制消费主义和工具理性的影响，才能使青少年时刻把握时代发展的方向，紧跟时代发展的步伐，价值观也才能得以顺利的形成。

为此，我们的青少年价值观教育要做到：首先，加强价值观教育内容中的人文导向。要加强各门课程之间的相互融合，拓展人文知识，使其形成科学的认识论，养成正确的价值观，使科学精神和人文精神相统一；要鼓励青少年养成多样化的兴趣，优化青少年的知识结构，扩展人文知识，增强青少年的人文情怀和价值情思。其次，学校要重视网络教育平台建设。要利用青少年对网络的热爱，建设价值观教育网络平台，把时事热点、网络道德、思想政治教育等内容发到校园网络教育平台中，不断丰富青少年价值观教育的网上内容，调动青少年参与的积极性和主动性，提升青少年的人文精神。最后，要引导青少年把人文知识通过实践升华为人文精神。教育者要鼓励青少年多参加社会活动，在活动中激发他们的情感体验，在实践中感受人文精神的价值，在领悟中不断地升华人文精神。这样，青少年就能够受到人文精神的鼓舞和引领，更好地把握时代的脉搏，更加主动自觉地融入到伟大的中国梦的建设之中。

（2）树立生态理念，营造良好的学校氛围

后现代文化对生态环境十分关注，引导青少年健康生活，营造良好的学校文化氛围，有利于青少年形成正确的价值观。学校氛围是青少年和教育者在固定的场域中自然呈现的由内而外的精神面貌，是全体师生共同认可的、不需要刻意诠释的精神气质。良好的学校氛围对青少年的价值观教育有着不可替代的助推作用。学校氛围能够在不知不觉中熏陶和感染学生的情操，不断丰富和完善他们的心灵，良好的学校氛围不仅能引导青少年健康生活，而且也利于他们正确价值观的建构。

构建良好的学校氛围，首先要注重学校物质环境建构。当代的学校教育已经走出传统的黑板加粉笔的形式。多媒体促进学校教学设备不断更新，如电子白板、彩色投影等，还有现代化的游泳馆、体育场等体育设施，这些都能够丰富青少年的生活，提高青少年的学习兴趣，引导学生健康合理地生活。其次，重视学校精神文化的建构。精神文化具有潜移默化的作用和价值，能够对青少年产生长久的影响和熏陶，有利于青少年价值观的形成。在校园里面要处处彰显精神的存在，如文化的熏陶、道德的榜样、教师高尚人格的感染等。这些学校的细节会在潜移默化中影响学生正确价值观的形成。最后，注意校园美化功能的发挥。青少年通过美丽的校园环境可以解读其中的蕴意，可以吸收其中的文化，可以感染其中的人格魅力，可以追随其中的道德榜样，在潜移默化中陶冶情操，滋润心灵，完善道德，培养情趣，丰富心灵，坚定信仰，从而形成与社会主义核心价值观相一致的人格理想与道德境界。

（3）关注现实生活，弘扬优秀传统文化

后现代文化强调对现实生活的关注，强调对历史文化传统的解构和超越。受其影响一部分青少年出现了过于追求现实生活的享受，沉溺于物质的追求和生理的满足，而对于中国的历史文化传统和优秀的道德文化则持一种全盘否定的态度，乐于接受和崇拜西方文化与价值观。鉴于此，我们的青少年价值观教育就要结合现实生活的需要，强调青少年对中国优秀历史文化遗产和道德传统的继承，以促进他们形成正确的价值观。

为此，青少年价值观教育要做到：首先，认识到传统文化本身的局限性。随着社会的发展和时代的变迁，随着信息化的普及和全球化的到来，中国历史文化和道德传统中确实存在一些与时代发展不相称的东西，这些东西有它自身的历史局限性。我们在对青少年进行价值观教育的时候，就应考虑中国文化产生的时代背景，要与青少年的现实生活相结合。对传统文化中的过时的东西要舍弃，对于不适合当今生活的传统文化要进行革新，要与知识剧增、信息迅速传播的社会生活相适应。其次，要维护传统文化的尊严，捍卫其权威地位。传统文化是一个民族共同的记忆，是一个民族的精神家园，是维护民族凝聚力的核心因素。青少年的价值观教育要继承和弘扬优秀的传统文化，捍卫其权威地位，维护其核心价值观，确保传统文化对青少年的积极影响和价值引导。最后，挖掘民族文化资源，开发既适合我国国情又契合青少年心理需求的电视、电影和文化类节目，以促进青少年对我国优秀传统文化的认同、继承和发扬，以增加青少年的民族自尊心和自豪感。

（4）培养批判精神，形成与时俱进的价值观念

后现代文化主张批判传统，反对本质，反对权威，反对中心，反对宏大叙述，反对理性至上等，希望摆脱权威的束缚，主张关注边缘状态和弱势群体。后现代主义者认为现代性思维是本质主义思维，这种思维容易使人陷入二元对立、非此即彼的思维模式之中。后现代文化对现代社会的批判足以证明其蕴含的批判精神。后现代文化这种富有革命性的批判精神有助于人们解放思想，打破陈规陋习，防止思维僵化。利奥塔说过："人们从来都在不断地对现存的一切提出质疑，对已知的世界又重新进行新一轮的审视，哪怕是昨天刚刚被认可的也不例外。"[①] 培养

---

① 盛宁：《人文困惑与反思——西方后现代主义思潮批判》，生活·读书·新知三联书店1997年版，第99页。

青少年的反思批判精神，有助于他们养成正确的价值观，与时代同行，与社会发展同向。

后现代文化的批判不是简单的否定和扼杀，而是需要客观、科学地做出评判。培养青少年的批判精神可以调动青少年的主动性、积极性和创造性，形成他们独立思考的能力，促进他们进行正确的价值判断。随着现代科学技术的高速发展、信息化进程的加快和全球一体化的形成，世界各个民族、各个国家人民的价值观念都处在一个相互影响、相互碰撞、相互交融的变迁过程中，人的正确价值观也是一个动态体系。当青少年面对在过去正确而现在却可能不再适合现代社会的价值观念时，就会提出质疑，通过反思批判以便筛掉"过时"的价值观，接受和形成与时代发展相一致的新的价值观念。同时，青少年的批判精神有助于其自我批判、自我完善，因为正确的价值观念的形成需要青少年不断地自我批判和自我反思，通过认识自身的不足，通过勇于自我检讨，而扭转自己身上错误的意识，接受正确的伦理道德，与时俱进，形成正确的、符合时代发展的社会主义核心价值观。

3. 摒弃后现代文化的消极性，消解其对青少年价值观的负面影响

为摒弃后现代文化对青少年价值观的消极影响，我们的价值观教育就要做到引导青少年正确对待科学技术、树立正确的消费观、追求理想缔造未来、养成深度思考习惯等。

（1）正确对待科学技术

"生活世界的意趣与后现代精神有着深层的关联性，生活世界应和了反异化、反科技、反理性及强调个体的内心体验的大背景。"①后现代文化看到了现代科学技术给现代社会带来的异化和弊端，提出了反思和解构现代科学技术的文化霸权和权威的观点。但是，现代科学技术的发展对社会进步、对人类的社会生活、对青少年的价值观教育又有着直接影响和重要意义。因此，我们要引导青少年正确认识和对待现代科学技术。

一方面，要引导青少年认识到科学本身是价值中立的。科学是反映

---

① 牛利华：《回归生活世界的教育学省察——兼论教育与生活的关系样态》，东北师范大学出版社 2010 年版，第 48 页。

现实世界的现象和本质运动规律的知识体系，它本身无所谓好坏，它的价值是使用科学的人所赋予它的。科学技术更多是关心人与自然的关系，而不是人与人的关系。现代社会中出现的问题，不是科学技术本身的问题，而是人类自身的价值观的问题。另一方面，要引导青少年认识到科学技术对人类是利大于弊。科学技术通过改变现实以满足人们的需求。"科学技术是第一生产力"，科学技术弥补了人类自身能力的限制，增强了人类适应社会的能力，最大限度地增强了从自然界获取资源的能力以满足人类发展的需求，更大程度上丰富和便利了人类的生活。因此，引导青少年正确的认识科学技术，才能使人们形成正确的价值观。

（2）树立正确的消费观

后现代文化影响的现代社会产生了一种过度的娱乐消费现象。在这种大环境的影响下，青少年的消费观念发生了偏颇，走向了泛娱乐化，尤其是符号消费更为严重。青少年追求手机要用iPhone，电脑要用苹果，包包要用LV……生活的每个角落都充斥着符号消费的缩影，这不仅不利于青少年的健康成长，更加不利于他们正确价值观的形成。

为了形成青少年正确的消费观，我们的价值观教育要做到：首先，加强青少年的人生观教育。依据青少年身体发展特点，帮助他们养成良好的消费习惯，自觉抵制拜金主义、享乐主义和攀比心理等；加强理财教育，引导他们根据自身实际经济水平进行消费，使青少年了解消费知识，掌握消费技能，提高消费行为的自觉性和自控性，以减少超前消费、盲目消费、赤字消费和非理性消费等。其次，青少年要加强消费的责任意识。"消费是一种主动的集体行为，是一种约束、一种道德、一种制度，它完全是一种价值体系。"[1]青少年在消费过程中要承担消费的环境道德责任。在日常生活消费中与他人互相监督，维护和净化周围的消费环境，减少不健康消费所带来的环境污染和环境破坏。再次，要培养青少年的绿色消费意识。利用青少年活泼好动、好奇心强、参与意识高等特点，开展消费道德、消费知识等讲座，深化个人体验，体味贫困家庭生活，弘扬勤俭节约的优良品德，让绿色消费意识深入青少年心

---

[1] ［法］让·鲍德里亚：《消费社会》，刘成富等译，南京大学出版社2000年版，第73页。

中。最后，引导青少年正确认识审美与消费之间的关系。美丽与消费品的价格、品牌、产地等都不是正相关关系，审美是高层次的艺术，和消费的金钱多少不成正比。让青少年深入了解消费和审美并不是正相关，科学的消费才是王道。

(3) 追求理想缔造未来

后现代文化具有平面化、大众化、无深度等特点，长期受后现代文化的影响容易导致青少年一味地注重当下生活，而缺少远大的理想追求，过一天算一天的享乐精神比较严重。这种现象严重影响了青少年正确价值观的形成。因此，鼓励青少年追求正确、远大的人生理想，是形成青少年正确价值观的基础，也是青少年缔造美好未来的保障。

价值观教育要引导青少年树立远大理想，追求人生梦想，首先要教会青少年正确评估自我。理想是对未来事物的合理的希望，不是空想，更不是幻想。青少年设定理想时要根据自身的实际情况：设定过高，会难以实现，使努力动机不断消减；设定过低，会难以激发自身潜能，造成毫无成就感。其次，要培养青少年对社会上不同的人生理想进行甄别和选择的能力。在价值观多元化的现代社会里，价值观念良莠不齐、多种多样。青少年要具有对不同的人生理想进行鉴别、比较和选择的能力，以便建立起自己良好的价值观和高远的志向。再次，青少年要不断地激发自身的潜能。潜能的激发是一个艰辛而又漫长的过程，开启潜能的钥匙就是理想。引导青少年要时时刻刻敦促自己及时行动，养成不拖沓的习惯。这样，一个个成就总会在一个个理想的激励下出现。最后，个人的理想要与社会理想相结合。人不能脱离社会而生活。青少年确立自己的人生理想时，要紧密结合当代中国的实际，要与伟大的中国梦结合起来。因为中国梦是每个中国人的共同理想，共同的理想具有很强的引领性、指导性和包容性，每个青少年可以根据自身的特点和需要结合中国梦形成自己的理想。

(4) 养成深度思考习惯

后现代文化呈现给世界的是平面化、零散化、无中心性等特征，它使得人们丧失了深度思考，成为了"单面人"。詹姆逊在他的后现代文化理论中较为精彩地解释了这些特点："深度的消失（depthlessness）包括：视觉深度、听觉深度、空间深度、解释深度、批判深度、历史维度的深度、文学作品的深度、艺术表现的深度、主体心理感知的深度、哲学上的深度等。"①后现代文化这种深度感的消失和人的"单面"化直接影响着青少年正确价值观的形成。

为克服后现代文化平面化、深度思考丧失所带来的消极影响，青少年价值观教育应注重引导青少年养成深度思考的习惯。

首先，注重历史知识的学习。青少年要重视历史知识的学习和掌握。历史揭示中华民族的发展历程，历史凝聚着中华民族的伟大智慧，历史彰显中华民族的辉煌成就，历史呈现中华民族的光辉灿烂文化。历史对青少年有着正向的价值引导。因此，青少年价值观教育要引导青少年阅读历史名著，如中国的"四书五经""经史子集"等。"读史使人明智"，青少年阅读史书可以拥有古人的智慧，当遇到价值困惑时就能够用所拥有的历史知识来进行深度思考，避免肤浅地理解问题而造成价值观的偏差。此外，史书中蕴含爱国、诚信、礼让等美好的品质，有助于引导青少年进行正确的价值选择。其次，关注名人成长史。每个人的成长都或多或少经历过困难和挫折，对他人有一定的借鉴作用，尤其是名人成长史。青少年通过学习和关注名人成长史，不断总结他们成功的原因和失败的教训，就能够使自己不断地进步，就能够学到名人身上优秀的品质、卓越的成就、光辉的思想和伟大的人格，使自己养成良好的品格，具有正确的价值观。最后，引导青少年善于听取他人意见。一般青少年阅历都比较浅，思考问题不全面，需要引导青少年多听别人的意见。俗话说"兼听则明"，青少年在听取他人意见时能弥补自身思考漏洞，避免思考平面化，以达到深度思考的目的。当青少年遇到道德困惑、人生迷茫、价值危机时，要多听取别人的意见，完善自身思考问题的方式，只有这样才能减少不良行为发生的概率，形成正确的价值观，准确地进行价值判断并做出正确的价值选择。

---

① 冯红：《詹姆逊后现代文化理论术语研究》，南开大学出版社2015年版，第36页。

第四章　大众传媒泛娱乐化影响下的青少年价值观教育

一　大众传媒泛娱乐化的意蕴

　　《2015—2016年中国泛娱乐产业发展白皮书》对由文学、影视、音乐、动漫、游戏、演出、衍生品等多元文化娱乐形态融合而成的泛娱乐产业进行了客观分析，论述了泛娱乐市场的发展规律、未来趋势以及发展规范。从该政策不难看出，泛娱乐已经作为一项产业受到国家的关注，其所具有的缓解人们疲劳、紧张与焦虑情绪，增添生活乐趣，并且带来一定审美享受的价值是值得肯定的。但是，泛娱乐产业在发展过程中因势头过猛致使大众传媒的娱乐功能泛滥，导致大众传媒泛娱乐化现象的产生。大众传媒泛娱乐化是指媒体内容与形式在传播过程中均有极强的娱乐化倾向，且以娱乐为标杆，为娱乐而娱乐，通过恶搞、戏说、人为制造笑料等低俗的方式使娱乐因素泛滥，导致大众传媒功能以娱乐为中心而其他功能被弱化的现象。学术界对大众传媒泛娱乐化现象褒贬不一，但是均认为大众传媒泛娱乐化会给青少年价值观带来影响。处于"发展中"的青少年对自身、未来等的关注度增强，其需要借助大众传媒获取信息。同时，繁重的学业压力与青春过渡期的生活烦恼加大了青少年对娱乐放松的需要。此外，青少年独立性的发展一定程度上增强了同伴群体的影响，为融入同伴群体，青少年必须了解受同学们追捧的影视、综艺节目、网络小说、热点新闻、最新游戏等，而这些内容均属于大众传媒的范畴。诸因素使得青少年更愿意接触与使用大众传媒，并在价值观念上受大众传媒泛娱乐化的影响。

（一）大众传媒解读

大众传媒对当代社会的影响，以及当代不同社会的政治经济制度、文化类型和全球化进程对大众传媒业的制约与推动，越发受到人们广泛而深切的关注。大众传媒自诞生之日起，便被赋予了较强的社会功能，如传播学研究者韦尔伯·施拉姆所言，"有效的信息传播可以对经济社会发展做出贡献，可以加速社会变革的进程，也可以减缓变革中的困难和痛苦"。[①] 社会的发展带来了人们物质水平的提升，同时，也使得人们对精神水平的要求日益增强，大众传媒的娱乐功能日益凸显。进入消费社会以后，大众传媒就逐渐进入了一个娱乐功能中心化的时代。作为生活中的调味剂，大众传媒的娱乐功能有利于缓解人们疲劳、紧张与焦虑的情绪，增添生活的乐趣，并且带来了一定的审美享受。但是，如果将大众传媒其他功能掩盖而单一化为娱乐功能，就会导致大众传媒泛娱乐化问题。以下从大众传媒的定义、大众传媒的类型、大众传媒的功能三方面对大众传媒进行解读，以便更好地了解大众传媒泛娱乐化问题。

1. 大众传媒的定义

大众传媒是大众传播媒介的简称，大众传播媒介由大众传播与媒介共同构成。大众传播强调一种过程，该词首次出现是在 1945 年 11 月的联合国教科文组织宪章中，其指"专门的传播机构利用媒体和科技手段作为中介广泛地、迅速地、连续地传播信息，希望在大量的各种各样的受众中唤起传播者所期待的观念，从而各方面影响受众"。[②] 媒介就是信息得以在空间上移动、在时间上保存的载体，而传播者和受传者之间相互进行信息交流的方式、手段、途径等延伸了人类信息交流能力的传播中介物一般称为"媒介"，媒介在发展的过程中经历了"口传媒介""印刷媒介""电子媒介""网络媒介"四个发展阶段，从媒介的角度看，人类文明的变迁一定程度上可看作是媒介的革命。媒介包括个人与个人进行信息交流的中介物和用于向社会公众进行公开、定期传播的工

---

① 张隆栋：《大众传播学总论》，中国人民大学出版社 1993 年版，第 296 页。
② 黄星民：《"大众传播"广狭义辨》，《新闻与传播研究》1999 年第 1 期。

具,前者称为私人交流媒介,后者称为大众传播媒介,也就是我们通常讲的大众传媒。大众传媒包含两层含义,既指包括报刊、书籍、广播、电影、电视、互联网、手机等信息传播的物质工具,又包括报社、出版社、通讯社、广播电台、电视台、影视制作单位、互联网站、手机短信发送机构等从事信息传播的组织机构。本章将大众传媒理解为物质工具与传播组织机构的结合,即大众传媒通过从事信息传播的组织机构将信息传至物质工具,受众通过使用物质工具而被影响。大众传播媒介是"专业化的媒介组织运用先进的传播技术和产业化手段,以社会上一般大众为对象而进行的大规模的信息生产和传播活动"。① 从定义看,大众传媒包含了三方面基本要素,一是大众传媒的对象数量众多、异质且匿名。二是信息公开,传播时间通常固定,以到达大多数受众为目的。三是传播者是结构复杂的组织或企业。

2. 大众传媒的类型

不同角度形成了不同类型的大众传播媒介,从传播工具特征的角度看,大众传播媒介可划分为印刷媒介和电子媒介;从传播技术的角度看,大众传播媒介有传统媒介与新媒介之分;根据媒介所承担的宣传报道任务,大众传播媒介又可划分为主流媒介与非主流媒介;从媒介承担的社会责任的不同,大众传播媒介可划分为公益性媒介和商业性媒介。本章从传播工具特征的角度进行划分,重点对印刷媒介与电子媒介进行论述。印刷媒介历史久远,普及性较高,如书籍、杂志、报纸等出版物是人们每天获取各类信息的基本途径之一。"如果说印刷传播实现了文字信息的大量生产与复制,那么电子传播最重要的贡献就是实现了信息的远距离快速传输。"② 电子媒介主要包括电报、广播、电话、电影、电视、手机、互联网等,用于大众传播的电子媒介主要是指电视、电影、广播、手机和互联网。无论是印刷媒介还是电子媒介,其均具有覆盖面广、传递迅速、时效性强、影响具有增值力的特征。随着网络技术的普及,印刷时代式微,电子媒介甚嚣尘上。电子媒介时代,信息获取速度加快,时效性更强,信息量更大,并且全面商品化。

---

① 郭庆光:《传播学教程》,中国人民大学出版社 1999 年版,第 111 页。
② 张冠文:《大众传媒概论》,山东大学出版社 2004 年版,第 15 页。

3. 大众传媒的功能

"大众传媒具有复杂的属性，在整个社会体系中显示出多种功能。这些功能使之成为了许多国家特别重视、许多商家又希望涉足的领域。"① 就大众传媒的社会功能看，大众传媒具有社会环境监控功能、社会协调功能、文化传递功能和娱乐功能。社会环境监控功能指大众传媒通过反映社会现实，歌颂真善美、鞭挞假恶丑，为人们提供行动决策的依据，对整个社会环境进行有效的监控。社会协调功能强调，大众传媒作为信息交流与传播的中介平台，其"和事佬"身份有利于协调社会中不可避免出现的一些政治、经济、文化等冲突与矛盾，使社会各构成部分和谐发展。如传播学研究者韦尔伯·施拉姆所言，"有效的信息传播可以对经济社会发展做出贡献，可以加速社会变革的进程，也可以减缓变革中的困难和痛苦"。② 文化传递功能是指大众传媒作为信息的载体，其通过各种印刷媒介与电子媒介等在学校里或社会中将社会文化遗产传递给后代，以起到文化传递的功能。大众传播中的内容种类丰富，除务实、严肃内容之外，其中相当一部分内容通俗、浅显，具有娱乐性，尤其是电视传播媒介，其中娱乐性的内容占其传播信息总量的一半以上。大众传媒的娱乐功能是由社会学家在大众传媒三大功能理论的基础上添加的一项功能，该功能在大众传媒发展过程中时强时弱，但进入消费社会以来，传媒就逐渐进入了一个娱乐功能中心化的时代。但是，如果将大众传媒其他功能掩盖而单一化为娱乐功能，极易导致大众传媒泛娱乐化问题。

（二）大众传媒泛娱乐化解读

作为文化载体的大众传媒，随着社会的发展，商业化与盈利的需要日益强烈，如雨后春笋般出现的各类新兴媒体，无形中加大了传媒业的竞争力，大众传媒为迎合受众娱乐的需要，责任意识日益淡薄，以娱乐的名义争夺大众市场份额，节目质量日益同质化、庸俗化。大众传媒"泛娱乐化"作为一个显而易见的事实已经成为当代文化不可回避的

---

① 邵培仁、海阔：《大众传媒通论》，浙江大学出版社 2005 年版，第 8 页。
② 张隆栋：《大众传播学总论》，中国人民大学出版社 1993 年版，第 296 页。

问题。

1. 大众传媒泛娱乐化的内涵

《现代汉语词典》对"娱乐"的解释是，快乐有趣的活动，使人愉悦、快乐。《辞源》中将"娱"注释为"欢乐，戏乐"，"娱乐"即是"欢娱行乐"的意思。由以上解释可知，娱乐是使人们精神欢乐、愉悦的活动。

娱乐本身并无好坏之分，在人类漫长的发展史上，娱乐是一直伴随着人类而存在的。艺术理论家豪泽尔说："娱乐，放松，无目的的玩耍是生活不可缺少的部分，从心理学生理学来说，是保持旺盛精力，刺激和加强活动能力所必需的。"[①] 娱乐没有明显的功利性目的，无论各种关于娱乐观点的倾向性如何，娱乐的本质并没有改变：其本质就是满足人类的内在精神需要，与生俱来就是为人类而服务的。"所有的艺术的主要目的全在于娱乐，即使各种艺术还必须实现自己的第二目的。在这些娱乐中，有些对理智具有感染力，有些则对感情具有感染力，另外一些则只对神经具有感染力，有些只能对我们要求异常兴奋和毫无理性的趣味具有感染力。但是各种艺术以其特有的方式首先追求的仍然是娱乐。任何艺术都应列入娱乐的行业。"[②]

娱乐化就是赋予事物以娱乐的功能，使原本并不具有娱乐功能的事物或者娱乐性并不明显的事物具有娱乐功能，即是将严肃、专业等事物化为娱乐，使其具有娱乐的性质或状态，进而使人感到愉悦、快乐。传播学认为，"所谓娱乐化就是事物以更显著的煽情性、花边性、刺激性的内容或形象出现，让一切形态的思考变得更性感、更具诱惑力，以达到人情味更浓、更贴近观众、更容易吸引大众关注的目的"[③]。在国内，"娱乐化"一词最早出现在 2000 年魏颖发表在《中国记者》杂志上的《警惕新闻娱乐化现象》，其以 1999 年香港电视台为争取观众决定由当红艺人播报新闻的事件对新闻媒介中出现的娱乐化苗头展开论述。随着

---

① ［美］阿诺德·豪泽尔：《艺术社会学》，居延安译，学林出版社 2009 年版，第 168 页。

② ［英］柯林伍德：《艺术原理》，王至元等译，中国社会科学出版社 1985 年版，第 199 页。

③ 王令飞：《"泛娱乐时代"的冷思考》，《上海信息化》2011 年第 1 期。

物质生活的日益丰富，人们对文化的需求日益增多，通过适当的娱乐化来满足人们的基本生活，无可厚非，但是娱乐不能成为一个时代的全部，因为娱乐是一种表面化、肤浅化的生活方式，它与灵魂相隔，更与梦想无关，更无法解决精神困境的种种问题。因此，理性看待娱乐是必须的。

随着文化市场的繁荣，加之大众对娱乐的强烈需求，传媒娱乐化倾向日益加剧，甚至达到了泛滥的程度，导致大众传媒泛娱乐化现象的产生。"泛"是"肤浅、不切实际、水漫而向四处流"的意思，泛娱乐化即是一种娱乐元素无孔不入地渗透到政治、经济、文化、社会生活等领域的一种社会现象。目前，学术界对泛娱乐化现象褒贬不一。有学者认为泛娱乐化是当今经济社会发展的必然产物，毋庸过分害怕与担忧，如葛红兵将"泛娱乐化"看作是整个人类文明发展的大趋势。随着社会的飞速发展，快节奏下的生活与工作方式给人们的心灵带来了重压，在重压下人们需要娱乐调剂生活的需求日益强烈，因此，对于人类社会文明发展下出现的"泛娱乐化"现象，只须将此控制在一定范围内即可。然而，更多学者认为泛娱乐化现象具有极大的消极作用。最早提出"泛娱乐化"概念的美国批评家尼尔·波兹曼在《娱乐至死》一书中写道："我们的政治、宗教、新闻、体育和商业都心甘情愿地成为娱乐的附庸，毫无怨言，甚至无声无息，其结果是我们成了一个娱乐至死的物种。"[1]学者阎志斌认为，泛滥的娱乐化是"以乐为标杆"，在表现内容与形式上过度娱乐化，充斥在人们社会生活的各个角落的泛娱乐化现象是非常危险的。正如李良荣教授所言，"泼出去的是污水，收获的却是真金白银"。从学者对泛娱乐化这一社会现象的论述不难看出，人们对泛娱乐化现象的态度是担心远大于认可。泛娱乐化从本质上来说是一种社会现象，是将事物的娱乐功能广泛化，或者说是扩大化的现象。使原本不具有娱乐性质的事物被赋予娱乐功能，将事物的娱乐功能或者说是娱乐因素扩大化。而大众传媒作为信息传播载体，其娱乐化因素的加入，使各种各样的大众传媒具有娱乐性，进而更加贴近人们的现实生活，使大众

---

[1] [美]尼尔·波兹曼：《娱乐至死》，章艳译，广西师范大学出版社2004年版，第32页。

传媒不仅仅具有舆论功能、教育功能、信息传播功能，更具有娱乐功能，而且可以借助娱乐功能更好地发挥其他功能。

大众传媒泛娱乐化是指媒体内容与形式在传播过程中均有极强的娱乐化倾向，且以娱乐为标杆，为娱乐而娱乐，通过恶搞、戏说、人为制造笑料等低俗的方式使娱乐因素泛滥，使原本不具有娱乐性质的事物被赋予娱乐功能的现象。大众传媒是随着人类的需要而产生的，可以说，其本身就是具有娱乐性质的，即在教育功能、信息传播功能等功能之外，本身就存在着娱乐功能，只是不同时代的功能侧重点有所不同而已。因此，理性看待时代发展背景下产生的大众传媒泛娱乐化现象是非常必要的。人们对于大众传媒泛娱乐化的误解，很大程度上是因为人们对网络新闻、影视剧、综艺节目、网络小说等寄予厚望，认为大众传媒自始至终都应该是严肃、深刻的，因而极易忽略大众传媒本身所具有的娱乐功能，以及社会对娱乐的现实需求。所以，当人们发现如今的网络新闻、影视剧、综艺节目、网络小说等大量充斥着娱乐元素的时候，就夸张地认为大众传媒泛娱乐化是影响甚至是阻碍社会发展、人类进步的绊脚石。对待大众传媒泛娱乐化现象，必要的担心乃至警觉是无可厚非的，但是，过分的担心与抨击却是不必要的，理性看待时代发展背景下产生的大众传媒泛娱乐化现象才是明智之举。

2. 大众传媒泛娱乐化的表现

大众传媒泛娱乐化的主要表现有以下几方面。

（1）网络新闻内容的娱乐化倾向明显

20世纪90年代中后期，辛普森杀妻审讯案、戴安娜王妃之死、克林顿总统的绯闻案等遭到美国传媒的狂炒，代表着新闻娱乐化倾向的出现。一直以来，与娱乐有着明显分野的新闻，近年来在商业利益驱使下，媒体所报道的新闻与娱乐的界限越来越模糊，乃至出现了新闻娱乐化现象。本章中所指的新闻包括电视新闻、报纸新闻与网络新闻，当前，虽然电视新闻与报纸新闻均可以在网络中进行观看，但是电视新闻与网络新闻在编辑的过程中遵循一定的标准，使其与网络新闻有着明显分野。以新闻编辑信息的把关为例，报纸新闻编辑的信息把关，早已程序化、流程化，须经过层层审核。但网络新闻编辑则不然。网络是排斥把关的。网络的开放性，使得信息几乎不受任何控制，即使对部分网址或者 IP 进行封闭，四通八达的网络空间还是可以通过其他的节点来登录。① 因此，相较于电视新闻与报纸新闻，网络新闻更为自由，同样，也更能体现时代背景下的泛娱乐化现象，因此，以下着重对网络新闻的娱乐化倾向进行论述。

其一，题材严肃，以思想、政治、经济、国内外形势等为报道内容的"硬新闻"逐渐被"软新闻"取代。"'硬新闻'源于西方新闻学，是按新闻事实的受众感受特征划分的一种新闻类别，指政治性、政策性、指导性、时效性较强的新闻。在表现形式上，追求叙述的平实质朴，用词达意的准确、严密、简洁，强调内容的政治作用和舆论效果。'软新闻'则是与'硬新闻'相对应的，指人情味较浓，社会性、趣味性较强的新闻。其政治性要求不强，时效性限制不严，可运用多种写作方法和表达方式进行报道，易引起受众的感官刺激和阅读兴趣（西方媒介称之为'大众新闻'）"②。从定义不难看出，严肃、规范的"硬新闻"相较于轻松、随意的"软新闻"缺乏人情味，而公众在闲暇之余观看新闻，除了达到获取知识的目的以外，更重要的是打发时间，确切地说是休闲娱乐，而"软新闻"较好地符合了受众休闲娱乐之余获取知识的需求。随着娱乐性元素的融入，现如今的新闻在内容上，更多贴近人们生活，不再只是将国家大事、时事政治放在首位，更多的是将人们所关心、所关注的事情加入到新闻之中，使人们能够感受到新闻不仅仅是少数人的新闻，更是广大人民群众的新闻，不仅仅是严肃的新闻，更是鲜活的、发生在人们身边的新闻。然而，"软新闻"较强的吸引力易使人处于虚幻的满足状态，起到麻醉作用。《人民日报》在题为《"新闻的陨落"更值得警惕》的文章中说道："对严肃新闻的漠不关心，对娱乐报道的过度追捧，对谣言谎言的麻木不仁，才是这个时代面临的更为迫切的问题"③。以"王宝强事件"为例，2016 年 8 月 14 日凌晨，影视明星王宝强在微博发了一则离婚声明，该声明赚足了关注度，短短数日，点击量超 60 亿。8 月 15 日作为抗日战争胜利值得纪念的日

---

① 潘胜华：《网络新闻编辑与报纸新闻编辑比较》，《新闻界》2007 年第 3 期。
② 戚鸣、刘朝霞：《当前我国报纸新闻娱乐化倾向探析》，《中国青年政治学院学报》2005 年第 3 期。
③ 李康乐：《"新闻的陨落"更值得警惕》（新媒观察），《人民日报》2017 年 7 月 21 日。

子被淹没在了集体窥窃私欲的狂欢中。

其二，新闻对所谓热点猛炒爆炒，以娱乐博点击率。网络新闻具有时效性强、传播速度快的特点，并且受众可以挑选自己喜欢的新闻阅读，媒体与受众能够有效互动。较强的互动性使受众更愿意参与其中，获得网络新闻所传递的知识。但是，随着大众传媒商业性的增强，网络新闻往往以娱乐的方式对热点进行"爆炒"，以获得受众较高的点击率。每年的高考状元出炉之后，便是媒体"肆虐"之时。2015年6月28日上午，北大、清华两所名校为抢生源在微博上公开互撕、互揭老底。此微博之后，各媒体的报道纷至沓来，搜狐新闻的《清华北大互撕，过程和真相都很可笑！》、中国青年网的《北大清华：为"抢状元"在微博"互撕"简直太丢人》、爱奇艺的《北大清华"互撕"捅破掐尖真相》、腾讯新闻的《北大清华为抢生源微博互骂，互揭对方花钱买考生》、人民网的《清华北大为争抢优秀考生互掐，网友：这还是名校吗？》等各种报道占据头条。2015年7月9日熊丙奇在《中国青年报》发表了一篇题为《"状元"报道中的媒体人格分裂》的文章中说道："在我们的'唯分数论'中，媒体不是坚定的反对者，而更多是火上浇油。""希望媒体能多一些理性，千万不能加剧教育的功利化。""舆论承担着向公众正确解读改革措施，普及教育常识、理念的任务，而不该故意炒作教育话题，搅浑水。""在报道教育问题时，可以有激烈的争论，有不同的观点，但应该有基本的教育底线"。① 类似事件不胜枚举，即缺乏理性思考与分析，往往用处理个人事务的方式参与处理社会事务。2017年7月25日，一则"格斗孤儿"的视频在网上引发争议，视频中两名14岁男孩在铁笼中格斗，围观人群正用手机拍照。据报道这是成都一家综合格斗俱乐部，该俱乐部先后收养了大凉山400多个失去双亲、生活没有依靠的孩子进行格斗训练。视频一出，很多善良的人都觉得这是非法收养，是在利用孤儿谋取利益，剥夺未成年人受教育的权利等，舆论群起而攻之，当地政府迫于舆论压力而将孩子"解救"，然而"解救"现场却是哀号一片。媒体的力量很强大，一篇报道的发酵，让这些走出大山的孩子，再次被逼回凉山。大众传媒通过对所谓热点的

---

① 熊丙奇：《"状元"报道中的媒体人格分裂》，《中国青年报》2015年7月9日。

"爆炒",迎合了受众娱乐的需要,便于受众在娱乐中轻松地获取知识。但是,网络新闻的高参与性,也促使了受众用娱乐的态度关注与评论某事件,娱乐的态度、感性的思考、事不关己的评论往往在社会事务中导致负面影响。

其三,"星"闻报道呈现出一"热"一"冷"现象。对娱乐明星的花边轶事、生活八卦,一炒再炒,热度不减,文字、图片、视频等十八般武艺轮番上阵,甚至还用上了直播、H5等新技术。有研究将2014年《南都娱乐周刊》对明星隐私曝光的事件进行了分类,"机场出行共65起,街头外出共55起,会友、聚餐、逛街共31起,恋情曝光共14起,片场、宣传活动共19起,与小孩外出玩耍共9起,小孩首次曝光共5起,其他事件共9起"[①]。报道内容涉及明星生活的各个方面,尤其是明星的婚恋、离世等事件往往引起大众的娱乐狂欢。与此形成鲜明对比的是,对于曾率部队抗洪救灾保护42万人生命财产的"流泪将军"董万瑞、曾担任试验卫星通信等6项大型航天工程的总设计师任新民的相继离世,相关报道却显得冷清不少。这种冷热失衡的舆论现象,背后折射出不同的价值取向。

其四,"标题党"类新闻流行。"掏鸟窝判十年""雾霾会影响生殖能力改变人体免疫结构""调查称中国人流手术者近半未成年"等"标题党"新闻往往采用夸张、以偏概全、耸人听闻等方式博得受众的点击率,一些媒体为赚足眼球,在标题中贴上一个个敏感的标签,不管其是否符合实际情况,而在现在快速阅读的"快餐时代",一般人上网看新闻几乎都是只看标题,不看或略看正文。因此,对于网络传播来说,标题可能是"成功"的全部。有研究通过对8家网站新闻排行榜的定量研究发现,网络新闻中的"标题党"现象已经相当普遍。研究就四大商业门户网站和四大传统媒体主办的新闻网站在"标题党"出现的比率上进行了调查,"前者'标题党'占总量的51.3%,后者占48.7%。"[②] "标题党"新闻产生于快节奏的时代背景下,受众通过观看

---

① 苏扬:《娱乐新闻中的明星隐私曝光现象研究——以2014年〈南都娱乐周刊〉为例》,硕士学位论文,湖南师范大学,2014年。

② 王辰瑶、金亮:《网络新闻"标题党"的现状与叙述策略:对8家网站新闻排行榜的定量分析》,《新闻记者》2013年第2期。

标题来判断自己是否感兴趣，进而决定是否点击观看，一定程度上节省受众的时间。但是，商业化背景下，一些媒体为了获得利益，往往以耸人听闻来搏一时的轰动效应，更有甚者不惜凭空捏造，为标新立异而采取人身攻击等不恰当的方式，使得新闻"标题党"现象容易引发社会问题甚至恐慌，误导公众，给新闻当事人带来困扰，损害媒体公信力。此外，"标题党"的危害不仅仅在于用欺骗的手段哗众取宠，误导读者，更在于这种方式具有难以戒除的特点，容易在整个新闻生产中形成"劣币驱除良币"的恶性循环，易使受众深陷其中，难以拒绝，尤其是成长发展中的青少年，更难以拒绝充满冲突性、新异性、趣味性以及符合人性某些普遍特点的窥私欲和力比多冲动的"标题党"的影响。

（2）影视剧中娱乐元素弥漫

"电视剧是电视文艺的主要品种，它以电视艺术和电视技术相结合，是综合了文学艺术创作、电视技术制作以及演员表演等来表述一定故事情节的视听艺术形式。"① 随着影视剧的娱乐化现象出现，影视剧的剧情设置更加贴合人们的生活实际，人们往往能在生活中找到影视剧中人物的原型，影视剧所展现的故事大部分是来自生活中的热点话题，使观众更加有亲切感，将自己置身于影视剧情之中。而且，在内容上，影视剧中加入了更多的搞笑和幽默的成分，使得影视剧的主色调是轻松、愉快的，减少了消极情感的出现。即便是一部严肃题材的影视剧，观众往往也能从中发现一些具有娱乐性的镜头。此外，近年来，一些新兴题材的影视剧在荧幕上热播，而且收视率可观，例如改编于网络流行小说的穿越类影视剧，其不太注重历史的真实性，剧情自由度较大。此类影视剧与以往的历史剧相比，并不十分注重历史的真实性。虽然类似电视剧并没有很大的历史研究价值，但是却迎合了当下青少年的审美，使得这类电视剧尽管看起来并不贴近人们的生活实际，也并没有十分贴合历史，甚至有些电视剧充满了无厘头的搞笑剧情，但并没有减少一些人群对这类新兴题材影视剧的喜爱。

在现代社会生活中，无论是成功人士还是平民百姓，都面临着不同程度的压力，压力的来源多种多样，可能来自内心的空虚、焦虑和压

---

① 徐舫州、徐帆：《电视节目类型学》，浙江大学出版社2006年版，第279页。

抑，也可能来自于自身生存、发展困难的现实情况。但不论是哪种情况，都需要缓解或释放。有的人选择向家人、朋友倾诉烦恼以减轻压力，但大多数现代人会更在意保护自己的隐私，不愿向别人诉说自己的苦闷、困惑，而倾向于选择自我消化的方式。因此，弥漫着娱乐元素，到处充满着欢声笑语的影视剧不失为一种合适的选择。选择一部或自己喜欢，或轻松搞笑的影视剧来放松自己，不需要思考，只须跟着节奏娱乐起来就好。弥漫着娱乐元素的影视剧让观众暂时忘掉现实生活中的烦恼而进入到剧中的充满欢笑的虚幻世界中，其中有笑声，也有眼泪，在那里，观众可以获得人生启示，获得内心的释怀，获得身体的轻松，进而缓解压力。从这个意义上说，影视剧起着心理按摩师的作用。

"寓教于乐"式的影视剧满足了观众对娱乐的需求，使观众内心舒适、愉悦。但是，随着影视剧娱乐功能被过度强调，许多应有的"寓教于乐"式文化引导作用已经荡然无存，而商业价值成为影视剧制作者的唯一追求。在剧情上靠一味地搞笑来满足观众的娱乐需求，内容上既缺乏影视艺术应有的艺术价值，又缺乏道德内涵与人文教化的作用，甚至追求娱乐至上，乃至娱乐至死，缺乏思想内涵，排斥传统价值观，摒弃了承载社会主流价值的责任。

一方面，影视剧为盲目迎合观众的需求，将历史"去价值化"。一些电视剧制作者只片面追求收视率而无视许多历史的真实性以及影视艺术本身所应有的艺术性，单纯地满足人们快节奏的、低层次化的娱乐需求，拍出众多漏洞百出却热播依旧的电视剧。如因胡编乱造、不尊重历史、过度娱乐化的抗战剧，被网友戏称为"抗战神剧"。抗战神剧，又称抗战雷剧，是指战争游戏化，我军偶像化、友军懦夫化、日伪白痴化的一种电视剧。随着当代影视作品多元化的发展，传统抗战剧的吸引力日渐式微。为增强看点、搏取观众眼球，导演编剧开始借助大量夸张、恶搞、空想等手法拍摄抗战影视作品，导致严肃历史剧中出现奇葩性的虚假内容、雷人镜头和过分夸张不实的剧情，如《抗日奇侠》《边城汉子》《一起打鬼子》《一个鬼子都不留》《孤岛飞鹰》等影视剧。手撕鬼子、子弹拐弯、手榴弹打飞机等雷人剧情无视正常生活规律或对历史的严重篡改，使得很多观众由于电视剧的误导，而对真实的历史事件产生怀疑和误解。同时，随着抗日题材电视剧越来越类型化，"抗日"逐渐被简化为一种故事背景，其内核被悄悄换成武侠剧、爱情剧、偶像剧、谍战剧等，即使主线为"抗日"，但是却将武打、枪战、爱情、时尚、性感等类型元素统统裹挟进来，如《新雪豹》《我的特一营》《黑狐之风影》《战神》《胭脂》等。有网友对此类剧调侃称："现在的剧，刚开始看以为是金庸武侠剧，5集以后发现是缠绵的琼瑶剧，最后才发现是武侠偶像剧。"

另一方面，从影视剧的播出题材看，爱情偶像剧、玄幻武侠剧、家庭伦理剧、都市剧等较为火热，如热播剧《我们的少年时代》《微微一笑很倾城》《夏至未至》《欢乐颂》《武神赵子龙》《仙剑奇侠传》系列、《北上广不相信眼泪》《妻子的谎言》《女不强大天不容》等，从各卫视的节目单，不难看出，都不乏吸引观众眼球、引导观众娱乐狂欢的因素。媒体为了追求收视率，甚至刻意去满足部分观众的偷窥欲、色情欲等不健康心理。如电影《色戒》《一路向西》等大尺度演绎，就是为了追求高票房而迎合观众的重口味的结果。此外，由徐峥导演的"囧"系列完全可以看作是影视剧泛娱乐化的典型代表。2010年由徐峥和王宝强主演的喜剧电影《人在囧途》大获成功后，2013年徐峥又推出了笑点达50多个的影片《人在囧途之泰囧》，12亿票房的收入足见其受欢迎程度，继《泰囧》之后，2015年徐峥又推出笑点达70个的《港囧》，商业利润驱使下笑点的低俗化自不必多说，这种以笑点作为赢取票房的途径，极易突破媒体娱乐底线，走向泛娱乐化的道路，对价值观形成期的青少年带来极大的消极影响。

（3）"井喷"的综艺节目以"乐"为标杆

相比国外的综艺节目，中国内地综艺节目真正受到关注是从1983年起举办的中央电视台春节联欢晚会和1990年开播的《综艺大观》等开始的，其后经历了以《欢乐总动员》《快乐大本营》为代表的游戏类娱乐节目、智力加博彩的益智娱乐节目、以《超级女声》为代表的"真人秀"节目，以及以《中国好声音》为代表的高成本、高收益的综艺节目。随着电视、手机等媒介的普及，各式各样的综艺节目纷纷涌现出来。20世纪的综艺节目更多是为了开阔人们的眼界，如《正大综艺》的代名词是"不看不知道，世界真奇妙"。当前的综艺节目为了更加迎合不同观众的观赏需求，其类型日益丰富，包括以《奔跑吧兄弟》《极限挑战》《爸爸去哪儿》《变形记》《花儿与少年》等为代表的真人秀节目，以《中国好声音》《来吧冠军》《我是歌手》《王牌对王牌》《极速前进》《快乐男声》等为代表的竞技类综艺节目，以《快乐大本营》《天天向上》《非常静距离》《鲁豫有约》《康熙来了》《无与伦比的发布会》等为代表的访谈类综艺节目，以《舌尖上的中国》《十二道锋味》《拜托了冰箱》《吃光全宇宙》《深夜食堂》《中餐厅》《食在囧途》等为代表的饮食类综艺节目，以《老梁讲故事》《今晚80后脱口秀》《大学生来了》《脑力男人时代》《坑王来了》《奇葩说》等为代表的脱口秀综艺节目，以《我们都爱笑》《笑傲江湖》《欢乐喜剧人》《喜剧总动员》《笑傲帮》《今夜百乐门》等为代表的喜剧类综艺节目，以《我们约会吧》《非诚勿扰》《百里挑一》《非常完美》《完美告白》《爱情连连看》《中国式相亲》等为代表的相亲类综艺节目，以及以弘扬中国传统文化为目的的《见字如面》《朗读者》《中国诗词大会》《中国成语大会》《中国汉字听写大会》《中国戏曲大会》等为代表的文化类节目。众多综艺节目中，不乏制作精良、旨在传递真善美的良心节目，满足了观众对娱乐的需求，使观众内心舒适、愉悦。以真人秀节目为例，它以人自身作为传播符号打造成贴近大众生活、通俗易懂的情感事件，实现了对压力群体感官的全方位调动，让人以一种整体状态进入节目当中。随着弹幕技术的引入，使作为观赏者的观众获得了较强的参与感，综艺节目的播出过程中往往大幅页面被观众发来的弹幕遮盖，具有较强参与感的综艺节目深受观众的喜爱，弹幕引发的狂欢，迎合了观众的心理需求，欢快的综艺节目日益成为现代人生存、减压的砝码。

综艺节目凭借轻松的环境，搞笑的话语，以制造快乐为宗旨使人们获得最简单的快乐，心理压力得到缓解，其迎合了快节奏生活下人们的心理需求，因此，轻而易举虏获了国民的心。综艺节目适当的娱乐是必要的，但是，在商业利益驱使下，盲目跟风而出现的综艺节目的"井喷"式现象，不得不引发思考。从政府两次《限娱令》的颁布，以及广电总局出台的《关于加强真人秀节目管理的通知》等文件不难看出，"井喷"式的综艺节目存在娱乐泛滥的倾向。如果综艺节目中"掌声、笑声、博彩声，声声入耳；私事、家事、无聊事，事事开涮"的娱乐狂欢图景泛滥开来，综艺节目的娱乐目的不仅无法达到，反而会对青少年价值观造成巨大的消极影响。泛娱乐化的综艺节目面对巨大的同行竞争，为博取关注度，不免会走极端，依靠暴露残忍、欣赏丑恶、大兴窥私、挖掘隐情、疯狂恶搞、愚弄观众、奇装异服、言语无忌，颠覆传统、演绎龌龊、高额大奖、刺激暴富等方式获得存在感，这些不健康价值观的传递极易在某种程度上严重误导观众，特别是对于青少年学生，这样的节目会对其正确人生观、价值观、审美观的形成产生极大的负面影响。

（4）网络文学跟风投机，过度娱乐化

与概念清晰、对象明确、理论体系稳固的印刷文学相比，网络文学极富变动性，它的定义见仁见智，对象驳杂繁复，形态多种多样，内部主体因素也纠缠不清。1999—2002年是网络文学诞生初期，当时，对于"什么是网络文学"，许多人发表了看法，大部分学者对网络文学持怀疑态度，认为其充其量不过是小众的闲暇消遣，打发时间的"厕所文字"而已。大约2006年以后，网络作品数量剧增，乘着互联网的东风，曾经被戏称为"非主流"的网络文学成为了3亿读者的浩瀚书库，是众多投资者眼中的香饽饽，并且其已日渐形成集影视、动漫、游戏等多种娱乐形式的泛娱乐产业链。

网络文学是指首发于网络，依托网络基础平台，由网络作家在线连载的中长篇通俗小说。其风格自由，题材不限，发表与阅读方式都较为简单。其主要类型包括：完全依附于网络，具有形式新颖、语言网络化、故事性较强、创作者具有玩票性质等特点的BBS网络故事型；致力于文学创作、语言平实、风格凝重、获得专业人士认可的传统文学型；对内容和表达形式无规范、体裁广阔、能接纳更多写手的大众参与型；完全将受众与言说者身份融合起来的接龙游戏型。[①] 众多类型中以玄幻和言情题材居多，其中完全由读者创作的同人小说或称粉丝小说也比较热门，获得较高点击率。网络小说不仅在中国发展迅猛，拥有几亿的读者群体，而且，中国网络文学的海外传播也是异军突起。资本很大程度上主导着网络文学的趣味，使网络文学从早期迎合编辑审读、模仿印刷文学，走向追随市场、面向网民的通俗化道路。

---

① 许苗苗：《网络文学的五种类型》，《甘肃社会科学》2002年第4期。

风格自由、题材不限等特征赋予了网络文学极大的发挥空间,但是,在商业利润的驱使下,该特点的消极影响日益凸显。一些文学网站的编辑和写手在资方收入指标的压力下,在自由的创作空间给予的福利下,在作品中增加色情描写或争议性话题显得极为平常。网络文学中最受欢迎的是简单直白,"遇佛杀佛,遇祖杀祖"的"小白文"和格调低下、不断触碰色情边缘的"小黄文"。有调查显示,"阅读形式中,喜欢阅读各类畅销小说者占81%,而喜欢阅读传统文学名著者只有19%;初中男生阅读偏向武侠玄幻类,高中男生阅读偏向侦破悬疑及历史演义,女生不管初中高中都偏向耽美言情"。[①] 网络文学在娱乐的同时,应谨记其必须担负的精神产品的社会责任,引导青少年良好价值观的形成。

3. 大众传媒泛娱乐化产生的背景

商品化是大众传媒泛娱乐化产生的经济背景。在传统的文化生产与传播模式中,知识分子既是文化的生产者,也是文化资本的拥有者,在以生产决定消费价值取向的传统知识经济中,知识分子(精英文化)占据高雅文化、审美文化的中心位置,因此,知识分子(生产者)的趣味决定了文化产品的趣味和接受者的趣味,这个群体的审美趣味可谓是"崇高""雅致""深刻"等充满人文精神的特征。而在传统社会中,平民大众的趣味常常隐而不见,他们被动地接受着知识分子按照自己的审美趣味生产传播的文化产品。商品化的发展使得艺术及原本生活在象牙塔中的许多事物(如传媒、教育、宗教产品等)走向市场,变成可供买卖的商品。在市场中,消费者成为市场中的主体,在这样的文化语境中,大众文化的消费者在整个社会中占据了数量和规模上的绝对主导地位,因此,平民大众的通俗娱乐趣味决定了文化市场消费品趣味的走向。泛娱乐化现象的出现,是商品经济原则的集中体现,也是大众文化中的娱乐趣味向不同领域迅速扩张的结果。

后现代主义是大众传媒泛娱乐化产生的哲学背景。后现代主义哲学是一种思维方式,消解和解构是其核心特征。大众传媒的娱乐化现象在

[①] 李媛、刘紫芳:《试论青少年网络文学阅读的特点》,《图书馆学研究》2013年第10期。

一定程度上是后现代主义思潮的外在显现，其是对原有领域话语权威和游戏规则的一种质疑和破坏。表现在以下几点：一是对中心权威的质疑和反叛。"作为社会传统文化中存在的中心、权威、理性、深度、严肃等特性，都成了质疑和反叛的对象，而与其相对的则是边缘、感性、平面、娱乐特征的崛起。"① 青少年对经典的恶搞，对严肃文学的淡漠，对个性的追求等无不体现了对中心权威的质疑和反叛。二是对现代性元叙事、深度的解构。后现代主义最大的特征就是摧毁现代性元叙事和深度，主张还俗。经典的神圣性被解构之后，"娱乐化"也就成为当下经典存在的唯一的理由。所谓"娱乐化"，就是以娱乐为目的来对经典进行改编，并且似乎日渐成为一种时尚，如中国史上第一款把暴走漫画恶搞元素和三国历史元素完美融合的手机游戏《暴走无双》。以历史为背景，并进行改编或者重新赋予意义的例子不胜枚举。以目前最火的游戏《王者荣耀》为例，其吸引的人群从小学生覆盖到中年人，日活跃用户5000万，注册用户达2亿。截至目前，游戏中一共出现了60多个中国历史英雄和神话传说人物的名字，李白、赵云、孙悟空、墨子、庄周、狄仁杰、貂蝉等耳熟能详的人物在游戏中穿越时空，一起"混战"。但是，所有人物按游戏的角色设定只是取了一个名字而已，与历史背景和人物经历并无关系，内容和精神被架空，有名无实。荆轲变成了手持奇怪兵刃的美女刺客，刘备变成了肩扛火枪身穿风衣的黑帮教父，具有带兵统御能力的韩信在游戏中变成了韩跳跳，中国历史上一代谋略家张良被设计成手拿小黄书的波斯王子，其中的解构意义不言而喻。有一则报道，一位小学生在作文中写道："我一直以为四大刺客分别是李白、韩信、兰陵王、荆轲，在老师讲荆轲之前，我一直以为荆轲是女的"。② 对经典的解构与娱乐，一定程度上给处在成长与发展期的青少年的价值观造成极大的影响。其三是对严肃与娱乐二元界限鸿沟的填平。后现代主义使得高雅的严肃文学与流行的娱乐通俗文学之间的对立、文学与非文学之间的对立得以消除，使得不同学科门类之间的话语互相渗透、融合和同化，如"泛娱乐化"背景下产生的政治娱乐化、教育娱乐化、

---

① 张爱凤：《"泛娱乐化"批判的多维视角》，《前沿》2009年第3期。
② 《王者荣耀》辉煌的背后不应该让孩子误读历史人物，https://baijiahao.baidu.com/s?id=1572524991381441&wfr=spider&for=pc。

学术娱乐化、宗教娱乐化现象。

社会分层是大众传媒泛娱乐化的社会文化背景。"处于社会结构中下层的是占据了全国人口80%以上的工人、农民、服务人员。"① 他们拥有的少数经济、文化资本决定了他们的文化水平与文化消费趣味，因此，注定了普通大众对严肃艺术、古典艺术的望尘莫及，对轻松、通俗、娱乐性强的通俗艺术的喜爱。当下老百姓主要的休闲娱乐活动就是看电视，看电视成了大众最经济方便的休闲娱乐方式。相比较书刊报纸，电视的娱乐功能更为突出，而影视剧和电视综艺节目则是娱乐性最为突出的节目类型。随着网络技术的发展与手机的普及，当前青少年更愿意通过手机、电脑等载体及时获取网络信息，青少年身心发展的特点决定其对新奇、平面化、通俗易懂等信息的喜爱。在传媒"事业单位企业化运作"的体制中，受众的通俗、娱乐趣味得到大众传媒市场的充分尊重，因此，也引导着大众传媒娱乐化的趣味走向。

逃避抑郁的娱乐乌托邦是大众传媒泛娱乐化产生的社会心理背景。娱乐节目之所以能够产生娱乐效果，其中一个重要的机制就是通过幻想或想象。文化研究学者理查·戴尔曾经说过："对于娱乐的两种想当然的描述是'逃避'和'如愿以偿'，它们指向娱乐的核心要旨，即乌托邦主义。娱乐提供的形象是可以逃避进去的'更好之物'或者我们深切希望而日常生活无法提供之物。"② 与中下层百姓对通俗娱乐趣味的喜好相比，白领和知识分子人群把娱乐当成了逃避生活压力、避免抑郁的乌托邦。著名精神分析学家弗洛伊德认为人格结构由本我、自我、超我三部分组成。"本我"即原始的我，追求快乐，唯一的要求是获得快乐，避免痛苦；"自我"即现实中的我，追求"现实原则"，在"本我"与"超我"之间起协调作用；"超我"遵循道德原则，为达到完美和理想而活动。"本我"与"超我"往往相互冲突而较量，需要"自我"进行协调。每个人人格中都有追求理想、道义的"超我"人格，也有追求及时行乐、获得感官满足的"本我"人格。不同的社会环境对"超我"与"本我"的侧重不同，80年代之前的中国便长期处在"超我"

---

① 张爱凤：《"泛娱乐化"批判的多维视角》，《前沿》2009年第3期。
② [美]理查·戴尔：《娱乐与乌托邦》，宋伟杰译，《当代电影》1998年第1期。

压抑"本我"的境况下，然而，当代社会，中国人心灵深处的"本我"日益得到释放，寻求娱乐狂欢中的简单快乐。"超我"与"本我"需要相互协调，天平过分偏向哪一端都是不可取的。泛娱乐化虽然使人的原始天性得到解放，但是，会导致社会价值观念的畸变。只要感性不要理性、只要娱乐不要深刻的单一文化趣味在征服了大众的同时，也将大众异化为一种"娱乐至死"的"单面人"。

4. 大众传媒泛娱乐化产生的原因

当前，我国文化市场的发展呈现为几大趋势。首先，是高成长性趋势。随着我国经济发展和人民生活水平的提高，文化消费在人们总体消费中所占比例将会逐步提高，文化消费的社会化、市场化程度也将会日益提高。从 2017 年 8 月 24 日国务院发布的《国务院关于进一步扩大和升级信息消费持续释放内需潜力的指导意见》不难看出我国文化市场的高成长性趋势。其次，是大众化趋势。即生产规模化、产品市场化最终必然要求消费群体大众化，消费群体的大众化必然要求与之相适应的符合大众需求的文化。最后，是产业化趋势，即文化的经济功能日益加强，成为国民经济的支柱产业。由《2015—2016 年中国泛娱乐产业发展白皮书》中强调的由文学、影视、音乐、动漫、游戏、演出、衍生品等多元文化娱乐形态融合而成的泛娱乐产业发展的重要性不难看出我国文化市场中娱乐业的产业化发展的强劲势头。在文化市场高成长性、大众化、产业化等趋势的推动下，我国大众传媒泛娱乐化现象日益凸显。导致大众传媒泛娱乐化的原因有很多，政治、经济、文化等都是其原因。

其一，政策原因。当今世界正处在一个急剧发展与变革的时期，世界多极化、经济全球化的深入发展使各国间的联系和交流愈加频繁。同时，科学技术的迅猛发展也使得各国间的信息分享愈加便捷，思想文化的交流与融合也日益频繁，一定程度上繁荣了国内的文化资源。我国的基本国情与主要矛盾使得国家对文化的发展与繁荣日益关注。2017 年 5 月 7 日中共中央办公厅、国务院办公厅印发了《国家"十三五"时期文化发展改革规划纲要》，《纲要》对"十三五"时期的文化发展做了全面规划。《纲要》在论述"繁荣文化产品创作生产"时提出，"发展网络文艺。加强网络文化产品创作生产，推动网络文学、网络剧、微电影等新兴文艺类型繁荣有序发展"。① 国家政策对文化发展的大力扶持,极大地促进了我国文化市场的繁荣,满足公民对精神文化的需求,但是,作为文化传播载体的大众传媒由于自身的特性,极易在政策扶持的驱动下忘记自身在社会生活中独有的形象和角色。《纲要》在"规范传播秩序"一则中特意提出加强"规范地方媒体、行业媒体管理"。② 2017 年 8 月 24 日,国务院发布了《国务院关于进一步扩大和升级信息消费持续释放内需潜力的指导意见》,《意见》中明确提出"提高信息消费供给水平""扩大信息消费覆盖面""优化信息消费发展环境"等具体措施以发展文化产业,政策在促进文化发展与繁荣的同时,也给作为信息载体的大众传媒提出了要求。不难看出,政策在促进大众传媒发展的同时,也在面临着大众传媒发展过猛导致的一些问题。

其二,媒体自身的原因。首先,传媒业竞争的加剧一定程度上推动了大众传媒泛娱乐化现象的进程。随着科技的进步和经济的发展,当今传媒业面临的生存压力可谓前所未有,特别是传统媒体,既需要根据社会需求调整定位,又时刻面临着新兴媒体的冲击。科技的进步带来了各类新兴媒体的发展,如雨后春笋般的新兴媒体,无形中加大了传媒业的竞争力。在激烈的竞争中,对于靠受众吃饭的众多媒体来说,抢占受众市场,争取属于自己的领地就显得日益迫切。于是,大众传媒就会根据受众的喜好与需求为其进行量身定做。虽然,社会结构中的公民有上层、中层、下层之分,但是"处于社会结构中下层的是占据了全国人口 80%以上的工人、农民、服务人员"③,他们拥有的少数经济、文化资本决定了他们的文化水平与文化消费趣味。媒体为了获得更多的受众必然迎合社会绝大多数的口味,而在传播内容和形式上走上了通俗和泛娱乐化。其次是媒介商业化与盈利的需要。《2015—2016 年中国泛娱乐产业发展白皮书》的出台旨在更好地推进泛娱乐产业的发展,泛娱乐产业既已称为产业,那么商业体系的运作模式便是必要的。在商业利益的诱惑

---

① 中华人民共和国中央人民政府网站:中共中央办公厅、国务院办公厅印发了《国家"十三五"时期文化发展改革规划纲要》,[EB/OL]. http://www.gov.cn/zhengce/2017-05/07/content_ 5191604.htm。

② 同上。

③ 张爱凤:《"泛娱乐化"批判的多维视角》,《前沿》2009 年第 3 期。

下，逐渐品尝到了"娱乐经济"甜头的传媒，开始不顾一切地以"娱乐"的姿态和手段来获取所需，最大限度地追求经济效益已然成了传媒壮大和发展的立足点与归宿。

其三，责任意识的淡薄一定程度上加剧了大众传媒的泛娱乐化现象。大众传媒作为"社会公器"，其必须担当起"喉舌"和塑造国家正面形象的职责，即大众传媒不仅具有娱乐功能，更应谨记自身具有的社会环境监控功能、社会协调功能与文化传播功能。但是，在激烈的市场竞争和巨大的商业利润面前，大众传媒没有坚守住属于自身的固有阵地，忘记了自身在社会生活中独有的形象和角色，没有承担起作为"社会公器"的责任。例如，现实生活中的各种风俗、规范、法律等制约着人性中由于窥探、刺激、好奇等心理而产生的不健康行为，但是，泛娱乐化的大众传媒却为之提供了发展空间。部分综艺节目为了迎合大众的求新求异和好奇心理，不择手段改变节目的风格，以奇装异服、新潮词语、洋腔洋调等手法标新立异。此外，为了满足大众一部分不正常的窥探欲和刺激感，媒体无所不用其极：穿着"薄透裸露"、性别错位、性变态、公开自己的性隐私，"裸文化"盛行；无限制挖掘明星隐私，绯闻、丑闻、诉讼和生活琐事，制造"门文化"；偷看、偷拍、偷情、偷菜、偷装备，偷文化流行。

2017年1月22日，中国互联网络信息中心（CNNIC）发布的第39次《中国互联网络发展状况统计报告》显示，"我国网民以10—39岁群体为主。截至2016年12月，10—39岁群体占整体网民的73.7%。其中20—29岁年龄段的网民占比最高，达30.3%"。[①] 不难看出，青少年是网民中的主力军，价值观尚处在形成期，责任意识淡薄的大众传媒极易给青少年价值观造成不良的影响。

其四，受众自身的原因。经济社会的发展使人们的物质生活水平得到了极大的提高和满足，如马斯洛金字塔式自下而上的需要层次理论所言，当人们的生理需要与安全需要得到满足之后，便会谋求爱和归属的需要、尊重的需要等高层次内在需要的满足。首先，在生活节奏较快、

---

① 中国互联网络信息中心（CNNIC）：第39次中国互联网络发展状况统计报告，http://www.cnnic.net.cn/。

竞争激烈、压力多样的现代社会，基于人性自身的需要，人们会寻找各种途径舒解情绪、缓解压力、适度疏远现实。而大众传媒提供的综艺节目、网络游戏、音乐、微博、电影、电视剧、视频等多样的休闲娱乐方式很大程度上满足了大众休闲娱乐的需要。而且，"泛娱乐化"的休闲娱乐方式不需要受众过度用脑去抽象理解、理性思考，不需要做心灵的运动，追求的是快感，坚持的是"快乐主义"原则，受众只需要感性观看、欣赏即可。为了增强受众的参与意识，营造"集体娱乐"的氛围，"弹幕"技术得到运用，并且受欢迎程度异常火爆。"弹幕这一实时互动的新媒介技术形式看似深化了用户的编辑权，营造了全民 DIY 的时代，实则是人们被娱乐消遣牢牢掌控。"[1] 娱乐作为人们生活不可缺少的一部分，慰藉了人们在当前复杂多变的环境下内心某些东西的缺失与迷茫。但是，媒体的"娱乐大众"或大众的"被娱乐"实际是娱乐的泛化，在大众享受娱乐的同时，娱乐势必会对大众产生反噬作用。此外，大众的好奇、窥探、刺激心理，逃避、叛逆、释放心理，审丑心理，从众心理等需求一定程度上也推动了大众传媒泛娱乐化现象的出现。

其五，技术原因。技术的发展和不断更新是大众传媒生存与壮大的关键。互联网的广泛普及以及手机、iPad 等媒体的无处不在，使得大众传媒可以随时向受众传递各种娱乐资讯，满足受众的需求，受众可以徜徉在充满粉红泡泡的浪漫世界里，或是"穿越"回大秦帝国，感受一下秦国的崛起之路，抑或和甄嬛一起，体验一把后宫的钩心斗角和锦衣玉食，或是和明星一起奔跑一起欢笑。现代通信技术的发展让我们的传媒得到了前所未有的传播优势，一定程度上加重了大众传媒泛娱乐化现象。

二 大众传媒泛娱乐化对青少年价值观的影响

英国著名人类学家 E. B. 泰勒在《原始文化》一书中指出："据人种志学的观点来看，文化或文明是一个复杂的整体，它包括知识、信

---

[1] 戴颖洁：《弹幕：狂欢时代的伦理反思》，《编辑之友》2016 年第 2 期。

仰、艺术、伦理道德、法律、风俗和作为一个社会成员的人通过学习而获得的任何其他能力和习惯。"① 每一种文化都体现着特定群体的心志与理想，必然具有特定的定义与存在价值。而"人的价值意识，包括心理与价值观念，全部来源于一个有价值、有意义的文化世界，是由文化世界教化、建构、发展起来的"。② 人的价值观受文化影响，文化一定程度上塑造了人类价值观，人是一定时期文化中的人。那么，理所当然，当代的大众传媒不可避免地对当代人的价值观、价值倾向产生影响，当代大众传媒呈现出的泛娱乐化特征，也就成为影响当代人生活的重要因素。而青少年处于价值观形成的关键期，价值观本身的不稳定性使其更容易被打上时代的烙印。

（一）大众传媒泛娱乐化影响青少年价值观的机制

大众传媒作为影响青少年发展的一个重要因素，其通过对现实社会的描述向青少年传递特定的价值和观念，影响着青少年对社会、他人、自身的看法，进而影响青少年的价值观。但是，青少年对大众传媒所传递信息的接收不是随意的，而是受青少年自身喜好、群体环境以及大众传播内容的影响。青少年面对泛娱乐化大众传媒所传递的大量信息，在进行自主的选择、整合、同化、顺应的心理过程后形成相应的价值观。因此，对大众传媒泛娱乐化影响青少年价值观的机制分析，可以从影响青少年接收泛娱乐化大众传媒所传递信息的构成要素——青少年、泛娱乐化内容和同辈群体环境，及其内在的关联性出发，揭示三者的作用机制。

1. 青少年身心发展特点易于使其接受大众传媒泛娱乐化的影响

首先是青少年的需要与媒体接受。随着知识的积累、生活阅历的丰富，他人或书本的解释已经不能满足青少年对世界的好奇心，因此，开始转向追问自身的意义和个人意见的表达。同时，青少年时期是个体社会化的关键时期，"'社会化'是指个体在社会互动过程中，逐渐养成独特的个性和人格，从生物人转变成社会人，并通过社会文

---

① ［英］爱德华·泰勒:《原始文化》，连树声译，上海文艺出版社1992年版，第1页。
② 司马云杰:《文化价值论：关于文化建构价值意识的学说》，陕西人民出版社2003年版，第35页。

化的内化和角色知识的学习,逐渐适应社会生活的过程"。① 青少年在社会化过程中将视野开始转向他人和社会,为解决成长过程中碰到的困难或增加了解社会的途径,他们会主动寻找关于社会的更多信息,关注社会性和现实性的内容,青少年对于现实的关注以及对获得信息的热情,加大了青少年对大众媒体的接触。随着互联网在社会生活各个领域的渗透以及手机、电视、电脑等大众传播媒介的普及,青少年也更愿意通过大众传媒获取信息,以满足社会化的需要。此外,随着青少年学业压力和生活烦恼的加大,他们对放松、娱乐的渴望日增。泛娱乐化的大众传媒可以给青少年提供各种丰富多彩的娱乐方式,满足他们对娱乐的需求。在影视剧中,无厘头的搞笑剧、戏说历史的穿越剧、钩心斗角的后宫剧等错综复杂的关系以及大跌眼镜的结局都能吸引青少年的眼球,被吐槽得越厉害的电视剧就会越受到青少年的追捧。在综艺节目中,主持人犀利的语言、选手奇葩另类的表现、嘉宾煽情的泪水以及搞笑的互动等能不时地博得青少年的一笑,给他们带来了快乐,满足其放松、娱乐的需要。

其次是青少年的心理与媒体接受。强烈的好奇心和寻求刺激的心理一定程度上也使青少年容易受到大众传媒泛娱乐化现象的影响。青少年对成人世界、对身处其中的社会、对包罗万象的自然界等充满了好奇心,好奇心、求知欲的驱使使青少年愿意尝试、敢于尝试并乐于尝试。"在《文化与承诺———一项有关代沟问题的研究》一书中,米德基于文化传递方式的不同,将整个人类的文化划分为三种基本类型:前喻文化、并喻文化和后喻文化。前喻文化是晚辈向长辈学习的文化;并喻文化是晚辈和长辈的学习同时发生在同辈人之间;后喻文化则是长辈反过来向晚辈学习的文化。"② 信息与网络技术的变革与迅猛发展带来文化传喻方式的转型,在后喻文化时代,青少年对于新媒体的熟练掌握和利用网络迅速获取信息的能力使得他们成为时代的"掌舵者",青少年在面对新鲜事物时,会倾向于选择自身比较擅长使用的大众传媒获取信息

---

① 王冬梅:《网络化时代青少年社会化模式的转向》,《中国青年社会科学》2016 年第 1 页。
② 李凌凌、郭晨:《后喻文化:信息时代的文化反哺》,《新闻爱好者》2016 年第 1 页。

以满足好奇心,好奇心一旦满足,青少年便开始寻找新的刺激,满足更加强烈的好奇心。而媒体刚好给青少年呈现了一个噱头不断的世界,在这个经泛娱乐化包装的虚拟世界里有数不完的热门话题、看不完的娱乐红人、听不厌的奇人奇事以及消费不完的绯闻,令青少年沉醉其中。大众传媒承担娱乐功能所要追求的满足青少年好奇心和追求刺激的效果的目标迎合并满足了青少年的心理需求。

最后是青少年的道德认知与媒体接受。青少年的道德认知处在一个矛盾期。一方面,青少年道德认知能力的发展使其认识能力得以深化,认识能力的提升增强了青少年的分析判断能力,青少年在面对媒体传递的价值时不再一味接受或是盲目反对,而是会根据已有的知识经验对大众传媒所传递的信息进行分析与判断,逐渐形成了自己的立场和观点。认知能力的提升与自主性的增强有助于青少年对媒体内容做出独立的评价和反应。另一方面,青少年的不成熟和封闭性又使他们容易受到媒体直接或间接的诱导。青少年自主性的增强使他们远离老师和父母,拒绝长辈的指导和帮助,陷入自我封闭的状态,该封闭状态下青少年和成人的思维水平、社会经验等是完全不对称的,大众传媒主要针对成人娱乐需要所传递的娱乐信息,极易导致青少年将媒体中的世界与现实世界混为一谈,将大众传媒塑造的世界当作现实世界,相信媒体中传达的人物事件和信息,进而相信媒体中的世界观和人生观。

2. 泛娱乐化大众传媒所传递信息的特点迎合了青少年的需要

随着生活节奏的加快,竞争压力的增大,人们对娱乐的需求有增无减,青少年作为后喻文化时代的"掌舵者",其接触与使用媒介的娱乐意识也日益增强,这不仅与青少年的需要有关,还与娱乐信息自身的特点有关。

其一,明星化彰显了偶像效应。全民娱乐年代,明星是保证节目收视率的存在,泛明星化的内容充斥着大众媒介,任何的综艺节目、影视作品、新闻等只要跟明星搭上关系,都可以获得广泛的关注,加之明星背后巨大的粉丝团体,明星的存在是保证节目火爆的前提。深受青少年喜爱的《快乐大本营》《奔跑吧兄弟》《极限挑战》《王牌对王牌》等综艺节目中不论是常驻嘉宾还是参与嘉宾均是来自影、视、歌等方面的明星。《我是歌手》是各路明星比唱功的舞台,《舞出我人生》给明星秀舞技提供了平台，《来吧冠军》将体坛明星送上了娱乐头条，《爸爸去哪儿》让观众一窥明星的家庭、婚姻与孩子。"消费明星"已经成综艺潮流，对娱乐具有较高需求的青少年难以避免无处不在的大众传媒，因此，便难以避免泛滥的娱乐节目，更避免不了明星的影响，明星崇拜成为青少年时代的突出现象，而青少年时期的主要任务是实现自我同一性。埃里克森认为，"同一性的形成和发展持续于个体的一生，但青少年时期是建立自我同一性的最关键阶段"。[1]青少年在同一性发展过程中会努力寻找适合自己的目标、价值观和理想等，青少年常接触的现实生活中的人或媒体传达的各种明星形象为其提供了很好的参考和范例，加之处在叛逆期的青少年对父母、老师等权威的反叛，使其更倾向于在媒体中寻找理想的我，把自我的追求投射到媒体中某个具体的偶像身上，对偶像的崇拜不仅是青少年个人喜爱的表达，更是对偶像所传达的价值观的认可，在此基础上，青少年会以偶像为榜样构筑自我意识，形成自我认同。然而，青少年常接触的泛娱乐化的大众传媒所传递的是经渲染的明星生活方式、收入状况、婚姻家庭、绯闻隐私等，这实际上隐含着生活价值观、人生价值观、审美价值观等的传递。媒体对于草根明星的热捧，一定程度上也在向青少年宣扬一种"一夜成名"的思想观念。荧幕上的明星效应正以一种潜移默化的方式影响着青少年的价值观念，当青少年不断地追随明星所创造的生活时，就充分说明了娱乐对青少年的"诱导"成功。

其二，刺激性强化了感官体验。大众传媒采用刺激性的内容来吸引并娱乐大众的眼球是娱乐产品的一大卖点，因为火爆刺激的娱乐对现代人机械而充满压力的生活来说就如兴奋剂，它可以给人带来感官上的快感，因此迎合了低级的娱乐需求。它有以下几方面的体现：首先是暴力主题。暴力主题之所以在影视作品和通俗文学中经久不衰，是因为它可以使观赏者在享受感官刺激的同时获得心理上的快感，还可以满足观众的英雄主义情结，当下在青少年间流行的充满着严重暴力内容的热血动漫、网络游戏等都受到青少年群体的崇拜。其次，冒险、悬疑、惊悚类

---

[1] 张建人、杨喜英等：《青少年自我同一性的发展特点研究》，《中国临床心理学杂志》2010年第5期。

的恐怖和鬼怪影视剧、网络小说等备受青少年追捧。最近热播的影视剧《鬼吹灯》系列、《灵魂摆渡》系列、《河神》《无心法师》等均在影片中渲染强烈的恐怖感，让青少年对刺激、尖叫欲罢不能，恐怖类作品的畅销一定程度上是现代青年人心理困惑与精神迷茫状态的反映。最后是大众传媒对绯闻隐私等内容的关注。窥视欲是大众的一种普遍心态，大众传媒对隐私的揭示与渲染性报道，满足了大众的窥视欲。近年来，越来越多的隐私与黑幕被曝光在人们的视野中，大众传媒不仅对娱乐圈潜规则、明星个人隐私等进行报道，更对大众关注的热点社会事件进行全方位报道，不仅报道该事件的起因、经过、结果，而且还报道事件之外的任何可以作为话题的内容，时刻给观众带来新鲜感和刺激。这些直观性、仿真性和新奇性的内容也在直接刺激着青少年的感官，瞬间的愉悦后产生的是内在的空虚和更强烈的焦虑。娱乐文化的目的是使青少年愉悦，这是无可厚非的，但是愉悦既有感官的愉悦也有精神的愉悦，精神的愉悦会使文化产品直达心灵，净化人的精神世界，从而使人的内在获得充实。但是，现实的娱乐文化往往偏重感官的刺激，刺激性娱乐内容一旦被青少年喜欢、适应并接受，虽然可以使青少年不良的情绪得以宣泄，从而暂时达到心境的平衡和松弛，但是这种重物质而轻精神的娱乐刺激会影响青少年的审美，造成审美能力的弱化。

其三，浅薄化迎合了轻松的需求。首先，在内容上，娱乐文化的重点内容是平面、肤浅的剧情，它消解了本质和现象，使一切都只停留在表象。如影视剧中千人一面的俗套而又拖沓的剧情，表面上的精彩却难给人留下深刻的印象，看过笑过便是它的目的。其次，内容决定形式，娱乐内容的通俗化必然会产生通俗化的表现方式。市场化的中国影视业和音像业中，传遍大街小巷的通俗化歌曲、你方唱罢我方登台的影视剧宣传，这些都在传达一种直接的表现方式和被大众认可的观念。流行歌曲追求的不再是艺术性，而是传唱度，越通俗越直白反而流行性越高。影视剧中戏谑、夸张的表现手法将成人世界的意义解构得只剩下玩笑，泛娱乐化的大众传媒所传递的内容不承担任何思想和价值，"无价值"成为现代社会中一个隐藏的普遍现象。享受轻松是青少年接受大众传媒娱乐内容的主要目的之一，简单轻松的娱乐方式能为青少年营造一种轻松搞笑的氛围，帮助青少年缓解压力、释放不良情绪、打发无聊时光。

并且，大众传媒泛娱乐内容还为青少年打造了一个清新简单的童话幻觉世界，就像琼瑶式爱情里的男女一样过着公主与王子般的生活，满足了青少年对于爱情生活的幻想。但是，当通俗化在娱乐文化中极度膨胀时，就会导致长期面对无深度娱乐的青少年习惯于被动地接受信息而不再去思考意义。

其四，世俗化放大了现实需求。商业主义和消费主义时代下，迎合大众口味、满足大众的娱乐性欲望已经成为大众传媒生产内容的宗旨，这势必会造成娱乐文化的世俗化趋势。娱乐的世俗化特征有几点表现，一是表现在对日常生活中各种生活态度和价值观念的展示上。即娱乐文化将日常生活、世俗生活作为主要反映对象。如一些未经处理和提炼的生活材料会被直接放入网络作品中；流行歌曲的叙述方式也越来越直白、通俗；影视作品中以生活恋爱、婚姻和家庭为题材的内容趋于日常化等。娱乐的世俗化特征还表现在大众趣味的追求上。消费主义盛行的时代，大众表现出对物质的强烈膜拜和追求。以火热的相亲节目为例，虽然其中大部分参与者都具有正确的婚恋观，但是，也不乏一些世俗化价值观的传递，"房子、车子、票子"成为相亲的"主旋律"，"炫富男""拜金女"等受公众关注而成网络流行语。节目中，一些嘉宾言语极尽嘲讽、挖苦之能事，语言暴力是常有之事。言行出位被当成是个性"张扬"的体现，世俗化在相亲节目中表现得淋漓尽致。最后，娱乐的世俗化还表现在对崇高与理想的解构。大众传媒所传递的娱乐文化崇尚现实主义，其多以现实生活为主要题材，向大众传递面对现实、活在当下的理念，该理念无形中消解着崇高与理想。大众传媒惯用从主导文化经典中攫取文化资源，然后对这些作品进行娱乐化处理的手段。为了满足青少年的口味，革命题材融入偶像剧情、朝代历史借助情爱故事等类型的影视剧越来越多地出现在荧屏上，年轻的演员、戏剧性的表现手法一定程度上弥补了以往红色作品、历史经典的单调问题，确实吸引了一大批的年轻观众，但是，经典中的崇高和理想一旦被解构掉而变得世俗化，青少年就会出于消遣和好奇的目的去欣赏而不是怀着敬畏感去学习，因此，经典不再具有原来的意义，而变成了纯粹的文化消费。世俗化的娱乐文化无论在内容还是在形式上都更贴近青少年的生活，符合青少年的现实需求。但是，世俗的娱乐文化与倡导树立正确的世界观、价值观和人生观的主导文化是相冲突的，世俗的娱乐文化会消解主流意识形态的导向，影响青少年正确价值观的形成。

3. 同辈群体影响着青少年对信息的选择

"所谓同辈人团体，指的是地位大体相同，抱负基本一致、年龄相近，而且彼此间有密切交往关系的小群体。"① 该群体一般是非正式的初级群体，群体中的人一般年龄、兴趣、爱好、态度、价值观、社会地位等方面较为接近。同辈群体是青少年成长过程中重要的人际环境，是青少年个体社会化的重要途径。随着青少年独立性的增强，他们对平等和归属感的诉求日益强烈。一方面，青少年同辈间的交往不同于与长辈的交流，他们在平等的、毫无压力的、轻松自在的群体环境中，可以畅所欲言，尽情地表达自己。该环境满足了青少年对于平等的诉求。另一方面，青少年在社会化过程中对认同感和归属感表现出了强烈的心理需求，渴望得到别人的认可和理解，渴望拥有良好的人际关系。而年龄、兴趣、家庭背景、心理状态等比较接近的同辈群体刚好为青少年的需求提供了条件。在群体中，他们频繁互动，交流思想感情，相互支持和尊重等，从而获得群体的归属感。同辈群体的影响在某些方面已经远远超过父母和家庭其他成员。因此，要研究泛娱乐化现象影响青少年人价值观的作用机制就离不开与青少年联系最密切的同辈群体。

在同辈群体中最主要的任务是同辈交往，"同辈交往包括两个方面的含义：从动态的角度说，同辈交往指青少年群体中人与人之间的信息沟通和物品的交换。从静态的角度说，同辈交往指青少年群体中人与人之间通过动态的相互作用形成起来的情感联系，亦即通常所说的人际关系。"② 不论是静态还是动态的角度，青少年同辈交往即是个体与个体间、个体与群体间发生关系的过程，在这个过程中，青少年受到同辈群体的影响。首先是个体的从众心理。"所谓从众心理，是在团体、集体压力下，个体在知觉、判断、认识上表现出符合公众舆论或行为上符合

---

① 刘慧珍：《教育社会学》，辽宁教育出版社 1988 年版，第 75 页。
② 金盛华、宋振韶：《当代青少年同辈交往的影响机制及其引导》，《北京师范大学学报》（人文社会科学版）2000 年第 5 期。

多数人的行为方式的心理。"① 青少年为避免被孤立而带来的孤独、苦闷等感情会产生从众心理，在该心理的影响下，个体很容易依从或者顺从群体的价值观、行为方式，所以，青少年同辈群体成员往往具有相似的价值观、兴趣爱好或者生活方式，在群体中他们互相频繁交流思想感情，慢慢地形成了这个群体中独特的群体文化。群体文化一旦形成便会对群体内的成员产生约束力，在约束力的作用下，青少年想保持个体的特殊性就显得十分的困难，反而必须根据群体来调整自己的思想观念，放弃自己原来的想法，顺应群体的行为成为他们的必然选择。其次是及时的道德赏罚。即同辈群体通过语言、体态、神情等独特方式对个体的行为和人品做出喜爱或憎恶、亲近或疏远、认同或排斥、赞扬或指责的反应和态度而对个体进行奖惩。而青少年为了获得群体的赞赏，便会以群体的态度来判断自己的行为，当获得赞赏时，他们就会不断重复这种行为，反之就减少。因此，当娱乐化的内容受到群体大部分人的认可，娱乐中传递的价值观被群体中大部分人所接受时，处于同辈群体中的青少年便很难不受影响。

青少年处于"发展中"的过渡阶段，在自我意识的发展下，青少年对自身、未来等的关注度增强，其需要借助大众传媒获取信息。同时，繁重的学业压力与过渡期的生活烦恼加大了青少年对娱乐放松的需要。此外，青少年独立性的发展一定程度上增强了同伴群体的影响，为融入同伴群体，青少年必须了解受同学们追捧的影视、综艺节目、网络小说、热点新闻、最新游戏等，而这些内容均属于大众传媒的范畴。诸因素使得青少年更愿意接触与使用大众传媒，并在价值观念上受大众传媒泛娱乐化的影响。

（二）大众传媒泛娱乐化对青少年价值观的影响

2017年1月22日，中国互联网络信息中心（CNNIC）发布第39次《中国互联网络发展状况统计报告》：截至2016年12月，中国网民规模达到7.31亿，其中"我国网民以10—39岁群体为主。截至

---

① 朱培霞：《青少年同辈群体道德影响机制探讨》，《学校党建与思想教育》2012年第29期。

2016年12月，10—39岁群体占整体网民的73.7%。其中20—29岁年龄段的网民占比最高，达30.3%"。① 不难看出，青少年是网民中的主力军。此外，统计显示：网络游戏用户、网络文学用户、网络视频用户、网络音乐用户、网络直播用户分别占整体网民的57.0%、45.6%、74.5%、68.8%、47.1%。② 在使用过程中，由于"青少年网民对网络娱乐类应用存在明显偏好，促使青少年群体各类网络娱乐类应用使用率均高于网民总体水平"。③ 价值观具有不稳定性、单一性、群体性等特征的青少年，生活各方面被大众传媒所"吞噬"，其价值取向在潜移默化中受到影响。

1. 大众传媒泛娱乐化对青少年价值观的积极影响

"大众传媒时代"青少年多了一些称呼，例如"单向度的人""电视病""垮掉的一代"等，对大众传媒焦虑大于欣喜的成年人单方面地认为青少年"娱乐至死"。然而，娱乐本身并没有好坏之分，大众传媒泛娱乐化的出现有其必然性和偶然性，是大众需求与科技不断发展的结果。大众传媒泛娱乐化现象更加迎合大众的需求，贴近生活，贴近现实，让一切不再高高在上。比如新闻类节目，有人说现今的新闻与传统新闻相比少了严肃，多了娱乐，但同时我们也要看到，并不是所有的新闻都是如此，而且有些新闻或多或少与娱乐相结合也并不完全是件坏事。时代在变化，青少年的思想也在不断改变，他们已经与上一代人的思维有着很大的不同，对于他们来说，严肃的新闻或许是枯燥乏味的，反而与娱乐、生活相结合的新闻更能吸引他们的注意。大众传媒泛娱乐化作为时代发展下的产物，在受青少年追捧的同时，对青少年价值观产生了积极的影响。如卜卫所言，"尽管没有达到人们想象的那些培养目标，但只要满足了儿童的某种心理需要，有利于儿童的身心健康，就应该视为积极的行为给予鼓励"。④ 这里主要从知识价值观、交往价值观、

---

① 中国互联网络信息中心（CNNIC）：第39次中国互联网络发展状况统计报告，http://www.cnnic.net.cn/。

② 同上。

③ 中国互联网络信息中心（CNNIC）：2015年中国青少年上网行为研究报告，http://www.cnnic.net.cn/。

④ 卜卫：《媒介与儿童教育》，新世界出版社2002年版，第143页。

人生价值观、生活价值观、审美价值观五方面来分析大众传媒泛娱乐化对青少年价值观的积极影响。

（1）知识价值观：大众传媒泛娱乐化拓宽了青少年的知识视野

"知识价值观是实践主体以自己的需要为基础而形成的对知识重要性的认识。知识价值观的基本成分包括知识价值目标、知识价值手段和知识价值评价三个方面。"[①] 大众传媒所传递的泛娱乐化的信息具有平面化、视觉化等特点，如深受青少年喜爱的动漫作品便是该特点的集中体现。我国《辞海》将漫画释义为一种具有强烈的讽刺性或幽默性的绘画，画家从政治事件、生活现象等取材，借助夸张、比喻、象征、寓意等手法来表现幽默、诙谐的画面，以达到讽刺、批评或歌颂某些人或事的效果[②]。动漫文化视觉化、平面化、庸俗化的特征符合青少年需求而深受欢迎。青少年在被动漫情节或动漫人物娱乐的同时，其知识价值观方面也深受动漫文化的影响。"调查显示，高达73.9%的学生赞成通过动漫这种学习方式来学习语文、数学等学科知识，其中43.1%的学生表示强烈支持，反对的只有6.7%。支持这一观点的原因是：76.1%的学生认为动漫可以激发学习兴趣；80.6%的学生认为动漫可以激发想象力、创造力；74%的学生认为比较难学的知识变得更容易理解。"[③] 从数据不难看出，以夸张、幽默、诙谐等方式使青少年获得娱乐的动漫对青少年知识价值观的形成具有极大的积极影响。此外，随着美日等不同国度娱乐文化作品的涌入，为青少年提供了多元的文化视角，是名副其实的信息资源库，包罗万象的资源库为青少年知识价值观的形成与发展提供了更多取向，有助于增强他们的知识价值选择能力。大众传媒所传递的泛娱乐化的信息因其所具有的平面化、视觉化等特点，使得其传播内容生动、有趣而受青少年喜爱，青少年通过主动接触娱乐化内容而间接了解各种知识，拓宽了青少年知识面，开阔了青少年的知识视野。例如《奔跑吧兄弟》第五季第11期中，录制地点来到了捷克首都布拉格，

---

① 赵玉芳、张进辅：《论知识价值观研究》，《西南师范大学学报》（人文社会科学版）2001年第4期。

② 蒋义海：《漫画知识词典》，南京大学出版社1989年版，第388页。

③ 张杰夫：《视觉文化时代动漫的育人价值研究——基于小学生动漫活动现状调查》，《教育研究》2014年第10期。

通过一场综艺节目的观看，青少年不仅了解了包括城堡山、查理大桥以及捷克的母亲河伏尔塔瓦河在内的布拉格最著名三大景点，还了解了当地的风土人情以及中国的"一带一路"倡议，潜移默化中拓宽了青少年的知识视野。泛娱乐化的大众传媒利用娱乐的形式为枯燥的知识赋予生机与活力，使青少年在娱乐的同时，兴趣、爱好被潜移默化地激发，进而推动青少年了解自身喜好，完善自身知识体系，促使青少年形成多侧面、多维度的知识价值观。此外，调查显示"青少年网民搜索引擎使用率达到86.6%"[①]，网络搜索已成为青少年获取知识的重要手段，青少年面对类型繁多、内容丰富的泛娱乐化的大众传媒，其需要根据自身需求进行选取信息，在搜索、筛选信息的过程中青少年的知识价值目标、知识价值手段和知识价值评价受到较好锻炼，有利于青少年正确知识价值观的形成。

（2）人生价值观：大众传媒泛娱乐化助推青少年主体意识的养成

"人生价值观即是人生价值的观念反映，是人们对人生价值的根本看法和态度，是人们在对自己的人生价值自觉或不自觉地进行评价的过程中形成的。"[②] 人生价值观作为价值观的核心，包括对自身、对个人与他人、对个人与社会等之间关系进行认识与评价时所持有的基本观念，主要回答人为什么活着、如何活着、活着的意义等问题，即人生价值观是人对自身的人生价值、人生目标和人生意义的基本认识，正确的人生价值观是青少年走向成功的保障。青少年群体作为大众传媒的主要受众群体，其人生价值观的形成，90%以上都来自于大众媒体信息内容的影响，随着大众传媒娱乐倾向的增强，青少年在人生价值观方面的主体意识日益凸显。现代社会是一个崇尚个性的社会，泛娱乐化的大众传媒虽体现的是娱乐精神，但却隐含对个性的推崇。不论是报纸杂志、影视剧还是综艺节目等均在娱乐的同时向青少年传递多元化的人生价值观。调查显示："关于人生幸福的实现，25.5%的大学生认为在于对社会和国家的贡献，35.2%的大学生认为在于个人事业的成功，68.1%的

---

① 中国互联网络信息中心（CNNIC）：2015年中国青少年上网行为研究报告，http://www.cnnic.net.cn/。

② 刘济良：《价值观教育》，教育科学出版社2007年版，第44页。

大学生认为在于身心健康。"① 从数据不难看出,青少年在人生价值选择方面较为多元,且偏向于个体自身。轻松娱乐的网络语言节目《奇葩说》凭借独具一格的辩论形式深受青少年喜爱,其所选取的辩题都是现实生活中经常遇到或是感同身受的问题,话题贴近年轻人的生活,青少年在观看节目时不仅是在看,更是在思考,"如果是我,我又会怎么做或是持有什么样的态度呢?"例如"人到30岁是做稳定的工作还是追求梦想"的主题,会引起青少年对人生价值观的思考。青少年对《奇葩说》节目的喜爱,更是源于对参与辩论选手的追捧。对明星的追捧,一定程度上是被其显露出的价值观所吸引,很大程度上是人生价值观。有调查数据显示,中学生对于"你认为人的一生什么东西最重要"问题的回答中,"排在前三位的是'身体健康''名誉和尊严''事业有成',追求权力、地位和财富的比例较低"②,不难看出,青少年的人生价值选择日益表现为多元化,多元化的人生价值观使得青少年的心灵更加开放和自由,有助于他们主体意识的养成,在理想和追求中实现人生价值目标。

(3)生活价值观:大众传媒泛娱乐化丰富了青少年的现实生活

生活方式受生活主体价值观的影响,"人类的生活正是有了价值观的指导,才使生活具有了真正的意义,才使人类的生活与动物的生存区别开来。"③ 生活价值观是人们对待生活的一种态度和观念,大到命运,小到生活细节,生活价值观无处不发挥着作用。大众传媒带来的娱乐狂潮给处在生活价值观形成期的青少年带来了雨露的滋润。面对繁重的学习压力与生活中的各种烦恼,轻松、欢快的娱乐内容为青少年提供了释放压力的出口,通过上网、看电影、听音乐等高参与度的活动,为青少年的生活增添了色彩,多样化的娱乐方式为青少年提供了更广阔的生活空间,各种文化场所与虚拟的网络世界为青少年提供了更多的交往机会。某研究基于全国31省市1526份中学生的问卷调查显示,"网络游

---

① 韩绍卿:《大学生人生价值观现状调查分析》,《学校党建与思想教育》2016年第20期。

② 冯建军:《差异与共生:多元文化下学生生活方式与价值观教育》,四川教育出版社2010年版,第186页。

③ 刘济良:《价值观教育》,教育科学出版社2007年版,第1页。

戏、网络音乐和网络视频正成为青少年最主要的休闲方式，82%的青少年选择休息时听音乐，62.8%的青少年接触网络游戏的时间超过一年以上"。① 青少年在观看《奔跑吧兄弟》《真正男子汉》《极限挑战》等各种真人秀节目，娱乐生活的同时潜移默化地受到正能量明星生活价值观的影响，如节目中明星间的相处方式、生活的态度等。有调查显示，中学生在"你选择朋友的标准是什么"的问题上，80.62%选择"能相互帮助"，78.43%选择"人品好"，69.68%认为是"兴趣相投"，而"有地位""容貌好"等所占比例较少，中学生的交友态度趋向理性和务实。② 此外，青少年在娱乐内容的影响下将新潮、随性、简单、有趣、个性化等生活态度与勤俭节约、乐于奉献、艰苦朴素等传统生活态度相融合，丰富了青少年的生活价值观。例如，在《中国有嘻哈》的节目中，你可能会听到这样的对话，"你为什么要参加比赛""老子要红""你觉得你的水平怎么样""我最牛""他们呢""他们傻"。嘻哈歌手追求的就是真实和做自己，他们看起来目中无人、飞扬跋扈，甚至在弹幕上有人用"没有教养"形容他们。但是，从另一方面来看，他们却有着许多青少年内心中真正渴望的真实和直接，他们敢于跳出条条框框的限制，敢于自我认同，虽然表面上看起来有些刺人，但是他们又坦荡磊落。这也是为什么许多"90后""95后""00后"被节目圈粉的原因，他们喜欢选手的态度，更多是喜欢他们的生活价值观。泛娱乐化的大众传媒更多的是在传递多样的生活价值观，潜移默化中丰富与均衡了青少年的生活价值观，使他们的生活更加的丰富多彩和充满魅力。

（4）生命价值观：大众传媒泛娱乐化增强了青少年生命的张力

生命价值观是人们对当下生命价值问题的自我追问，涉及生命意义、生命价值、生命理想和生命信仰。青少年拥有正确的生命价值观，有助于他们热爱生活，追求生命的意义，实现生命的价值，坚定生命的信仰，追求生命的辉煌。随着社会的发展，人们生活节奏加快，青少年也不例外，由于面对学习、升学、就业的巨大压力，心理的恐慌与焦虑渐增，青少年长期处在这种高度紧张的环境下，生命价值观会发生扭

---

① 聂伟：《网络影响下的青少年生活方式研究》，《当代青年研究》2014年第4期。
② 冯建军：《差异与共生：多元文化下学生生活方式与价值观教育》，四川教育出版社2010年版，第194页。

曲。"许多研究一致表明抑郁在青少年中的发生率和流行率急剧增长。在西方国家，10%到40%的青少年遭遇抑郁的折磨。在中国，青少年抑郁的发生率在17.9%到42.3%之间。"[1] 在导致青少年遭受抑郁折磨的众多因素中，"研究发现学业压力是中国青少年的关键性压力来源，并且是引发青少年抑郁的关键因素"。[2] 2017年5月5日，初中生李梓豪因抑郁从家中11楼跳下，类似事件不胜枚举。青少年比以往任何时候都需要通过娱乐来减轻内心的焦虑，释放学习、成长中的种种压力。大众传媒的泛娱乐化为青少年提供娱乐享受，弥补他们娱乐活动机会较少带来的不利影响。泛娱乐化提供的信息多以娱乐性为主，常以活泼、搞笑和轻松的话题为主题，例如《奔跑吧兄弟》《快乐大本营》《欢乐喜剧人》等搞笑、幽默的综艺节目，青少年不需要理性思考，只须娱乐、狂欢即可。青少年在接受娱乐信息的同时，能够减轻学习、就业、生活中的压力，保持愉快的心情，可以使青少年在愉快的氛围中恢复生命的张力，保持生命的动力，激发生命的活力。在释放压力的环境下，生命价值观教育才能"唤醒每个学生的生命意识，开发每一个学生的生命潜能，强调每一个学生的生活活力，提升每一个学生的生命境界，让每一个学生都能自由地、充分地、最大限度地实现自己的生命价值。"[3] 青少年才能在轻松、快乐的环境下，主动去思、去想、去感受身边的人和物，感受生活的美好和生命的价值，有助于养成多维、积极、健康的生命价值观。

2. 大众传媒泛娱乐化对青少年价值观的消极影响

青少年作为泛娱乐化影响的主要对象，既是热爱时尚、追求新异、崇尚个性、可塑性强，又是判断力弱、价值观不成熟和极易受影响的特殊群体。当青少年受到大众传媒泛娱乐化的不良影响时，很容易认可、模仿和接受泛娱乐化中不良的价值观，从而对他们价值观的形成和发展产生负面影响，造成青少年价值观的扭曲。大众传媒泛娱乐化在传播娱

---

[1] 李海垒、张文新：《青少年的学业压力与抑郁：同伴支持的缓冲作用》，《中国特殊教育》2014年第10期。

[2] 陈慧、邓慧华：《青少年早期的抑郁与生活事件的交叉滞后分析》，《中国临床心理学杂志》2012年第1期。

[3] 刘济良：《青少年价值观教育研究》，广东教育出版社2003年版，第226页。

乐文化的同时，也是在向青少年传递某种价值观念。大众传媒泛娱乐化对青少年价值观的形成与发展具有双重影响。一方面，满足了青少年社会化的需要，促进青少年个体社会化。另一方面，大众传媒泛滥的娱乐内容也在冲击着青少年的价值观，对青少年价值观的形成产生消极影响。"事实上由于媒体不当渲染和社会大众的恐慌心理，大众传媒的负面影响似乎已经成为其最主要的性质。"①

（1）大众传媒泛娱乐化易致使青少年人生价值观浅薄化

青少年群体作为大众传媒的主要受众群体，其人生价值观的形成，主要来自于大众媒体信息内容的影响，随着大众传媒娱乐信息的泛滥，青少年的人生价值观日益表现为浅薄化。首先，青少年人生责任淡化。泛娱乐化时代，人人都是娱乐的创作者、参与者、传播者，青少年的主动性被扩大，青少年可以在匿名的保护下畅所欲言地表达自己的感受和不满，甚至是污言秽语式的人身攻击，而不用负任何责任，如"19岁男子微博直播自杀后身亡，网友冷漠围观狂点赞"事件，在网络中围观、点赞、评论的参与者较多是青少年，受大众传媒泛娱乐化中"一切都可以拿来调侃"的态度影响，将其运用到现实生活中，青少年难以意识到自己不负责任的言论给他人造成的伤害。其次，青少年人生理想模糊且偏向实用化。苏格拉底曾说，"世界上最快乐的事，莫过于为理想而奋斗"②，因为，"为理想活着，你就能忍受痛苦，最终成为强者，这就是信念的力量"。③ 理想信念作为一种精神意识，它是超越现实的存在，是对美好未来和价值实现的一种憧憬。理想在当代青少年的精神世界中处于核心地位，对青少年未来的发展方向具有决定作用，对青少年的健康成长具有重要的引导作用。然而，打开现在的影视和网络，处处充满了欢声笑语，一派"幸福"的画面，仿佛在告诉青少年生活的最终目的就是为了这样简单的幸福。幽默、搞笑、帅气的明星替代了杰出的科学家而成为青少年的理想与偶像。"由中国青少年研究中心发布的一项关于少年儿童偶像崇拜与榜样教育的调查研究报告显示：近七成少年儿童的偶像为文体明星，主要是歌星占37%、影星占20.5%和体育

---

① 檀传宝：《大众传媒的价值影响与青少年德育》，福建教育出版社2005年版，第2页。
② 杨晓霜：《苏格拉底的心灵睿语》，中国纺织出版社2015年版，第42页。
③ 同上。

明星占 10.3%，文学家、艺术家、思想家、英雄、政治人物、军事人物均占 3% 左右，科学家只有 2.3%，劳动模范更是不足 1 个百分点，仅有 0.4%。"① 泛娱乐化的大众传媒传递的世俗化的成功标准不断地刺激着青少年，影响着他们对于人生价值的判断，在娱乐狂欢中逐渐腐蚀了青少年的上进心。深受青少年喜爱的动漫文化由于平面化、缺乏崇高理想追求的特点，使得理想主义受到冲击，英雄主义受到冷落，如史努比是一只懒惰、喜欢多管闲事又常常语出惊人的小狗；蜡笔小新人小鬼大、调皮好色。这些日常生活中常见的展示生活平庸、琐屑与人性缺陷的动漫作品无可厚非，但却易使青少年的人生价值观出现狭隘化与平庸化的倾向。缺少精神追求与社会责任感的中学生对于"你认为人的一生什么东西最重要"问题的回答中，"排在前三位的是'身体健康''名誉和尊严''事业有成'，追求权力、地位和财富的比例较低"②，总体看来，中学生人生观的主流是健康的，但是，在大众传媒泛娱乐化的影响下，青少年的价值观日益体现出实用化、功利化的倾向，青少年被诱导纵享人生，被"泛娱乐化"内容包围的青少年价值观日益浅薄化。

（2）大众传媒泛娱乐化易造成青少年生命价值观的淡漠化

"生命价值观是指人们对生命存在形式的总的价值判断，是指在一定的社会历史条件下，生命体（以人为主）的全部生命活动对生命自身以及生命对其他生命存在物（包括他人和社会）的意义的自觉认识。"③ 生命价值观的核心是敬畏生命，即认为生命是有价值的。然而，在大众传媒娱乐狂欢的背景下，生命也被作为娱乐的对象而供人们消解。2017 年 2 月 5 号《台州晚报》报道了一则某足浴中心发生火灾致 18 人死亡、18 人受伤的新闻，此悲痛事件披露后，网络跟帖评论中，不乏幸灾乐祸、借题发挥者。如"谁会去足浴店消费？应该是那些有钱有权的人物，才会去寻欢作乐的""这种地方都涉黄，多烧死几个才好"等评论，更有甚者，脑洞大开，调侃虚构画面情节，将悲痛的公共事件演变成一场肆无忌惮的娱乐狂欢。无独有偶，2016 年 7 月 23 日下

---

① 李卓：《新时期榜样教育问题研究》，硕士学位论文，陕西师范大学，2015 年。
② 冯建军：《差异与共生：多元文化下学生生活方式与价值观教育》，四川教育出版社 2010 年版，第 186 页。
③ 陆树程、朱晨静：《敬畏生命与生命价值观》，《社会科学杂志》2008 年第 2 期。

午,北京八达岭野生动物园发生一起老虎伤人事件,一名女游客在东北虎区下车被老虎咬伤,其母下车营救,被老虎撕咬致死。该事件发生后,相关话题不断在网络上发酵,引起厮杀一片,绝大部分评论认为此女"作死该死",而与此观点相悖的学者、律师等被网友点名批评,遭受各种言语辱骂甚至"人肉搜索"。网友对事件主角的批评不无道理,但是把人命作为娱乐的对象,以造谣、调侃、戏谑的方式去围观和评判的行为让人不寒而栗。靠娱乐吸引青少年的动漫作品中对自己生命或他人生命的漠视也使得青少年的生命价值观出现混乱。"当某个卡通人物被杀死时,其他人物并不在意,甚至会笑。电视使得暴力和死亡成为好玩的、不真实的事情。暴力电视使他们变得麻木不仁,他们不知道应该尊重生命。"① 此外,动漫作品中主角在被打很惨的情况下往往安然无恙,在《喜羊羊与灰太狼》这部卡通片中,灰太狼被红太狼的平底锅砸过无数次,在与喜羊羊"战斗"的过程中被喜羊羊煮过、电击过,但最终均是安然无恙。部分电子游戏、动漫作品等借助大众传媒传递暴力内容而达到娱乐青少年目的的做法,极易对青少年的生命价值观造成消极影响。暴力大致可以分为两种:一种是青少年观赏到的虚拟暴力,主要载体是电视、电影;另一种是青少年直接卷入的虚拟暴力,主要是互动式暴力游戏和真实感很强的角色扮演性暴力游戏。② 而暴力虚拟化是指青少年在过多接触虚拟暴力的情况下产生了再暴力的东西都与人类感受无关的错觉。如暴力动漫中对痛苦和死亡轻描淡写,青少年在刀光剑影、枪炮轰鸣的幻境中看到的是血流成河、横尸遍地,感觉到的却不是痛苦与悲愤,久而久之,青少年错误地认为死亡没什么了不起,换个影片死者演员会死而复生,而且当动漫作品中暴力的实施者是英雄时,暴力在某种程度上反而代表了正义。大众传媒泛娱乐化背景下,人的生命在娱乐的洪流中显得如此卑微,参与类似事件或间接受类似事件影响的青少年易表现出对他人伤痛的漠视,青少年逐渐失去感受同情的能力,对周围的一切麻木不仁,导致生命情感的异化和对他人与自身生命价值的漠视。

---

① 新馨:《电视暴力的历史和影响》,《国外社会科学》2002 年第 6 期。
② 辛自强、池丽萍:《虚拟世界的暴力对儿童攻击行为的影响机制》,《中国教育学刊》2004 年第 5 期。

(3) 大众传媒泛娱乐化易导致青少年审美价值观的庸俗化

"审美价值观就是一个人在对客观对象做出美和丑、崇高和卑下、悲和喜的审美价值判断时所依据的观念。"① 青少年的审美价值观处在形成期，加德纳在《儿童艺术知觉的发展轮廓》中指出："13—20 岁的个体审美发展阶段为'相对主义'的'危机阶段'，与道德发展的'相对主义'相一致。"② 审美价值观尚不稳定的青少年极易被传递泛娱乐化信息的大众传媒所影响。像当前的某些综艺节目，为了抢夺收视率，完全不顾及社会影响和媒体形象而大肆、直白地谈论裸露、性、色情等话题，不少明星甚至以走光博取观众眼球。某些选美节目中，观众和评委往往将一个人的脸型、胖瘦、三围、身高等外在特征作为评判美的标准，而缺少对人心灵美的关注。低俗的审美充斥着大众传媒，青少年在一派"幸福"的场景中潜移默化地受到不良审美价值观的影响，使其将低俗、趣味低下的审美误认为是正常的审美，而将悦心悦意、悦智悦神的高雅审美弃置一边。大众传媒泛娱乐化背景下，为吸引受众，将明星八卦、奇装异服的明星时尚、娱乐恶搞的段子新闻、夸张另类的言语等娱乐内容树立为健康、时尚的审美，而审美价值观念尚未定型的青少年在偶像观念的驱使下往往趋向追逐低劣的流行时尚、无聊的电影和空洞低下的读物，致使其不能正确判断何为美、何为丑，甚至将丑视为美，"对经典'敬而远之'，对大腕'趋之若鹜'；对内在的真善美'视而不见'，对外在的表象美'狂热追求'。有些大学生没有正确的审美价值观，醉心于感性享乐，甚至因而走向堕落"。③ 大众传媒传播内容中，以恶搞作为娱乐内容的例子不胜枚举。深受青少年喜爱的动漫《十万个冷笑话》第一集中，将哪吒的来历恶搞为鼻屎积累而成，动漫网站中专为恶搞的鬼畜设有专区。此外，恶搞段子、恶搞图片、恶搞表情、恶搞视频等以浮夸、不羁的表达方式，高度契合了青少年审美情趣的娱乐性，亵渎了大众情感，无形中诱发了青少年对无厘头生活的向往。热衷于调侃、消遣，无暇思考生活的意义，导致青少年精神家园的贫瘠。CNNIC"通过对 25 岁以下上网看电影的青少年网民的在线调查问卷进

---

① 刘济良：《价值观教育》，教育科学出版社 2007 年版，第 104 页。
② 叶朗：《现代美学体系》，北京大学出版社 1999 年版，第 309 页。
③ 梁明：《审美困境与大学生审美价值观建构》，《教育探索》2015 年第 9 期。

行分析可以发现，轻松愉快的喜剧类电影内容在所有电影类型中排名第一，使用率高达69.4%"。① 对于平面化、视觉化的网络动漫作品，"青少年网民对搞笑和热血类动漫关注程度更高，使用率分别达到50.6%和46%"②，常接触媒体的泛娱乐化，导致青少年的审美选择日益肤浅化、庸俗化。

（4）大众传媒泛娱乐化易导致青少年道德价值观失范化

"在价值观领域中，道德价值观总是占着基础的、中心的地位，道德价值观的形成与发展对一个人的其他价值观的形成与发展有着重要的影响作用。"③ 大众媒体泛娱乐化作为社会发展的趋势，已经渗透到了生活的各个方面，将青少年包围其中并向其传递各种各样的信息和价值观念。泛娱乐化大众传媒所传递的信息，其最主要的特点就是嬉笑怒骂、插科打诨、反对权威、秉持去崇高和去理性化的道德相对主义的价值观。道德相对主义是相对于道德绝对主义而言的，道德相对主义认为没有绝对道德的存在，都是相对的，它否定普遍认同的道德原则，并对道德权威进行反叛，道德相对主义消解了传统道德教育准则，易造成青少年道德价值观失范。旋律优美、歌词文雅的歌曲往往使人沉醉，热爱时尚、追求个性、喜欢刺激与新异事物的青少年往往沉醉于流行歌曲，而一些流行歌曲有悖于艺术的本性，为达到娱乐的目的，一些流行歌曲往往充斥着"污言秽语""暴力倾向"以及"色情成分"，长期沉迷于此类歌曲必将对青少年的道德价值观产生极大的消极影响。以《大学生自习室》为例，其中部分歌词如下："你看旁边那个大哥他就挺屌，业务也挺忙短信十多条，可是他TMD就不说给调成振动的。"本首歌词通篇简单低俗、脏话不断，除用吐槽的方式抱怨大学自习室的不雅现象之外，毫无艺术价值。而青少年又极易被这种新颖的吐槽风格所吸引，久而久之便养成随心所欲的恶习，原有的社会道德价值观念被消解，分不清是与非、美与丑，廉耻意识淡薄等。一些青少年可以肆意破坏公物、欺小凌弱毫无心虚之感，为了个人的蝇头小利可以损害集体或大家更大

---

① 中国互联网络信息中心（CNNIC）：2015年中国青少年上网行为研究报告，http://www.cnnic.net.cn/。

② 同上。

③ 刘济良：《青少年价值观教育研究》，广东教育出版社2003年版，第5页。

的利益,目无尊长,这些现象与青少年接触的泛娱乐化的大众传媒所传递的内容息息相关。深受中小学生喜爱的动漫《蜡笔小新》为了娱乐的需要将主人公小新塑造为缺乏是非道德观念,考虑事情的出发点完全是为己所用,不考虑给他人带来的麻烦和恶劣后果的形象,他与我们所熟悉的"好孩子"形象相去甚远,小新很搞笑,娱乐了受众,但是他展示给青少年的是捂住正在驾驶的司机的双眼、掀女同学的裙子等不道德行为。如果一个成年人在公众场所总爱挑逗年轻的女性或暴露下体或窥探别人内裤的颜色,人们一定认为他是流氓,甚至说他变态,而当主角是以卡通形象出现的小孩时,许多人都会因新奇、别扭而觉得好笑,觉得这个小孩"真逗",可是受该动漫作品影响的青少年是有模仿本能的,进而表现出很多不道德的行为。"有一点点缺德""痞痞的""坏坏的"等是近年来深受青少年喜爱的动漫人物形象的共同特点,从小心眼、整天想入非非的樱桃丸子,故意使坏、口无遮拦的蜡笔小新,到又懒又胖、以睡觉和美食为人生追求的加菲猫,无不体现出一种道德上的不足。在此不良价值观念的长期影响下,青少年极易出现道德价值观失范问题。

三 大众传媒泛娱乐化对青少年价值观 消极影响的归因分析

大众传媒泛娱乐化现象作为社会发展的产物,其本身的诸多特点迎合了人们对娱乐的需求,其简单、轻松、新颖、时尚的娱乐内容也深受青少年的追捧和青睐。适当的娱乐是生活的调剂所需,但是低级、泛滥的娱乐会对青少年正确价值观产生消解,对青少年的人生价值观、审美价值观、生命价值观、道德价值观带来极大的消极影响。产生消极影响的既包括青少年自身的内部原因,也包括大众传媒、家庭和学校的外部原因。

(一) 内部原因

首先,虽然青少年主体意识日渐增强,但是,其对事物的甄别与判断力欠佳,处在争取话语权却又无法正确使用话语权的矛盾时期。处在青春发育期的青少年，伴随着生理上的变化而来的是心理上的变化。处在该时期的青少年主体意识不断增强，强烈要求摆脱父母的控制而开始自觉、主动地支配一些行为，此时，如果父母或教师的干预与控制较强的话，会促使青少年突破常规的观念越来越强烈，进而导致逆反心理的产生。"我长大了"的观念在青少年心中日益强烈，推动着其"在本质上对成人社会秩序具有一种敌视、批判和颠覆的视角"①，其开始看自己喜欢的书，追自己喜欢的人，过自己喜欢的生活，计划自己理想的人生。然而，该时期的青少年很大程度上不知道自己喜欢什么，而是同辈群体间流行什么便喜欢什么，因此，一些受青少年追捧的文化往往表现出极强的群体化。根据青少年身心发展特点，青少年在使用大众传媒时表现出极强的娱乐化倾向，"青少年网民网络音乐、游戏、视频、文学的使用率分别为 80.2%、66.5%、75.4%和 44.6%"②，在使用过程中，"青少年网民对网络娱乐类应用存在明显偏好，促使青少年群体各类网络娱乐类应用使用率均高于网民总体水平"。③ 不难看出，青少年对大众传媒所传播内容中的娱乐化内容具有明显的倾向性，因此，其处在形成期的价值观极容易受大众传媒的影响。

其次，青少年情感世界日益丰富且敏感，但自控能力较差。身心发育日渐成熟的青少年丰富的情感已经基本形成，他们听到励志振奋的歌曲会浑身充满力量；看到小动物受伤会哭泣从而心生悲悯之情；听到同学真情感言的告白会泪流满面；见到自己的偶像会难掩羞涩，甚至喜极而泣。面对学习的压力、生活的烦恼，情感丰富的青少年更渴望从大众传媒中寻找娱乐，这就导致他们对大众传媒娱乐的依赖，刷新闻、看小说、观综艺、看动漫、打游戏等成为他们的生活方式之一，吃饭看会儿综艺娱乐一下，坐公交车刷个新闻、发个弹幕，睡前看会儿小说，一回家就打开电视，调到喜欢的节目。离开泛娱乐化大众传媒的青少年就会出现百无聊赖、内心空虚、意义缺失等症状。对泛娱乐化大众传媒的过

---

① 冉亚辉：《天使与魔鬼：青少年犯罪预控与预防手册》，江西人民出版社 2014 年版，第 217 页。

② 中国互联网络信息中心（CNNIC）：2015 年中国青少年上网行为研究报告，http：//www.cnnic.net.cn/。

③ 同上。

度依赖使得青少年无暇思考人生的意义,而把娱乐作为生活全部的乐趣,其人生价值观、道德价值观、生活价值观等在潜移默化中受到影响。

最后,青少年易受同辈群体的影响。"同辈群体又称为同龄群体或同济群体。同辈群体是由年龄、兴趣、爱好、人生态度、价值观以及社会地位相同或相近的一些人组成,在这些人中,他们一般有着相同或相近的价值观念、兴趣爱好和行为方式。"[1] 同辈群体为青少年的成长提供了重要的环境,同时,同辈群体是促进青少年社会化的重要因素。同辈群体对青少年的影响特别大,甚至超越了家长与教师。同辈群体可以满足青少年情感交流的需要,可以促进青少年学习和兴趣的共同发展,同时,同辈群体也是青少年社会经验与社会信息的主要来源之一,对青少年价值观的形成与发展具有极大的影响。但是,随着信息技术的快速发展,网络中出现了虚拟同辈群体(虚拟同辈群体是指青少年在网络中通过各种方式所认识并与之进行交往,互动频繁,有相同或相似的价值观与态度,彼此之间有某种情感上的支持,进行各种信息与经验互换的人所组成的一种群体)。[2] 因动漫、游戏、综艺明星而结缘的青少年正属于这类虚拟同辈群体,与现实的同辈群体相比,虚拟同辈群体是在虚拟的模式中,利用网络社交工具所结识,在交往上有着无地域限制的特点,他们之间的交往更加自由和随意。青少年具有渴望被同龄人关注的心理,在这种心理的支配下以网络为纽带,易与同辈群体结成小团体。如果团体中有不良行为的成员,就会形成亚文化。亚文化是相对于主流文化的一个概念,所谓亚文化,是一种既符合主流文化又具有自己独特内容的文化,其包括权利文化、帮会文化、暴力文化、色情文化等多种形式。亚文化为一定社会群体所遵从,它抵制传统文化的社会性行为和价值体系,是社会中特定人群的文化,是局部文化,其存在空间小于主导文化,它独立于社会上主导的行为和价值体系而存在,但仍是这一社会文化中的组成部分,其与主流文化相背离,往往体现了主流文化所摒弃或蔑视的价值取向,如极端个人主义、崇尚暴力、好逸恶劳、见利忘

---

[1] 周晓虹:《现代社会心理学》,上海人民出版社1997年版,第136页。
[2] 吴华:《网络中虚拟同辈群体刍议》,《教书育人》2008年第9期。

义、金钱主义等，易对青少年的价值观造成消极影响。青少年同辈群体作为青少年间因兴趣、爱好等聚集而成的群体，往往是青少年亚文化的汇聚群体，对青少年价值观的形成具有极大影响。

（二）外部原因

青少年与成人的思维存在明显的差异，青少年喜欢新异刺激、爱冒险，情感世界丰富且敏感，主体意识增强而自控力不足等种种表现是青少年特定时期身心发展的必然存在。因此，青少年本身并不是问题的根源，真正的问题在于大众传媒的泛娱乐化问题容易让涉世未深的青少年沉溺其中，使青少年将大众传媒所传递的泛娱乐文化作为社会主流文化，进而将文化所传递的价值观视为社会主流价值观。除大众传媒外，还有一个最重要的原因，就是学校、家庭价值观教育方面吸引力不足，使得主流价值观教育难以发挥应有的作用。

1. 大众传媒方面的原因

当前，我国文化市场的发展呈现出高成长性、大众化、产业化等趋势，身处其中的大众传媒在政策的推动与受众需要的刺激下，以及自身行业内竞争加剧的威胁下，其泛娱乐化倾向日益显现。大众传媒泛娱乐化现象是时代发展下的产物，是时代的需要，有其存在的价值与意义。并且，在人类得到温饱与空闲之后，娱乐便随之产生，成为生活的一个组成部分，娱乐是人们日常生活中的添加剂，在娱乐中可以完全放松，进入一种欢乐兴奋的氛围之中，使大脑得到休息，知识得到丰富，智力得到锻炼，反应得到提高等。大众传媒泛娱乐化同样可以使青少年徜徉其中，愉悦身心、释放压力、拓展知识等。然而，大众传媒之所以给处在形成期的青少年价值观带来极大的消极影响，是因为其自我监督意识不足和政府的监管缺位等。

首先，大众传媒自我监督不足。在信息的复制、增值、传播速度以几何级数的方式增长的信息社会，社会生产方式和人类的生存生活方式发生了巨大变革，大众传媒已经渗透到了人们生产生活的方方面面，并且逐渐获得发挥其社会功能的道德资格，进而发展其自身的道德权利。"大众传媒的道德权利是由大众传媒的社会地位和功能所决定的，是其应该享有的自由和尊严以及实施道德行为的权利，它是大众传媒主体所享有权利的道德规定性。"① 权力的本质意义是对人的某种自由的肯定，因此，大众传媒的道德权利便意味着对道德自由的肯定，道德自由同时意味着一种道德责任。但是，大众传媒自我监督不足，导致道德责任意识淡薄。如有的大众传媒通过大众舆论干涉政府的正常运作，有的通过暴露隐私等低俗方式吸引公众的注意，有的通过迎合人性弱点的娱乐节目来歪曲和消解积极的价值观念等，这些行为都是大众传媒对自身功能的滥用。随着社会的发展，青少年一代更愿意通过大众传媒获取信息，大众传媒的社会作用将越来越凸显。然而，自我监督不足的大众传媒，在发挥社会公器作用的同时，不可避免地将给青少年的价值观带来不良的影响。

其次，政府对大众传媒的监管缺位。信息时代，政府正努力加强文化发展，满足国民对文化的需求，提升国民素质。从《2015—2016年中国泛娱乐产业发展白皮书》《国家"十三五"时期文化发展改革规划纲要》以及2017年8月24日国务院发布的《国务院关于进一步扩大和升级信息消费持续释放内需潜力的指导意见》等政策文件不难看出政府对文化发展的重视程度。而信息化社会，大众传媒是重要的文化传播载体，商业化背景与大众传媒自身的局限往往使大众传媒深陷低俗娱乐泛滥的泥潭不能自拔。政府对大众传媒的监管缺位更使大众传媒在泥潭中越陷越深。一方面，政府对娱乐缺乏必要的法律上的评判标准，如对通俗娱乐、庸俗娱乐与低俗娱乐等评判标准不清。一些对"通俗""庸俗""低俗"等的解释仅限于《现代汉语词典》或某位学者的解释，并且解释存在于与道德领域、文化习俗与意识形态有关联的概念，并非有明确的法律意义上的概念，这在治理整顿大众传媒不健康娱乐泛滥问题时易遭遇标准瓶颈，给监管部门依法行政带来难度和困惑，也使不良媒体在模糊地带有可乘之机。另一方面，政府对大众传媒缺乏有效的制度约束。2011年7月国家广电总局下发了《关于进一步加强电视上星综合频道节目管理的意见》，《意见》对卫视娱乐节目的播出数量及播出时段进行了调整。2013年10月，广电总局下发《关于做好2014年电视上星综合频道节目编排和备案工作的通知》，该《通知》被坊间戏称

---

① 黄富峰：《大众传媒的道德权利及其现实意义》，《齐鲁学刊》2017年第1期。

为"加强版限娱令"。广电总局通过两次"限娱令"的出台，对电视娱乐节目的播出比例、时段等提出了一些规范要求，并无完整完善的法律法规进行制约。我国对传媒业的调控着重于政党调控，对传媒的社会责任感的约束基本上还停留在道义与"自律"的层面，而缺乏一套严格的、硬性的、体系化的约束制度。已有的相关规定也缺乏可操作性，贯彻落实起来成效甚微。

2. 学校、家庭价值观教育的不足

青少年时期是一个价值观尚未形成的时期，也是人生发展至关重要的时期，青少年具有是非判断能力较差、容易依赖权威、可塑性较强但又不稳定的特点。帮助青少年形成正确的价值观需要社会、学校和家庭的共同努力。然而，中国当前的教育使得学校、家庭和社会都更关注学生们的学习成绩，而对在大众传媒泛娱乐背景下的价值观教育重视不足。

首先，学校与家庭对大众传媒泛娱乐化背景下的青少年价值观教育的重视程度不够。学校作为青少年长期身处其中的学习与成长的环境，其对大众传媒泛娱乐化重视程度严重不足。面对在青少年中有巨大市场的大众传媒，学校往往听之任之，或盲目地"围追堵截"，更说不上重视大众传媒应用于青少年价值观教育中了。在青少年如此普遍地受大众传媒泛娱乐化影响的情况下，围追堵截已不再是解决问题的办法，反而会适得其反，导致青少年产生逆反心理。在家庭中，一些青少年放学回家第一件事就是看电视、玩游戏、刷新闻等，家长对此反应不一。有的家长认为青少年看电视、玩游戏等很正常，而很放心地允许青少年肆无忌惮地接触泛娱乐化的大众传媒。由于没有父母的陪同观赏以及审查，青少年价值观极易被大众传媒传递的泛娱乐化的内容所影响。父母的不作为其实就是放纵了青少年接触不良的大众传媒所传递的泛娱乐化内容。而有些家长会严禁孩子观看电视、综艺节目等，家长作为应试教育的"推手"，认为娱乐是毫无意义并且会浪费学习的时间。在这类父母的观念中毫无青少年通过影视、网络综艺节目等可以学习到一些健康的、现代的、符合青少年审美趣味的知识，能优化知识结构，提升反应能力等类似的认识。禁锢得太多使孩子的童年失去乐趣，一味地阻止反而会造成青少年的逆反心理。上述两类家长对待传媒的泛娱乐化的态度都是"执其一端",即要么放纵,要么禁止,这两种态度都是不正确的。此外,社会的发展所带来的家庭变化,减少了传媒泛娱乐化应用于青少年价值观教育的机会。随着家庭中父母双亲就业的普遍化,父母对青少年关注的减少,一定程度上也使得青少年沉迷于泛娱乐化的大众传媒,而从中找寻快乐。而父母与儿童之间的谈话、交流的干涸,实际就代表着父母与青少年之间就社会伦理、道德、价值观等问题进行有意义交流和沟通机会的减少。

其次,学校与家庭价值观教育未与泛娱乐化的大众传媒形成互动局面。学校作为青少年价值观教育的主阵地,在进行价值观教育时,一般以课堂为主要教育场地,以说教为主要教育方式。虽然在前期的准备中,教育者会对青少年的思想观念、价值观念等信息进行了解,并收集相关价值观内容,但是其内容一般很难反映学生的价值需求。以课堂为主的交流,形式局限,加之交流机会与时间不多,内容乏味,所以,难以反映青少年个体对价值观教育的合理诉求,如此也易导致教育者与青少年之间感情淡化甚至冷漠,交流困境凸显。在此情况下,青少年价值观教育难以取得成效。在主流价值观教育难以"深入人心"的情况下,势必给大众传媒提供可乘之机。此外,泛娱乐化的大众传媒作为青少年业余生活的主要内容,对青少年价值观的影响之大是可想而知的,而教育者往往忽视了最重要的内容,难以对一段时间在青少年中间比较流行的娱乐内容有充足的了解,甚至对大众传媒泛娱乐化的内容嗤之以鼻,加之与青少年除课堂之外的零交流,使得教育者对青少年知之甚少,致使青少年的价值观在出现迷茫与混乱的初期,教育者无从知晓,更不要说关键时间的"拨乱反正"了。只有当青少年表现出某种由于价值混乱而产生的不正确行为时,教育者才会有所发觉,不及时地了解与"拨乱反正"难免使青少年价值观教育陷入价值认同危机。随着经济的发展,双职工家庭已成为中国家庭的常态,继而剥夺了青少年享受父母教育的时间,致使青少年大部分的课余时间在与大众传媒打交道,爱的缺失也使得青少年会不自觉地从"表面化的娱乐"中寻找。有的父母连在孩子的作业本上签名都让孩子代签,可想而知青少年的课余生活被冷落的惨景。这样的情况下,家庭价值观教育难以与泛娱乐化的大众传媒形成互动局面。

四 大众传媒泛娱乐化影响下青少年价值观教育的建构

随着"大众传媒泛娱乐化作为一种生活常态"的深入发展，泛娱乐化的大众传媒对青少年的渗透与影响已成为一个不争的事实，其为青少年的生活带来了多姿多彩的欢乐，对青少年价值观形成起到积极作用的同时，也致使青少年在良莠不齐的海量娱乐信息中迷失自我，致使一部分青少年形成不正确的价值观。对此，我们应深刻反思，加强对青少年使用大众传媒的正确引导，利用多方合力规避大众传媒泛娱乐化对青少年价值观带来的消极影响，同时形成大众传媒泛娱乐化与青少年价值观教育的良性互动，助推青少年形成正确的、积极的价值观。

（一）学校加强主导的价值观教育

1. 转变观念，理性审视大众传媒的泛娱乐化现象

面对在青少年中有巨大市场的泛娱乐化的大众传媒，教育者"顽强抵抗""围追堵截"或消极地"听之任之"等都是不可取的态度，而应端正态度理性审视，积极地加以引导。青少年喜爱娱乐、追求时尚等符合青少年成长的生理心理特点，掩耳盗铃、自欺欺人地回避、抵制或者采取不予理睬的态度来面对大众传媒泛娱乐化的挑战是不可取的。正确的做法是转变观念，理性审视大众传媒的泛娱乐化问题。一方面，学校应转变当前在价值观教育中忽略"人性"的修炼而注重对学生"物化"训练的思想，理性审视大众传媒泛娱乐化问题，改变对泛娱乐化的大众传媒的错误观念，积极认识到大众传媒泛娱乐化存在的价值，以及对青少年价值观发展具有的积极作用。在改变观念的同时，学校应积极引导，利用自己的有利条件为学生创造丰富多彩的校园文化生活，使青少年在高雅的文化氛围中接受教育，并提高他们的审美品位。同时，学校应协助家庭进行心理健康教育，引导青少年避免因过多接触泛娱乐化的信息而带来的心理和生理健康问题，培养青少年健全的人格。

另一方面，作为价值观教育的一线老师，自身必须对大众传媒泛娱乐化有基本的了解，了解大众传媒泛娱乐化形成的原因，理性思考大众

传媒泛娱乐化以惊人的速度占据并影响青少年价值观的原因,其给青少年带来了什么,对青少年价值观的形成与发展是促进还是阻碍等。同时,更应知道你的学生现在喜欢看什么娱乐节目,是不是健康,是否对他们有帮助,是否影响他们正常的生活学习,是否对青少年的价值观有影响等。教师可就某一火热的综艺节目开展"与人生对话""与生命对话"的主题活动,引导青少年主动发现节目中低俗与不文明的现象,使青少年在如火如荼的娱乐面前保持理性,树立正确的价值观。教师也应对最近在青少年中间比较流行的娱乐话题进行分析、评论与鉴别,通过讨论引导青少年树立正确的价值观。理性审视大众传媒泛娱乐化,并对相关娱乐话题有一定的了解,有利于教师积极引导青少年的价值观在大众传媒泛娱乐化的影响下趋利避害,使青少年形成健康、正确的价值观。

2. 学校应形成价值观教育与泛娱乐化信息的互动局面

首先学校要将自己的有利条件与大众传媒泛娱乐化相结合,为青少年创造丰富多彩的校园文化,如模仿受青少年追捧的《奔跑吧兄弟》综艺节目中设置的游戏,让青少年在欢快的游戏中真实地感受快乐。基于青少年对泛娱乐化节目的喜爱,可开设有关社团等活动,为青少年提供交流的场所,也有利于学校更好地了解青少年的价值观动态,以便有针对性地及时引导。可就青少年热烈追捧的网络小说开展中国传统文化阅读活动,给青少年提供一个结识同兴趣伙伴的平台,在这个平台中有利于相互交流与学习。其次,学校作为价值观教育的主阵地,应利用大众传媒的优势,将大众传媒的娱乐方式引入课堂,增强课堂乐趣。同时,学校可将价值观教育与大众传媒形成互动格局,积极利用与推进"慕课""云课堂"等"互联网+"教育行动进程。最后,学校应积极利用校广播站、校刊、各类社团开展各种形式的媒介实践活动,以提高学生认识、分析、运用与监督媒介的能力。

3. 加强青少年的媒介素养教育

媒介素养教育是20世纪30年代由英国学者和丹麦教育工作者提出的一种教育主张,其产生是为应对大众传媒中的流行文化渗透的价值观念,进而训练青少年抗拒媒介中提供的"低水平的满足"。20世纪80年代后,由于官方和联合国教科文组织的介入,媒介素养教育纳入了学校课程并陆续开发出许多教学模式及课程教材。目前，澳大利亚、加拿大、英国、法国、日本等已将媒介素养教育设为全国或国内部分地区学校的正规教育内容。① 我国的媒介素养教育尚不健全，还需大力加强。首先国家应出台系统的媒介素养教育实施方案，使媒介素养进入学校课程，或在相关学科中增加媒介素养教学内容而成为通识教育的一部分。其次，学校应开设媒介素养课，同时积极利用学校广播站、校报、网络中心并依托学生社团等积极开展各种形式的媒介实践活动，使青少年了解"媒介信息构成、目的、特点和惯例，以及使用的工具；研究如何以不同的方式解读信息，用正确的价值观念看待信息而不被媒体的其他因素影响以及信息获取方式或使用的道德或法律问题"。② 媒介素养教育是一项社会系统工程，需要多方面的配合与协作。学校作为媒介素养教育的主阵地，其系统全面的媒介素养教育能更好地提高学生认识、分析、运用与监督媒介的能力，增强他们对媒介素养传播辨识、判断与分析的能力，进而利用媒介为个人成长服务，为社会和谐出力。

（二）政府加强对大众传媒的监管

随着大众传媒越来越多地在社会中发挥重要的作用，社会对大众传媒的要求也越来越高，大众传媒应规范自身，加强自我监督。确立自身行为的边界与应该的责任，不能僭越自身应有的功能，更不能侵犯他者的自由，要对自身的功能和价值进行准确定位，该做的要积极去做，不该做的一定不做，最大限度地减少其不道德行为。有了边界意识，大众传媒就能够合理发挥其自我的监督作用，不断提升其道德自律水平，明确自身能够做什么，应该做什么，不应该做什么，争取做到既有积极的担当意识，又有明晰的底线意识，进而为社会发展提供正能量。

美国的舆论学家李普曼曾说过："我们凭借大众传媒所了解到的外部世界，并非是我们的感官直接感知到的，我们看到的只是大众媒介根据它们的所见所闻而制作出来的有关世界状况的图画，它并不等于外部

---

① 生奇志、展成：《大学生媒介素养现状调查及媒介素养教育策略》，《东北大学学报》（社会科学版）2009年第1期。

② 林崇德：《21世纪学生发展核心素养研究》，北京师范大学出版社2016年版，第79页。

世界本身，只是一种'假环境'。"① 青少年作为一个特殊的社会群体，也必然会受到这种"假环境"的影响。在多元的社会文化空间与大众传媒海量信息的传播环境中，要建构积极、健康、向上的青少年价值观教育体系，不仅是学校和家庭的责任，同样离不开政府为价值观教育提供良好的外部环境，以期形成青少年价值观教育的合力。2011年与2013年广电总局两次发布"限娱令"，旨在满足广大观众多样化、多层次需要的同时，不致使娱乐节目泛滥。从"限娱令"的发布可以看出政府对娱乐节目泛滥的整治态度。但是，大众传媒的载体广泛，不仅包括娱乐节目、电影、电视，还包括报纸、杂志、网络文学、动漫等。一方面，政府需针对不同类型的大众传媒制定相关的法律法规，对"泛娱乐"的标准进行法律上的界定，为各媒体提供参照依据。另一方面，政府应对一些不符合标准的内容进行大力惩治。惩治方式可以将行政手段、法律手段、经济手段相结合，使其有所忌惮。"通过调查青少年网民家长对政府相关机构监管网络娱乐内容的态度可以发现，绝大部分家长对于政府的监管表示理解和支持，73.6%的家长认为政府对网络娱乐内容的监管应该更加严格。"② 对大众传媒严格的监管与筛选无疑是一项重要的治理手段，但是一定程度上反而会助长青少年对不良内容的好奇心理，如某节目将选手狂飙的脏话统一进行消音处理的做法不仅没有达到应有的效果，反而适得其反。政府需尽快出台并完善对青少年，尤其是对未成年人的网络文化内容分级制度，使未成年人在价值观萌芽期尽可能接触积极健康的内容，随着年龄的增长，使青少年在价值观形成期接触到更加多元化的优质内容。

随着经济的发展与科技的进步，大众传媒中的新媒体备受青少年喜爱。新媒体是一个相对的概念，是在报刊、广播、电视等传统媒体以后发展起来的新型媒体形态，"是指依托数字技术、互联网络技术、移动通信技术等新技术向受众提供信息服务的新兴媒体"③。如网络媒体、手机媒体、数字电视等。新媒体具有主体的自主性和参与性、内容的即

---

① 丁柏铨：《新闻舆论引导论》，中国社会科学出版社2001年版，第91页。
② 中国互联网络信息中心（CNNIC）：2015年中国青少年上网行为研究报告，http://www.cnnic.net.cn/。
③ 宫承波：《新媒体概论》，中国广播电视出版社2007年版，第2页。

时性与海量性、形式的数字化与交互性、语境的碎片化和虚拟性等特点。社会主义核心价值观的传递可以充分运用新媒体带来的机遇。新媒体平台拓展了社会主义核心价值观教育的空间和领域，并且，新媒体技术增强了社会主义核心价值观传播的超时空性和无障碍性，同时，新媒体文化促进了社会主义核心价值观的向心力和凝聚力的形成。借助新媒体这一载体进行核心价值观教育，不仅丰富了教育内容，扩大了教育的覆盖面和影响力，还可以与学校、家庭等教育载体构成一种补充和相互作用，从而形成全方位的培育践行及传播态势。

（三）家庭应发挥主要的引导作用

家庭教育是每个孩子最早接受的教育，在青少年的价值观形成与发展的过程中起着至关重要的作用，是孩子学校教育的基础，又是学校教育的补充和延伸。父母对青少年的正确引导、父母的价值观念及教育观念都会影响青少年价值观的形成。

1. 理性看待大众传媒泛娱乐化现象

调查数据显示，"42.5%的家长不支持青少年将业余生活投入到网络娱乐中"[①]，"69.5%的家长会担心孩子由于网络娱乐影响了正常的学习或生活。"[②] 面对娱乐化泛滥的大众传媒，家长的担心不无道理，但是过分的担心便会导致强硬的监管，对于发展中的青少年而言，强硬的监管往往会适得其反。大众传媒泛娱乐化作为当下存在的一个社会现象，家长应转变观念，理性对待。由于学校上课时间比较集中，又有繁重的课业负担，加上老师对学生使用手机的限制，大部分青少年在家使用手机、上网、看电视要比在学校的时间更多一些是无可厚非的。但是，如果发现自己的孩子沉迷于泛娱乐化的大众传媒，家长就要引起重视，对青少年使用大众传媒加以引导，减少或者避免青少年受大众传媒泛娱乐化问题的不良影响。一方面，提醒孩子要学会鉴别不良的娱乐信息。泛娱乐化的大众传媒所传递的信息良莠不齐，家长在青少年观看综艺节目的时候，要及时提醒孩子，不轻易模仿学习不健康的娱乐行为，

---

① 中国互联网络信息中心（CNNIC）：2015 年中国青少年上网行为研究报告，http://www.cnnic.net.cn/。

② 同上。

对孩子的世界多一分留心和疏导，也许就能免于酿成大祸。另一方面，帮助孩子控制使用大众传媒的时间。孩子接触网络时间过长势必导致一些亚健康状况的产生，身心都会受到影响。青少年自身控制能力比较差，沉迷于泛娱乐化的大众传媒不仅容易致使青少年早早地患上近视，还导致与现实生活中人际交往的减少。家长应该给予指导，协助青少年一起规划每天接触大众传媒的时间。

2. 对青少年加强关心与培养

在网络化、信息化的今天，大众传媒泛娱乐化内容对青少年的吸引力远远大于课本、作业甚至是电视、电脑，过分地接触这些内容会对孩子身体和心理产生不良影响，特别是对于那些已经有所沉迷的青少年，家长更应该给予足够的关怀和重视。一方面，家长应该关心孩子的成长。有句话叫做"中国人唯一不认可的成功就是家庭的和睦、人生的平淡"，当今社会把拥有很多的房子、车子、票子视为成功的标志，这就导致了越来越多的人拼事业，为了挣钱变成工作狂，较少有时间陪伴孩子，还美其名曰"都是为了孩子"。家长较少的关心与呵护，致使对孩子的日常生活缺乏了解，不了解孩子对电视的沉迷，对手机的依赖，对家庭作业的排斥，对青春期的迷茫……他们只是想通过工作挣很多的钱给孩子创造一个臆想中的美好的将来，殊不知，孩子在离开父母的成长过程中已经形成诸多性格上的弱点，父母只有参与孩子的成长，给他们更多的关心、陪伴和安全感，静待花开，给他们最好的现在才可能给他们更好的未来。

另一方面，家长应不断学习，提高自己的知识水平。在互联网快速发展的今天，孩子们可能更容易受到来自互联网的诱惑，加上信息时代丰富的信息快速传播，这就容易使得掌握信息技术的青少年在知识和能力上赶超父母，导致传统家庭教育权威的过早退化，由此用传统家长制的形式来教育和影响孩子已经与时代特征、青少年自身的特征格格不入。家长有必要及时充电学习，同时多了解一些网络知识，比如知道某个网红人物、会说一些网络词语、了解青少年喜欢的娱乐等。

（四）青少年自身要不断地自我完善

青少年从泛娱乐化的大众传媒中获得了大量的信息，这些信息本身就有好、坏与有、无价值之分，青少年必须学会鉴别、处理这些信息，提升使用大众传媒的能力，让泛娱乐化的大众传媒成为自身学习的利器，而不是被大众传媒泛娱乐化主宰变成"娱乐控"。"没有自我教育的教育就不是真正的教育。"[①] 而青少年正确价值观的形成不仅需要外界的帮助，更需要他们自身不断地努力、不断地自我完善。开放的网络、普及的电子产品为青少年了解开放、多元的世界提供了极大的便利。但是，社会阅历尚浅、是非判断能力缺乏等自身局限容易使青少年陷入价值冲突。大众传媒泛娱乐化是时代发展下的产物，被包围其中的青少年可以借助大众传媒获取泛娱乐化的信息以愉悦身心、释放压力，或者从中获取知识、开阔视野等。但是，青少年必须有明确而坚定的态度对待大众传媒所传递的泛娱乐化的信息，自觉地、科学地分清良莠、明辨是非，从而增强辨别能力和抵制诱惑能力。青少年应当学会正确处理个人与社会、个体和群体的关系，真正体会到自身的价值只有在为国家和社会做贡献的过程中才能实现，而不是追求表面的快乐、简单的幸福。青少年应坚持正确的理想和信念，丰富自身的智慧与真情，多读书、多积累、多学习、多体验，在不断丰富自己的过程中自觉抵御大众传媒泛娱乐化的侵袭，从而形成积极、健康的人生观、世界观和价值观。

　　大众传媒的重要作用不言而喻，其对人们的影响更是有目共睹。大众传媒泛娱乐化作为时代发展的产物，满足了青少年的多样化需求，对青少年价值观的塑造起到了不可否认的积极影响。但是，由于青少年是一个善于接受新鲜事物、有着极强表现欲、对事物的判断力和辨别力缺乏、同时又极易受同辈影响的群体，他们对于泛娱乐化的大众传媒缺乏抵抗力，对其中的一些不良娱乐内容缺乏鉴别力，因此，大众传媒泛娱乐化中的不良信息对其人生价值观、生命价值观、审美价值观、道德价值观等产生了诸多消极影响。然而，对于青少年使用大众传媒，我们不能"因噎废食"，应采取多方合力积极引导青少年正确地使用大众传媒，让他们能够受益于大众传媒，更好地驾驭大众传媒这一不可阻挡的

---

① ［俄］瓦·阿·苏霍姆林斯基：《帕夫雷什中学》，赵玮译，教育科学出版社1983年版，第23页。

潮流。2017年8月23日《国务院关于进一步扩大和升级信息消费持续释放内需潜力的指导意见》出台,《意见》中在"提高信息消费供给水平"的问题中对大众传媒进行了论述,强调扶持一批重点文艺网站,拓展数字影音、动漫游戏、网络文学等数字文化内容,丰富高清、互动等视频节目,培育形成一批拥有较强实力的数字创新企业。从该文件不难看出,大众传媒的普及与使用是社会发展的趋势,此外,随着泛娱乐产业的发展,大众传媒泛娱乐化现象逐渐成为社会常态。面对此现象,因噎废食不是符合社会发展趋势的明智之举,趋利避害方为良策。

第五章　新世纪流行歌曲影响下的青少年价值观教育

改革开放以后，我国在政治、经济、文化、教育等方面都取得了巨大的繁荣与发展，生产效率得到极大的提高，物质财富得到极大的丰富，人民的生活水平得到了明显的改善。特别是进入新世纪以来，在世界网络化、信息化和多元化的影响下，我国更是发生了翻天覆地的变化：市场经济迅速发展带动了消费的提高，网络化和信息化推动了国人视野的开阔，多元化促进了民族文化的繁荣与发展等。然而，任何事物都具有两面性。随着时代的快速发展和人们观念的日益更新，以及市场经济带来的负面影响，社会生活中的拜金主义、功利主义、享乐主义等现象也逐渐浮出水面。在娱乐方面，新时期的流行歌曲已经成为当下传播最广、更新最快的休闲文化之一，深受青少年的追捧和喜爱。尤其是进入新世纪之后，依靠互联网应运而生的网络歌曲，更是成为青少年的宠儿。值得一提的是，互联网的自由与开放在使得歌曲随意传唱和任意发挥的同时，也使其出现了趣味低级、思想低下、语言低俗的问题。青少年处于价值观形成的重要时期，极易受到流行歌曲所传达的或积极或消极，或健康或有害的思想观念影响，从而形成相对应的或正确或错误的价值观。因此，如何正确看待新时期流行歌曲的价值，如何在鱼龙混杂、良莠不齐的新时期流行歌曲影响下对青少年进行价值观教育、提高青少年价值观教育的实效性，成为新世纪我国教育所要面临的一大挑战。

一　新世纪以来流行歌曲的嬗变

新世纪以来，在社会急剧变化和发展的大环境下，流行歌曲作为一种时尚，以其自身独有的文化特质——娱乐性、亲和性、感染性及其传播的迅捷性，早已成功融入青少年的日常生活当中，成为青少年"亚文化"的重要组成部分。它不仅体现和反映了青少年在一定时期的价值取向，而且又倒过来影响和塑造着青少年的价值观。新世纪以来流行歌曲对青少年的影响之大、势头之猛，从《中国青年研究》杂志社于 2002 年特别策划的"流行音乐（歌曲）与青少年成长"的专题访谈中就可以看出一二。针对青少年群体中出现的"明星崇拜"现象、"网络文化"现象、"时尚消费"现象、"流行语"现象等，为了准确把握青少年流行文化现象的发展态势，深入了解流行文化现象背后的青少年心理、心态、思想和观念，进而揭示青少年流行文化现象的内在含义、产生原因、整体特征及其发展规律，加强与改善新世纪我国青少年的文化建设工作，共青团中央于 2002 年 4—11 月，专门组织团中央宣传部与中国青少年研究中心携手开展了一项题为"青少年流行文化现象与对策研究"的调研活动，重点研究"流行音乐（歌曲）与青少年成长"之间的关系。次年 1 月，调研组在《中国青年研究》期刊上连续发表 5 篇研究成果：《嵌在青春的日子里：大学生与流行音乐》《浓甘肥辛非真味：社会青年与流行音乐》《"中学生与流行音乐"访谈实录》《岁月如歌："青少年与流行音乐"访谈比较》《且行且歌："流行音乐与青少年成长"研究》。可以说，流行歌曲已经成为青少年生活中不可缺少的一个重要组成部分。也难怪有音乐学者曾说道："流行音乐使历史上首次出现了作为年轻人特权的艺术形式。"[①]

（一）新世纪流行歌曲的概念

流行歌曲刚开始出现的时候并不被人看好，甚至还一度出现被封杀的现象。流行歌曲从产生之初发展到今天能够被人广为接受着实不易。乐评人金兆钧对此谈道："在很多人那里，它是一种亲切的声音，是一种新的生活的暗示，是一种新颖的、与生命律动合拍的节奏。它就是今

[①] 沈汝发：《且行且歌："流行音乐与青少年成长"研究》，《中国青年研究》2003 年第 1 期。

天被我们称作'流行音乐',而在当年很长时间内'妾身不明'的一种东西。"① 甚至在流行音乐的诞生地——西方国家最初也并不看好它。英国理论家 Raymond Williams 在 *Key Words：a Vocabulary of Culture and Society* 一书中就说道,"流行"在英文中最早运用于法律和政治中,并作为一个否定性的学术用语,意味着"基本的""庸俗的""低劣的",是普通老百姓的低级趣味。在 18 世纪末之前,"流行"也仅仅被理解为"广泛传播的"。直至 19 世纪末,对"流行"的解释才开始趋向于更正面、更肯定。② 在对"流行音乐"的解释上,一些学者甚至直接将其定义为"美学上被破坏的文化产品,是商业化建立起来的机械化的再生产"③。在我国,为流行音乐的正名直到 20 世纪 90 年代才出现转机：1986 年第 2 届青年歌手电视大赛正式将通俗音乐列为参赛作品的类型之一;2008 年第 13 届青年歌手电视大奖赛首次将通俗唱法改为流行唱法;中国音乐家协会成立流行音乐协会……可以说,"流行音乐"已经成为一种正式的用法。

对于流行音乐的定义,不同学者有不同的看法。《中国大百科全书·音乐·舞蹈卷》将流行音乐定义为："通俗音乐(Popular Music)泛指一种通俗易懂、轻松活泼、易于流传、拥有广大听众的音乐；它有别于严肃音乐、古典音乐和传统的民间音乐,亦称流行音乐。"④《中国百科大辞典》则将流行音乐定义为："与严肃音乐相对,是对通俗易懂、易在青年中流传、具有时代特征音乐的泛称。包括通俗歌曲和通俗器乐曲。题材多以反映青年心声为主。乐队常以电声乐器为主。演出时多采用服装、伴舞、灯光和舞台美术等综合手段,以渲染气氛,多以歌舞结合方式。通俗音乐具有时代性,流行快,消失也快。"⑤ 另一种更为普遍被人接受的观点是由美国音乐学家柯伯特·劳埃德提出的,他认为

---

① 金兆钧：《光天化日下的流行——亲历中国流行音乐》,人民音乐出版社 2002 年版,第 5 页。

② Horner, Bruce and Swiss, Thomas. Key Terms in Popular Music and Culture. Oxford: Blackwell Publishers, 1999: 113-114.

③ Ibid., p.114.

④ 姜椿芳：《中国大百科全书·音乐·舞蹈卷》,中国大百科全书出版社 2004 年版,第 664 页。

⑤《中国百科大辞典》,中国大百科全书出版社 1999 年版,第 5355 页。

"在整个音乐艺术领域中,民间音乐与艺术音乐之间有着一个广阔的地带,流行音乐便盘踞在这里。流行音乐并没有明确的边界,其一端伸向民间音乐,另一端伸向艺术音乐。但在大多数情况下,民间音乐、流行音乐与艺术音乐之间的界限还是很清楚的。"① 由此可见,流行歌曲作为流行音乐的重要组成部分,指的是从属于流行音乐的、采用通俗唱法、在内容上直白易懂、并且善于表达情感的一种音乐体裁。

(二)新世纪流行歌曲的发展

1927年黎锦晖创作出《毛毛雨》,标志着我国流行歌曲的诞生。随后流行歌曲的命运几经波折,直到20世纪80年代随着改革开放与思想的解放,流行歌曲才得以迎来了自己的第一个春天,抒情风、港台风、西北风一同吹来了流行歌曲的黄金期。到了20世纪90年代以后,中国的流行歌曲开始逐渐呈现出多元化发展的态势,校园民谣、摇滚乐、城市民谣以及新古典主义歌曲都为流行歌曲的繁荣壮大增添了浓重的一笔。进入21世纪以来,一股新的力量从中国主流音乐中爆发出来——利用互联网技术衍生出的网络歌曲,成为了中国流行音乐的另一大主力军,其影响之大足以与主流音乐相抗衡。换句话说,步入新世纪的流行歌曲,依靠互联网的普及和科技的进步,成功实现了在生活各个角落开枝散叶的愿望,成为现代生活不容忽视的文化现象之一。从整体上看,相较于之前的流行歌曲,新时期的流行歌曲分别在内容、创作、传播以及歌手四个维度上发生了明显的变化,主要表现为内容的多元化、创作的中国风、传播的数字化以及歌手的平民化四个趋势。

1. 内容呈现多元化

音乐人金兆钧曾对流行音乐进行过如下解释,他说:"流行音乐每一步发展都跟中国的改革开放,跟它的经济发展、文化发展密切相关,你要是懂了这20年的流行音乐,实际上你就读懂了这20年的中国。"② 在20世纪六七十年代,适逢中国的"文化大革命",因此流行歌曲无一例外都在传达"高强硬就是革命,优美抒情就是庸俗反动"的集体主

---

① 陶辛:《流行音乐手册》,上海音乐出版社1998年版,第3页。
② 任文启:《流行音乐与现代性——中国流行音乐批判》,《河北科技师范学院学报》(社会科学版)2005年第1期。

义意识。在这样一种口号的狂热追捧下,邓丽君轻轻柔柔的歌声也难怪要被当作"资产阶级的靡靡之音"了。但时代发展到 21 世纪就不同了,中国经历了改革开放的思想解放,打开了全球化的机遇之门,政治、经济、文化、教育等方面都受到了不同程度的精神洗礼,不仅港台歌曲有了自己的立足之地,就连"欧美""日韩"等歌曲也趁机涌入逐渐开放且多元发展的中国。

20 世纪 90 年代末,韩国文化借中韩建交之机涌入中国,劲歌热舞的"韩流"如旋风一样席卷北京、上海、广州等地,并且迅速获得了青少年的追捧和喜爱,"韩流"甚至被直接拿来译为英语"Hallyu",足见其风靡。到了 21 世纪,以韩国歌手酷龙和高太耀为首的韩国流行歌曲开始正式打入中国市场,别具一格的热烈情绪和电子舞曲一经登台便赢得了中国广大歌迷的心。随后,SM 娱乐乘胜追击,将公司精心打造的其他组合如神话、SES、飞行青少年等组合一并推进中国市场,"韩流"的热潮完全爆发。在影视领域,韩国的电视剧、电影也受到了同样的好评,甚至直到现在也一直收视率居高不下,深受年轻人的喜爱。比如早期时候热播的《蓝色生死恋》和《大长今》,大街小巷都能听到书店、CD 店播放着"呜啦啦呜啦啦"的《大长今》主题歌。而前段时间热播的《太阳的后裔》以及《蓝色大海的传说》,更是创造了收视率高峰,剧中涉及到的服装、化妆品也因此被卖空抢光,足见全球化背景下"韩流"不可阻挡的流行之势。

除了"韩流"的影响之外,欧美的流行歌曲也是我们不可忽视的另一个影响。特别是 21 世纪的今天,随着思想解放的深入,我国流行乐坛的许多创作型歌手在进行歌曲创作的时候,开始尝试学习和借鉴欧美流行音乐或 R&B 或爵士的曲风,希望通过曲目上的创新走上事业的新高度。比如 2000 年后曾经红极一时的 S.H.E. 组合,她们的作品《Super Star》《波斯猫》《中国话》以及《不想长大》等热门歌曲,不仅加入了舞曲和 R&B,而且还加入了 Rap 以及浓郁的电子音乐,充分说明了欧美流行歌曲对她们歌曲创作的影响。摇滚乐的代表——汪峰更是深受欧美乐曲的影响,在其作品《春天里》《怒放的生命》《飞得更高》中无不传达着自己对流行对摇滚的致敬。可以说,21 世纪的中国流行音乐的发展过程是一个与欧美流行乐不断交叉、碰撞与融合的过程。在这个过程中,中国流行歌曲并没有完全照搬欧美的流行音乐,而是在自己的想法上进行了独特的创新。倘若没有改革开放解放思想这一历史转折,2008年的中国也绝不会出现韩国少女组合Wonder Girls的《Nobody》,2012年的中国也绝不会出现韩国歌手朴载相的《江南Style》;倘若没有思想自由兼容并包的时代背景,2000年后的青少年也不会摇头晃脑地大唱"You're my super star",也不会明白为什么"全世界都在说中国话"。

可以说,21世纪的流行歌曲反映出了相对应于中国当前状况的内容与价值。从总体上看,相较于20世纪的流行歌曲来说,21世纪的流行歌曲涉及的内容更加全面,价值也更加多元,特别是网络世界的开放与自由,更是为流行音乐的多元化发展提供了沃土。以前人们只会跟唱"我爱你中国""我们的家乡在希望的田野上"等充满爱国情感的红色歌曲,而现在,诸如"听妈妈的话吧,晚点再恋爱吧""你身上有她的香水味,是我鼻子犯的罪"等歌曲竟然也有自己的发展空间。表达情感、歌颂理想、思考人生、批判现实的歌曲应有尽有,人们很难找到当下流行歌曲的主流意识。多元,才是21世纪流行歌曲的主题。

2. 创作趋于中国风

进入21世纪以来,中国流行歌曲的创作在融合中西的同时也开始有意识地表现出中国的民族特色与本土魅力。这一体裁类型的歌曲不仅在文本歌词上具有浓重的古典诗词韵味,而且在乐器与唱法上也呈现出强烈的民族迹象。在国内,最早给"中国风"做定义的是天津音乐学院作曲系教授鲍元恺先生,他认为中国风的创作是流行歌曲发展的必然趋势。因为"产生在封闭社会的中国原生状态的古老传统音乐,要通过同世界各民族的音乐文化相互交流,通过与外来音乐形式的融合才能获得再生机能而存活于现实文化生活并进而跨入世界乐坛,才能以主流文化的姿容展示中国传统音乐的艺术魅力和独特神韵,表现中国文化的丰富形态和深刻智慧。这种融合,不是隔断和否定传统,而是发展和丰富传统"[①]。

---

① 鲍元恺:《艺术的出路在于中西融合——交响音乐系列〈中国风〉十年思考》,《天津音乐学院学报》2001年第3期。

从上述不难看出流行歌曲中国风的明显特征："流行音乐+中国古诗词赋=中国风。"可以说，在创新成为核心的21世纪，另辟蹊径的"中国风"一经上市，便备受大众群体特别是青少年的追捧和喜爱，成为流行歌曲创作的主流趋势。以2003年台湾歌手周杰伦发行的个人专辑《叶惠美》为例，该专辑成为中国乐坛上中国风崛起的重要标志。专辑当中的一首《东风破》便充分展示了流行音乐与民族传统文化元素相结合所产生的巨大魅力。古旋律搭配新唱法、古诗赋结合新编曲，将国人含蓄内敛、百转千回的情怀表现得淋漓尽致，该曲一开唱，便触动了听众内心深处的感情线。此后流行歌曲在中国风的延续上一发而不可收：2004年歌手王力宏推出专辑《心中的日月》，2005年歌手陶喆发行了带有中国风特点的新专辑《太平盛世》，甚至连新加坡华人歌手林俊杰也深受中国风的感染，于2006年倾心制作了中国风歌曲《曹操》。借用"中国风"歌词创作人方文山的话说，他之所以会选择中国风，是因为早在10年前他就发现影视、游戏里面都有古代的元素，但流行歌曲里没有，而他自己对唐诗宋词特别感兴趣，因此就想要尝试。例如《东风破》的名字，来自古代民间一种曲的形式，叫作"曲破"。"里面那句'你走之后，酒暖回忆思念瘦'则是来自李清照那句'应是绿肥红瘦'。"①古香古色的诗词赋搭配动感时尚的流行曲着实令青少年为之着迷，也确实影响了中国流行歌曲的发展走势。因此，也有不少青少年声称，他们喜爱和追捧了周董十几年，他们是听着周董的歌长大的，并在他的歌声中度过了自己的青春岁月。

除却古诗词、古诗赋的引用，民族特色、戏剧唱腔的借用也使得歌曲别具一格，成为21世纪流行歌曲在创作上的另一成功突破。针对民族特色，一些作曲家借助原始、原生态的民歌素材，通过新思路、新作曲，创造出了很多带有民族特色的原创流行乐，比如《鸿雁》《吉祥三宝》《2002年的第一场雪》等。在此值得一提的是凤凰传奇组合，作为2005年星光大道的年度亚军，凤凰传奇组合于同年推出的《月亮之上》，可以说开创了"民族流行风"类型音乐的先河。此曲高亢中透着

---

① 肖通、陈正博：《从〈东风破〉看方文山歌词对宋词的接受》，《文学教育》（上）2017年第7期。

豪迈、豪迈中夹杂着清新，仿佛草原上的一阵风，给听众带来了置身蒙古草原当中策马奔腾的体验，少数民族善歌善舞的异域文化也由此被人熟知。针对京剧唱腔，可以说中国流行歌曲与中国戏曲的合作也越来越多。从陈升的《One Night In Beijing》到王力宏的《花田错》，再到2008年李玉刚借助星光大道一举成名的代表作《新贵妃醉酒》，戏曲与流行歌曲的结合几乎达到了完美的程度，加入戏曲元素之后的流行歌曲，不仅多了一分民族特色，而且多了一分中国风情。天津卫视还专门推出了明星戏曲文化真人秀的节目，并且在2014年推出的第一季就以"流行歌曲进行戏曲唱腔改编"的形式获得了收视与口碑的双丰收。其中，著名歌唱家朱明瑛在参与节目录制后说道："歌改戏是一种新的形式，很有前途，艺术本身也需要不断地创新。节目里有几首经过改编后已接近于艺术品了，比如《烛光里的妈妈》《我爱你中国》。"[①] 由此可见，"中国风"为中国流行歌曲所做的贡献。

3. 传播方式数字化

作为早期流行音乐传播的工具，黑胶唱片和录音卡带伴随着人们度过了艰难而又漫长的生活岁月。21世纪前，在流行歌曲的宣传与销售方面，最常见的就是唱片和磁带。这一类歌曲载体不仅携带不方便，而且还需要与之配套的播放工具：唱片需要CD机，磁带需要复读机。除了携带不方便之外，这种音乐产品还有易损、易坏的特点：唱片容易被刮坏，磁带容易脱卷等。进入21世纪以后，随着时代的飞速发展、科学技术的不断创新，那些混入了杂音的唱片、时不时还会卡壳的磁带开始逐渐被人遗弃，取而代之的是广播、电视、手机、MP5、MTV等现代科技发明的数字化电子传播工具。与传统的唱片卡带相比，现代的电子设备传播更为便捷、音质更为纯正、携带更为方便，但最具现代特色的还是它简单的下载方式，只需在手机上的听歌软件里简单点击几下即可下载成功，歌曲被缓存在软件里，几乎随时随地可以打开聆听。特别是智能手机的出现，一部电话就能足不出户知天下，一部手机里不仅能下载成百上千首歌曲，而且还能通过网络无限聆听。这种数字化、智能化的传播方式促使流行音乐有了一个更大的发展空间，音乐也迅速遍布生

---

① 李品萱：《〈国色天香〉让国粹经典焕发新生》，《当代电视》2015年第4期。

活的各个角落：商场、书店、大街、学校、班车，甚至手机上的铃声也可以设置为当下风靡的流行歌曲……由科技带来的数字化传播不仅成功地将流行歌曲渗透到人们生活的方方面面，而且也顺利地将人们带入到了一个娱乐的新时代。KTV成为新世纪以来人们茶余饭后消遣娱乐的项目之一：强烈的视觉效果、3D的听觉环绕以及高度的参与感都使得流行歌曲更受欢迎、更吸引人。它们顺利地走进大众生活，在此，流行歌曲的娱乐性因传播的数字化而被放大。

此外，网络也成为流行歌曲另一个重要的传播途径。对于网络流行歌曲的产生，最早可以追溯到2001年雪村创作的《东北人都是活雷锋》，此歌一夜之间传遍大江南北，不仅标志着一种全新的传播模式的诞生，同时还标志着一个崭新的音乐平台的产生。正因如此，《东北人都是活雷锋》被称为网络歌曲的"开山之作"，雪村则当仁不让地成为网络歌曲的"鼻祖"，而2001年也成为了网络歌曲的"公元元年"。随后，网络歌曲一路盛行，发展至今：2003年一首名为《大学生自习室》的网络歌曲悄然流行；2004年《老鼠爱大米》《两只蝴蝶》红遍大街小巷，《当你孤单你会想起谁》《别说我的眼泪你无所谓》被无数少男少女轻轻吟唱；2005年香香的《猪之歌》为流行歌曲添加了颇为呆萌的喜剧因素；2006年一首《香水有毒》借助网络创造了流行歌曲下载量的高峰；2007年《爱大了受伤了》成为当时人们在网络歌曲领域的另一心头爱，也成为KTV必点的上榜曲目；2008年旭日阳刚的一首《春天里》不仅唱出了无数打工者的心酸，也感动了无数听众；2009年徐誉滕在淡淡的忧伤旋律中唱出《等一分钟》，唱出感情遗憾的同时也引起了听众朋友的共鸣……随后，每年都会有大量不同的新创作的流行歌曲走进大众视野，并受到听众朋友们的喜爱与传诵：《老男孩》《最炫民族风》《小苹果》《我在人民广场吃炸鸡》《忐忑》《大王叫我来巡山》等都是社会大众、普通百姓耳熟能详的网络流行歌曲。由此可见，网络歌曲借助互联网的开放平台一跃成为平民歌手施展才华的舞台，它不仅使得歌手更加平民化，调动了全民创作歌曲的积极性，同时还打破了流行歌曲选拔歌手、传播歌曲的传统模式，使得流行歌曲的发展更为多样化。

不过，从另一个角度来看，网络歌曲更像是"一枚硬币，有正有反"。互联网的开放平台虽然使得流行歌曲的发展变得多样化，但同时也使歌曲的创作不再是"作曲家"的专利，任何人都可以"想唱就唱"，对于网络歌手来说，歌曲的作词部分也是"想怎么写就怎么写"。它不再受传统流行音乐发布程序的审核与限制，这就难以保证网络歌曲的质量，从而加大了流行音乐的负面隐患。比如2003年风靡一时的《大学生自习室》、2004年的《老鼠爱大米》、2006年的《香水有毒》等歌曲，在上榜网络流行歌曲排行榜的同时，也受到了不少音乐界人士的抨击。从作词的角度来看，这些歌曲没有丝毫的美感，反以粗俗的词风博得青少年的喜爱："你看旁边那个大哥就挺屌，业务也挺忙短信十多条，可是他 TMD 就不给调成振动的"（《大学生自习室》），"我爱你爱着你，就像老鼠爱大米"（《老鼠爱大米》），"你身上有她的香水味，是我鼻子犯的罪，不该嗅到她的美，擦掉一切陪你睡"（《香水有毒》），这些歌词对青少年的世界观、人生观和价值观都有一定的负面影响。因此，如何有效地利用好网络创作出更多、更好的流行歌曲，是我们今后发展网络歌曲时所要注意的另一问题。

4. 歌手趋于平民化

在新世纪之前，演唱流行歌曲的都是带有明星光环的专业型歌手。从台湾的邓丽君、费翔、齐秦到香港的张国荣、谭咏麟、梅艳芳以及内地的老狼、毛阿敏等，他们都是高高在上的艺人，有自己的经纪人，开自己的演唱会，所有呈现在公众面前的都是经过包装以后光彩照人的形象，平民百姓也不会去涉足他们的生活。国内最早的平民选秀，是在1984年举办的"CCTV青年歌手电视大赛"，简称"青歌赛"。可以说，这是国内最早诞生的选秀节目。在举办期间，青歌赛一直秉承"推出歌坛新人、繁荣音乐创作、丰富电视荧屏"的宗旨，为国家选拔出了大量拥有音乐资质的声乐人才。很多现如今活跃在歌坛的巨星、大腕都是由青歌赛选拔或培养出来的，例如宋祖英、孙悦、毛宁、韦唯、毛阿敏、蔡国庆等人。

进入21世纪以后，2004年湖南卫视举办了声势浩大的"超级女声"，打响了平民选秀节目的第一枪。可以说，这是中国第一档真正意义上的选秀造星节目，自此以后各种类似的平民海选开始如火如荼地展开，大量的民间歌手诞生，流行歌曲的发展更加迅猛：中央电视台的

《同一首歌》《星光大道》《超级女声》《快乐男声》《中国好声音》《我是歌手》《我型我秀》《梦想中国》《加油！好男儿》《绝对唱响》《快乐女生》《花儿朵朵》，等等。这些节目为社会培养出了一批批优秀的草根歌手。比如《星光大道》中2005年的年度总冠军阿宝，就是通过舞台从一个普通的农民蜕变成了一个原生态歌手，并且通过自己的努力和展示提高了原生态唱法在国内的知名度。除阿宝之外，凤凰传奇、李玉刚、阿尔法、风云组合、草帽姐等选手也相继从《星光大道》这一节目走向荧幕舞台，走进普通大众的视野。《超级女声》这一节目同样也为中国乐坛发现了大批具有超强实力的音乐人才，像2004届的张含韵，2005届的李宇春、周笔畅、张靓颖、何洁等人，2006届的尚雯婕、谭维维等。时至今日，这些歌手当中还有不少人走出国门，走上了国际化的舞台，比如李宇春、张靓颖、谭维维等。而2012年的《中国好声音》更是堪称最受欢迎、最为火爆的选秀节目，该节目除了挖掘出大量的民间歌手之外，更是将沉寂已久的流行乐坛救活了。一大批具有超强唱功和表演才能的选手在这个舞台上诞生：从第一季的吴莫愁、吉克俊逸、金志文、李代沫、平安等到第二季的李秋哲、刘雅婷、姚贝娜、李琦、张恒远、王宇等。在第三季中，帕尔哈提更是通过《中国好声音》这一平台复活了新疆音乐。他演唱的《你怎么舍得我难过》更是被导师评价为"三季来最特别的好声音"。可以说，这些节目不仅为新兴的草根阶级平民歌手敞开了大门，使得歌星不再是高不可攀的上层阶级，成名也不再是触不可及的奢望美梦，同时还为流行乐坛带来了更多的创新元素和清新风格，输入了全新的血液，焕发了流行乐坛的生机与活力。

值得一提的是，在收视率的竞争中，不少节目存在造假和作秀的成分，因而也不可避免地受到了社会各界的批评与指责。从2004年《超级女声》《星光大道》等兴起的音乐选秀之路到2014年的《中国好声音》，中国电视的音乐类选秀节目已经走过了十几年的时光。在这个逐步兴起、繁荣发展的过程中，选秀节目遭遇怀疑、否定的问题显然是不可避免的。但客观来说，歌手选拔的平民化仍对流行歌曲做出了贡献，不仅提高了群众参与流行文化的热情，而且也促进了文化事业"百花齐放"的多元发展。可以说，拥有十几年经验的中国选秀节目，只要能够秉承传播艺术的宗旨，遵循艺术发展的规律，就能健康地指导艺术去愉悦群众和引领群众。

（三）新世纪流行歌曲的特点

进入新世纪以来，流行歌曲开始呈现出一种"你方唱罢我登场"的眼花缭乱的现象。新旧歌曲的更替周期大大缩短，一首歌可以红得无厘头，也可以火得合情理。大众对流行歌曲的消费也变得多样，KTV、演唱会、专辑、选秀比赛应有尽有……可以说，新的时代给了流行歌曲更大、更好的发展空间。在多元文化的相互碰撞下，流行歌曲在内容上秉承通俗易懂、贴近生活的特点，用简洁明了的语言描绘社会生活，反映大众情绪；在创作上发扬突破传统、敢于创新的精神，通过古今融合、中西碰撞表达时代特色，批判社会现实。但需要提醒的是，部分流行歌曲究其本质仍属于商业产物，只不过被"歌曲"这一唯美的艺术形式巧妙地遮盖了其牟取利益的真正目的。此外，在互联网的全球覆盖下，流行歌曲的发行与销售、上传与下载的速度相比以往大大加快了，歌曲的数量增长迅猛，因此，在质量上也难免出现了瑕瑜互见的问题。

1. 通俗易懂，贴近生活

流行歌曲能够备受广大听众特别是青少年喜爱的原因首先就在于它通俗易懂、贴近生活的特点。社会发展突飞猛进，生活压力与日俱增，作为青少年要面临升学的压力、就业的困惑和青春期的苦闷，作为成年人更要承受生活上、事业上的挫折与艰难。在这种情况下，压力、困惑等生活问题就需要一个放松的环境或者一个发泄的出口。流行歌曲相较于古典音乐来说形式更加直白，内容也多反映当下生活，在唱出社会普遍心声的同时，也给听众们特别是青少年带来了精神上的慰藉。当迷茫与困惑让人不知所措、无处诉说的时候，一首轻柔的歌、动人的曲，便足以敲开他的心门，注入新的力量，让人放下沉重的负担，缓解心中的压力，鼓起生活的勇气。于是，有人感叹："文革中苍生有幸，还有鲁迅的书读；新时期初苍生有幸，有邓丽君的天籁之音，邓丽君又让人们意识到，原来还有这样一种唱法，让人人能开口唱歌，让人人都觉得自己也有歌唱才能。以前那纯粹表演声音的美声太艺术了，让人敬而远之。"① 欣赏古典音乐时，不仅需要丰富精深的乐理知识，而且还需要扎实专业的音乐素养。因此，能够欣赏古典音乐的受众群体显然是一些经过专门学习和训练的、具有高雅情操的文人。反观流行歌曲则不然，通俗易懂的歌词、优美动听的旋律使其成为普通大众聆听和欣赏的对象，鸿儒听得懂，白丁亦可教。

如歌曲《妈妈的吻》中所唱的那样："在那遥远的小山村小呀小山村，我那亲爱的妈妈已白发鬓鬓，过去的时光难忘怀难忘怀，妈妈曾给我多少吻多少吻"。句句通俗易懂，字字表达出对母亲的思念。由此可见，流行歌曲反映的是普通百姓的生活和情感，字里行间流露出大众生活的喜乐与悲欢，也正是因为通俗易懂、贴近生活的特点，才使流行歌曲最终成为了最受大众欢迎的艺术之一。2001年，雪村创作网络流行歌曲《东北人都是活雷锋》，歌词诙谐幽默，寥寥几句便将故事的来龙去脉描述得清晰可见："老张开车去东北，撞了，肇事司机耍流氓，跑了，多亏一个东北人，送到医院缝五针，好了，老张请他吃顿饭，喝得少了他不干"，歌词写得简简单单，听众听得明明白白。通过这种大白话唱出故事、表达情感可谓是流行歌曲的最大特色。不仅如此，歌曲的内容贴近生活，更能引起听众在情感上的共鸣。例如2010年，一首由2位农民工在北京出租屋翻唱的《春天里》疯传网络。视频中，两位满脸倦容的中年男子在十平米的小房间里借着暗淡的光悠悠唱着："也许有一天，我老无所依，请把我留在，在那时光里，如果有一天，我悄然离去，请把我埋在，在这春天里"，一曲唱出了北漂打工族的无奈与辛酸，甚至打动了全国人民，此后两人以"旭日阳刚"组合成名。由此可以看出，21世纪的流行歌曲多以反映社会现实、人民生活为主题，歌词通俗易懂，也不会因文化程度的高低而使听众群体受到限制。

2. 突破传统，敢于创新

受21世纪多元价值观的影响，流行歌曲最大的改变就在于突破传统、敢于创新，而这也是最吸引青少年为之兴奋、为之疯狂、为之追随

---

① 谢轶群：《流光如梦：大众文化热潮三十年》，广西师范大学出版社2008年版，第29页。

的一点。作为精力充沛、判断力不够高但接受能力超强的青少年，流行歌曲的时尚与个性都是他们追逐的关键所在。谈到个性与前卫，在此就不得不提到从新世纪一直火到现在的不老神话——周杰伦。作为流行歌曲的领头人物，2002年周杰伦凭借《双节棍》《简单爱》脱颖而出，那种含糊不清的饶舌唱法、无拘无束的张扬个性使得众多青少年耳目一新、为之一振。随后创作的《东风破》《千里之外》《青花瓷》等将流行乐与古典乐、白话文与古诗词拼接而成的"中国风"歌曲，更是将中西碰撞、古今融合的唯美意境充分表现了出来，使青少年为之惊喜、为之感叹、为之疯狂。除此之外，网络歌曲的诞生也彰显了创新的魅力：以2001年雪村创作《东北人都是活雷锋》打头，开辟了流行歌曲发展的新路径——网络流行歌曲。自此，更多的网络歌曲被创作出来，并逐渐成为流行音乐中不可或缺的一部分。

具体来说，新世纪的流行歌曲不再简单地局限于某一狭窄的艺术领域进行创作，而是开始尝试其他不同领域中的各种可能。回望早期的流行歌曲，多数都以爱国情怀、军旅题材的内容为主，邓丽君幽幽柔柔的爱情浅唱甚至一度被打成"靡靡之音"。随着改革开放的到来，时代的发展促使流行歌曲的题材更加丰富：爱情题材、思乡题材、爱国题材、军旅题材、咏物抒情题材、校园题材应有尽有。在爱情题材方面，2006年陶喆、蔡依林携手创作的《今天你要嫁给我》中唱到："听我说手牵手跟我一起走，过着安定的生活，昨天你来不及明天就会可惜，今天你要嫁给我"，歌词直白大胆，敢于直抒胸臆追求爱情，引人羡慕。在思乡题材方面，21世纪之前的流行歌曲当中就不乏此类歌曲。通过对乡音乡情的描绘谱写出对故乡根深蒂固的情感和朝思暮想的眷恋，如《我的中国心》《七子之歌》等。2007年王力宏创作的《落叶归根》更是唱出流行歌曲思乡题材的新花样："远离家乡，不甚唏嘘，幻化成秋夜，而我却像落叶归根，坠在你心间，几分忧郁，几分孤单，都心甘情愿，我的爱像落叶归根，家，唯独在你身边"，表达了游子对祖国的渴望，对故乡的思念。爱国题材和军旅题材也是流行歌曲的两大类型：歌唱祖国的歌曲举不胜举，从2000年前的《祖国，慈祥的母亲》《我爱你中国》到2000年后的《龙的传人》（王力宏）、《蜗牛》，将祖国比作母亲和将自己比作龙的传人一样，无不表达出对祖国深深的爱恋，同时也将中国人民的心紧紧地连在了一起。军旅题材的歌曲也是一样,从2000年前的《军港之夜》《咱当兵的人》到2000年后的《强军战歌》《亲爱的兵你不要想家》,都歌颂了人民战士默默奉献的军人角色。军人把青春献给迷彩服,把心交给国家,担起保家卫国的使命,他们是当之无愧的"最可爱的人"。咏物抒情题材的歌曲常常通过对某一事物的描写和赞美来表达某种情感,例如周杰伦在2007年推出的《青花瓷》,借助青花瓷这一物件,讲述了一段凄美感人的爱情轮回故事,"素胚勾勒出青花笔锋浓转淡,瓶身描绘的牡丹一如你初装,冉冉檀香透过窗心事我了然,宣纸上走笔至此搁一半",歌词婉转优美,甚至被江苏省高考以及山东省高考拿来当考题用。校园题材的流行歌曲更多,《倔强》《栀子花开》《童话》,等等,歌颂了纯真校园里少男少女之间的单纯友谊以及青少年对梦想的追求。可以说,21世纪以来流行歌曲的分类远远不止这些,还有表达民俗风情、赞美青山绿水、记录历史事件的歌曲。相比于之前,21世纪的流行歌曲不再简单地局限于传统的内容范畴和创作风格,而是开始表现出突破传统、敢于创新的新趋势。

3. 时代艺术,商业本质

纵观流行音乐的发展史,每一个阶段都是一个特殊时代的反映:世界经济大萧条时期,摇滚乐饱含着人们对现实的不满与忧虑应运而生;新文化运动之际,一首《毛毛雨》唱出了新女性在封建思想束缚下的觉醒;改革开放之初,一首《一无所有》又唱出了社会巨变下人们内心的彷徨与无助……可以说,流行歌曲作为艺术的一种,因其自身具有的"流行"性是对当下文化的一种折射,是时代的艺术。值得一提的是,在日常生活和日常语境中,不少人习惯将流行歌曲同古典音乐做对比,把古典音乐称之为"高雅音乐",流行歌曲称之为"低俗音乐"。从艺术鉴赏的角度来看,说某项艺术具有某种高雅的品质确实无可厚非,根据艺术的受众群体、人数多少将其归为"阳春白雪"或"下里巴人"也可以理解。但拿两种不同的艺术——古典音乐和流行歌曲做比较,并分出高低贵贱,实在是毫无根据。对此,20世纪西方著名的音乐美学家汉斯立克曾说过:"每一种艺术必须从它自身的技术条件来认识,必须从它本身来理解;每一种艺术的美的法则是跟这种艺术的材料和技术的特点分不开的。"① 由此可见，对于流行歌曲这一门艺术的认识和理解，必须从流行歌曲本身的特点来研究。将其与古典音乐作对比，并给流行歌曲安上"低俗"帽子的无端之举实属荒谬。

不过，流行歌曲作为一种时代的艺术，虽然有其艺术的美，但就其本质来看，这种艺术却是商业性的。流行音乐创作的目的归根结底还是为了盈利：黑胶唱片、磁带、CD光盘等音乐载体以及MP4、MP5、iPod等音乐播放器都是为了该种商品的传播而销售的。同样，社会开展的各种娱乐活动如明星的演唱会、专辑发布会等，也都是为了商业利益。特别是演唱会的举办，商业味道最为浓郁。2006年《社会科学报》就以《演唱会票价为何居高不下?》为题进行了报道，文章以2005年在上海举办的近50场大中型流行音乐演唱会的门票为对象进行了研究，指出这些演唱会"大都设有千元以上的票价，而在一般演唱会VIP票价锁定980元、1280元、1580元和1880元等吉利数字的同时，更有一些演唱会的票价高达2000元、3000元，甚至5000元。如2005年12月6日，'帕瓦罗蒂全球告别中国巡演上海演唱会'的票价就从最低票价500元起价，最高票价达到了3200元。"② 票价虽高，但丝毫不影响歌迷对自己偶像的追捧。2010年《第一财经日报》也针对"演唱会门票为什么贵"发文，对此，著名歌手王菲的多位铁杆歌迷表示："难得的复出，不论多么贵也一定要去看，不知道以后还能不能看到。"③ 由此可见流行歌曲巨大的商业价值及其艺术面具背后的商业本质。除此之外，KTV这一娱乐场所的出现也是对流行音乐商业本质的一种解读。甚至早在2012年10月28日，腾讯网就发表声明，称国内音乐免费下载将被收费包月取代，流行歌曲的商业化倾向日益严重。

4. 数量庞大，瑕瑜互见

进入21世纪之后，在中国市场经济的带动下，中国的流行歌曲也随之进入了一个迅速发展的时期。在这个多元而又开放的新时代背景

---

① ［奥地利］爱德华·汉斯立克：《论音乐的美》，杨业治译，人民音乐出版社1980年版，第58页。
② 上海文化发展基金会办公室课题组：《演唱会票价为何居高不下?》，《社会科学报》2006年3月2日。
③ 刘田：《演唱会门票为什么贵?》，《第一财经日报》2010年10月30日。

下，流行歌曲的发行很少受到限制，从爱国题材、军旅题材、咏物抒情题材到思乡题材、爱情题材再到青春励志题材以及校园题材等，可歌可颂的领域远远不止这些。在不违背歌曲审核要求的前提下，创作人可以对任一领域进行创作。创作后的流行歌曲经过唱片公司的包装与加工，最终流入市场，被排放在各大音像店、超市、书店等货架上。以流行音乐唱片业为例，"到 2005 年，我国持有出版许可证的音像出版社（公司）共有 332 家；磁记录复制企业（包括盒带和录像带复制加工）168家；光盘生产厂 127 家（只读光盘企业 87 家，可录光盘企业 40 家），拥有只读光盘生产线 464 条，年生产能力约 23 亿张；可录光盘生产线551 条，年生产能力约 29 亿张，分别占全球生产能力的 17% 和 20%；制作发行公司 1000 余家；销售商 10 万余家"①。从以上这些流行音乐唱片业的规模体系就可以看出流行歌曲发行的庞大数量极其惊人速度。特别是在互联网环境下诞生的网络歌曲更是缺少制约与管辖。网络歌曲的兴起也给了许多普普通通的音乐爱好者一个"过把瘾"的机会，许多草根歌手借助网络走红：如唱《东北人都是活雷锋》的雪村、唱《两只蝴蝶》的庞龙、唱《老鼠爱大米》的杨臣刚、唱《猪之歌》的香香以及唱《丁香花》的唐磊等。大量原创歌曲、翻唱歌曲由此诞生，并借助互联网迅速传播至各个角落。可以说，新世纪以来的流行歌曲在创作的数量及速度上都呈现出难以估量的趋势。

不仅如此，作为一种与受众互相牵制的艺术，流行歌曲虽然有自己的思想，但也会在一定程度上迎合大众的心理。捷克作家米兰·昆德拉就曾剖析过："大众传播媒介的美学意识到必须讨人高兴和赢得最大多数人的注意，它不可避免地成为媚俗的美学。"② 流行音乐也是如此，由于听众数量的庞大与混杂，听众的审美素质又是那么的参差不齐，社会整体的音乐审美水平必然无法像古典音乐的听众那般高雅。以 2003年哈尔滨工程大学在校生郝雨创作的《大学自习室》为例，该首歌曲采用东北方言，通过幽默诙谐的语言、明快有力的节奏生动演绎了当今大学自习室的特点，不仅讽刺了校园生活中的种种不道德行为，同时也

---

① 王炬：《我国音像产业发展状况分析》，《出版发行研究》2006 年第 8 期。
② 沈汝发：《且行且歌："流行音乐与青少年成长"研究》，《中国青年研究》2003 年第 1 期。

揭露了高等教育下大学生综合素质的不足与缺陷。该作品在发布后的短时间内就超过了上百万的点击率，并且也受到了表演艺术家姜昆的关注。两人约定共同合作一首说唱参加 2004 年央视春晚，但最终因为种种原因未能通过最后的审核。可以说，当《东北人都是活雷锋》《两只蝴蝶》等被当成打油诗来传唱、红遍大江南北的时候，网络流行音乐的媚俗特质就已初现端倪，之后出现的《忐忑》《江南 style》等"神曲"更是将媚俗演绎到底。值得一提的是，虽然流行歌曲中混有低级、媚俗、庸俗的歌曲，但更多的流行歌曲还是充满着积极健康的正能量的。以周杰伦的歌曲为例：《上海 1943》被编入台湾某中学课本，《蜗牛》被纳入爱国主义歌曲；部分和音部分还被用来作为台湾中学合唱团的教学内容……因此，在数量庞大、瑕瑜互见的情况下，如何理性对待流行歌曲显得尤为重要。

二 新世纪流行歌曲对青少年价值观的影响

青少年作为流行歌曲的主要听众，是热爱时尚、追求个性、可塑性强但判断力弱又极易受影响的特殊群体。流行歌曲所传达的价值观，很容易在青少年听歌、唱歌的过程中被接受、被认可。在青少年价值观教育的过程中，人生价值观、道德价值观、生命价值观、科学价值观、环境价值观以及审美价值观等都是价值观教育的对象。在此，本文拟从与青少年成长密切相关的人生价值观、生活价值观、道德价值观、审美价值观和生命价值观五个方面入手，探讨流行歌曲对青少年价值观的影响。具体来说，正面、积极、健康的流行歌曲对青少年价值观教育具有积极的作用，如乐观励志的流行歌曲有利于青少年树立正确的人生价值观，富有哲理的流行歌曲有利于青少年养成积极的生活价值观，意蕴丰富的流行歌曲有利于青少年形成高尚的道德价值观，清新脱俗的流行歌曲有利于青少年培养精雅的审美价值观，歌颂生命的流行歌曲有利于青少年培植健康的生命价值观，等等。反过来，不健康、消极、庸俗的流行歌曲则会对青少年的价值观教育产生负面影响，如悲观消极的流行歌曲易导致青少年对人生价值观的漠视，曲意荒谬的流行歌曲易导致青少年生活价值观的畸形，思想污秽的流行歌曲易导致青少年道德价值观的失范,趣味低俗的流行歌曲易导致青少年审美价值观的庸俗,偏激颓废的流行歌曲易导致青少年生命价值观的贫瘠等。

(一) 新世纪流行歌曲对青少年价值观的积极影响

国歌作者冼星海认为:"音乐是人生最大的快乐;音乐是生活中的一股清泉;音乐是陶冶性情的熔炉。"① 人的生活中不能没有音乐,优美的音乐不仅能够舒缓内心的焦躁、挥去心头的烦恼,还能在情绪上给人一种鼓励,使人产生力量。作为音乐的一种,流行歌曲在表达思想、陶冶性情等方面因为歌词的更加直观而成为一种情感艺术的表达。对于思想还未成熟的青少年来说,流行歌曲之所以能够深受喜爱和追捧,主要还在于它的通俗直白能使青少年易于接受,个性时尚又能使青少年为之着迷。可以说,好的流行歌曲更能在情感上与青少年的内心产生共鸣,从而对其产生积极的影响,对青少年价值观教育产生积极作用。

1. 乐观励志的流行歌曲有利于青少年树立正确的人生价值观

所谓人生价值观,就是"人生价值的观念反应,是人们对人生价值的根本看法和态度……是人们对自身生活道路、生活方式选择的基本理念,是人们对人生活动进行评价的基本依据"。② 它帮助人试图找寻一种内心认可的生活态度,并且直接决定了一个人要以何种方式度过一生。青少年处于未成年向成年人的过渡阶段,并没有形成稳定的人生价值观,再加上积极的价值观可以引导他们向有意义的人生前进,消极的价值观也容易使他们误入歧途。同样,一首乐观励志的流行歌曲不仅能在思想上激励他们积极向上的心理状态,也能成为他们在行动上积极进取的动力。

以周杰伦在2008年10月发售的歌曲《稻香》为例:"对这个世界如果你有太多的抱怨,跌倒了,就不敢继续往前走,为什么,人要这么的脆弱堕落,请你打开电视看看,多少人,为生命在努力勇敢地走下去,我们是不是该知足,珍惜一切,就算没有拥有……不要这么容易就想放弃,就像我说的,追不到的梦想,换个梦不就得了,为自己的人生

---

① 杜兴东:《流行音乐对青少年思想的影响的思考》,硕士学位论文,西南交通大学,2012年。

② 刘济良:《价值观教育》,教育科学出版社2007年版,第44页。

鲜艳上色，先把爱涂上喜欢的颜色，笑一个吧，功成名就不是目的，让自己快乐快乐这才叫做意义"。周杰伦曾解释说，汶川地震之后，不少人流离失所，除却天灾不断，身边的朋友也会陷入负面情绪难以自拔，于是他决定创作继《蜗牛》之后的另一首励志歌曲，再次用简单的文字创造出极富想象的禅意境界。歌曲首先向人们展示了世界的残酷与艰难，随后又赞扬事在人为的拼搏精神，用"努力""勇敢""知足"和"珍惜"奉劝大家，虽世事难以如愿，但开心快乐却又在一念之间。徘徊在人生十字路口的青少年一听到这首歌，便被歌词的乐观所打动，深受"为自己的人生鲜艳上色"的感召，恍悟不应该被社会上的浮躁气息所蒙蔽，明白要想过上一种有意义的生活，"功成名就不是目的"，开心快乐才是要解决的问题。再如 2004 年由阿信作词、五月天演唱的歌曲《倔强》，歌中唱道："当我和世界不一样那就让我不一样，坚持对我来说就是以刚克刚，我和我最后的倔强握紧双手绝对不放，下一站是不是天堂就算失望不能绝望，我和我骄傲的倔强我在风中大声地唱，这一次为自己疯狂就这一次我和我的倔强"。这首歌似乎在告诉青少年人生中总会遇到很多挫折，失败也在所难免，但在逆境中的青少年一定要百折不挠，一定要在逆境中倔强地坚持自己的梦想。恰同学少年，风华正茂，一定不要向困难低头，不认输不服输，朝着梦想坚定起航。

处在花样年华的青少年拥有无限的可能和巨大的潜力，在其人生价值观的成型期，能够遇到一首好歌，就如同船只看见灯塔、灵魂受到洗涤。在乐观励志的流行歌曲的影响下，当青少年再次遇到生活上的困难与挫折，便不会轻易放弃、沮丧消极，而是会用更加积极的心态去面对挑战与失败，同时以更加饱满的热情去实现梦想、迎接未来。

2. 富有哲理的流行歌曲有利于青少年养成积极的生活价值观

作为价值观的组成部分之一，生活价值观指的是人们在为人处事的过程中，对待生活的一种态度和观念。主要表现在人们对生活本质、生活方式、生活目的的一种理解、看法和追求。可以说，它是日常生活中每一个普通人都具有的、根植于个人日常生活当中的一种意识形态。不同的人面对不同的生活，都会产生相应不同的生活价值观：关于学习、关于理想、关于责任、关于人生目标的不同理解与看法等。对于青少年来说，他们的人生阅历还不充足，人生经历也不丰富，面对生活往往会产生迷茫和困惑。美国心理学家埃里克森曾将青少年期比作"危险期",意指这一时期的青少年往往会因为人生目标不明确而产生混乱、无措乃至犯罪的心态。在这种情况下,假如庸碌的青少年能够遇到一首寓意深刻、富含哲理的好歌,就如迷失在沙漠里的人看见绿洲。虽然小小的绿洲不一定能够帮助他顺利地穿过整个沙漠,但至少能帮助他暂时脱离危险,并带来希望。

以2005年3月29日汪峰发行的个人专辑《笑着哭》当中的一首歌《飞得更高》为例,歌词直白有力,直抒胸臆:"生命就像一条大河,时而宁静,时而疯狂,现实就像一把枷锁,把我困住,无法挣脱,这谜一样的生活锋利如刀,一次次将我重伤,我知道我要的那种幸福,就在那片更高的天空,我要飞得更高飞得更高,狂风一样舞蹈,挣脱怀抱,我要飞得更高飞得更高,翅膀卷起风暴,心生呼啸"。汪峰指出,这首歌是他写给自己的,他希望每每唱起这首歌的时候,都能给自己加油,争取今天比昨天好,明天比今天更好。抱着这种想法,歌曲一经发行便大获成功。再如2013年李宗盛作词作曲并演唱的《山丘》,歌中透露出一个中年男人在经历了各种成功与失败之后,回首往事以及诸多未完成的心愿时,面对生活发出的一声感叹。同时,他还以"老人"自居,向年轻人传达对待生活应该有的正确态度,正如他用沧桑稳重的嗓音在歌中所唱的那样:"因为不安而频频回首,无知地所求,羞耻于求救,不知疲倦地翻越,每一个山丘,越过山丘,虽然已白了头,喋喋不休,时不予我的哀愁,还未如愿见着不朽,就把自己先搞丢,越过山丘,才发现无人等候,喋喋不休,再也唤不回温柔"。似乎在说,人的一生想要追求的东西太多,整日毫无方向、没有目的地忙碌追求,不仅会觉得累,到头来还可能会是一场空。

在这一年龄段,埃里克森理论中处于"危险期"的青少年所要解决的重点任务就是"自我同一性"与"角色混乱"的关系。只有拥有了自我同一性的青少年才能清楚地认知自己,知道"我是谁、我的角色是什么、我的兴趣和爱好是什么、我的理想是什么"等问题,明白自己今后要走的道路。倘若没有形成"自我同一性",就会发展成"角色混乱",不知道"我是谁、我以后要干什么、我的方向在哪儿、我有什么价值"。因此,富于生活哲理的流行歌曲在一定程度上能够帮助青少年养成积极的生活价值观。它们能够安抚青少年浮躁慌乱的心，为他们指引方向，就像歌中所唱的："我要的一种生命更灿烂，我要的一片天空更蔚蓝，我知道我要的那种幸福，就在那片更高的天空"。

3. 意蕴丰富的流行歌曲有利于青少年形成高尚的道德价值观

所谓道德价值观，是指"个体对事物做出是否具有道德价值的判断时所持的内在尺度。它与其他价值观的明显区别在于：由它所支配的价值判断具有道德的含义，而其他价值判断则不具有道德的含义"[1]。在现实的社会生活中，个体的道德价值观犹如一把标尺，支配、调节和控制着个体的行为选择、行为方式和行为实践。但是，随着 21 世纪现代化进程的加快，传统的道德价值观遭到了质疑，新的道德价值观还在形成。在这种情况下，"品德尚未定型的青少年，其价值观念特别是首位价值观念难以定型，处于经常动荡变动之中"[2]。传播在社会当中的流行歌曲就成为了塑造青少年道德价值观的另一推动力，歌曲中所传达的道德价值观也会成为青少年仿照、追随、崇拜的对象。可以说，意蕴丰富的流行歌曲不仅有利于青少年形成高尚的道德价值观，还能够从整体上推进青少年的价值观教育。

2008 年，网上流行起一首被称为"史上最感人"的网络歌曲《人民心疼你》，表达了人民对温家宝总理的爱戴与敬意。正如歌中所唱的那样，"每当风雨来临，你都会来到我们身边，无论再大的风雨，都被你挡在了一边……你叫孩子们别哭，你自己却泪流满面，你叫我们多保重，你自己却一刻也不得闲"。人民忘不了，温总理在抗洪大堤上举着雨伞的坚毅和镇定；人民忘不了，温总理在雪灾前线操劳奔波的身影和倦容；人民更忘不了，温总理在汶川地震灾区一夜变白的头发和沙哑的讲话。从歌曲中，我们可以看到一个负责、友爱、为人民任劳任怨的国家总理，他伟大的品格使青少年为之感动，向总理学习、为社会奉献的种子由此种在心里。2012 年一首名为《父亲》的歌曲大热，娓娓道出一个孩子对父亲深沉的思念与感激："总是向你索取却不曾说谢谢你，直到长大以后才懂得你不容易，多想和从前一样牵你温暖手掌，可是你

---

[1] 李红：《道德价值观的结构及其教育模式》，《教育研究》1994 年第 10 期。
[2] 王逢贤、鲁洁：《德育新论》，江苏教育出版社 1994 年版，第 120 页。

不在我身旁托清风捎去安康……"在质朴的歌声中，父亲平凡却光辉的形象被人重新提及，同时也动员了无数人参与到感恩父母的行动中。

可以说，青少年处于各种价值观都还未定型的年龄阶段，是极易受到感化的群体。由于涉世不深，他们有着宝贵的天真与单纯，相信真善美，相信善有善报，恶有恶报。因此，在他们的道德价值观形成的过程中，以赞美人格、颂扬美德为主题的流行歌曲最能触及他们脆弱、温柔的心底，使其产生共鸣，并深受感动。一首意蕴丰富的好歌，不仅能在认知上加深他们对道德价值观的理解，还能从行动上鼓励他们身体力行自己所认定的道德价值观，从而达到知行合一的效果。

4. 清新脱俗的流行歌曲有利于青少年培养精雅的审美价值观

所谓审美价值观，是指"一个人在对客观对象做出美和丑、崇高和卑下、悲和喜的审美价值判断时所依据的观念"①。它一方面既积极地影响着人的精神世界，另一方面又反作用于人在客观世界的实践活动。康德曾说："美是沟通道德和知识的桥梁。"② 苏霍姆林斯基也说："对周围世界的美感，能陶冶学生的情操，使他们变得高尚文雅，富有同情心，憎恶丑行。"③ 因此，对青少年进行审美价值观教育，帮助学生建构审美意识在青少年的价值观教育中尤为重要。从流行歌曲来看，旋律的急缓、节奏的快慢、歌词的描绘都能引发青少年在情感上的共鸣，从而提高他们对美的感受、鉴赏和创造。此外，歌曲创作者在歌曲中所传达的审美倾向与价值观念，也会对青少年的审美价值观教育起到潜移默化的影响作用。

新世纪以来，清新脱俗的流行歌曲数不胜数。但在论及中国本土歌词意境与旋律韵味的创作上，不得不提及"凤凰传奇"。2005年该组合在星光大道获得年度亚军，并于同年推出首张专辑《月亮之上》，开创了"民族流行风"类型音乐的先河。歌曲《月亮之上》采用民族风音乐和说唱音乐完美结合的方式，将民族风情推进了大众的视野。除了

---

① 刘济良：《价值观教育》，教育科学出版社2007年版，第104页。

② 刘礼元：《"以人为本"理念在学生生命价值观教育中的体现》，《世纪桥》2008年第6期。

③ [俄] 瓦·阿·苏霍姆林斯基：《和青年校长的谈话》，赵玮等译，上海教育出版社1983年版，第102页。

《月亮之上》，凤凰传奇的另一首《荷塘月色》在描绘笔法上更是堪称一绝！"剪一段时光缓缓流淌，流进了月色中微微荡漾，弹一首小荷淡淡的香，美丽的琴音就落在我身旁……"该首歌曲在中国传统乐器古筝、琵琶、笛子的伴奏下，唱出了意韵纯净、曲调婉转、情境悠悠的中国特色，深受大众的喜爱。诗一样的歌词、画一般的优美意境更是被引入语文教学，同朱自清的《荷塘月色》进行对比，既丰富了课堂教学的内容，也激发了青少年的学习兴趣。

在我国的审美价值观教育相对薄弱的情况下，借助流行歌曲对青少年进行审美价值观教育，有助于引导青少年培养正确的审美素养和审美能力。具体来说，流行歌曲的轻松直白往往能使青少年产生情感上的共鸣，给他们以广阔的想象空间，使其融情于景。在聆听歌曲的同时，不仅愉悦了身心、陶冶了情操，而且还能提高他们的审美能力及趣味，使其对艺术、对生活有新的体验与领悟。

5. 歌颂生命的流行歌曲有利于青少年培植健康的生命价值观

所谓生命价值观，指的是"人们对生命存在形式的总的价值判断，是指在一定的社会历史条件下，生命体（以人为主）的全部生命活动对生命自身以及生命对其他生命存在物（包括他人和社会）的意义的自觉认识"[①]。换句话说，指的就是具有生命的主体对自己以及其他生命的认识。从更深入的理解来看，"现代生命观认为，身体的存在并不等于人的生命存在，因为人的生命存在不同于一般动物的生命存在。人不但活着，而且知道为什么活着"[②]。也就是说，作为有意识的生命存在，人不仅能意识到体验到生命，还要能够意识到和体验到生命的价值与意义。伴随着科学技术对人的异化，工具理性猖獗，教育的功利性突出，教育的人文精神及对人类的终极关怀被淡化。教育少了对生命的敬畏，少了对生命终极意义的追问，"人们从来没有像今天这样强烈地需要稳定的价值观念的支撑，需要在变动不定的世界中寻找到一个安定的精神家园。然而，生活世界的变幻不定，理想信念的迷失，又使人难以弄清生活的最终意义。人往往生活在渴望理解生活的最终意义，却又怀

---

① 陆树程、朱晨静：《敬畏生命与生命价值观》，《社会科学》2008年第2期。
② 刘慧良、张先华：《教育观念的革命》，重庆大学出版社2001年版，第9页。

疑生活最终意义存在的矛盾之中"①。青少年正是在这样的困惑中，从流行歌曲中找到了暂时的栖居之所。

好的流行歌曲能够带领青少年意识到生命的珍贵，体悟到生命的意义，从而做到敬畏生命、热爱生命、超越生命的目的。就像《同一首歌》所唱的那样："风雨走遍了世界的角落，同样的感受给了我们同样的渴望，同样的欢乐给了我们同一首歌"。歌曲中满是对人间真情的赞美，它告诉我们：世界上的陌生人，虽然互不相识，但却生活在同一片天空下，呼吸着同样的空气，沐浴着同样的阳光，我们每个人虽然做着不同的事情，但却都是为了同一个目的：活着，并且活得更好。2008年汶川大地震造成无数家庭破碎分离、无数亲人生离死别，天灾面前始见生命的脆弱与渺小。歌手韩磊创作《生命的歌唱》，用来献给"5·12"地震灾区的人民和救灾人员："你在最意外的时候倒下，脸上挂着微笑像是去远方，上苍太胡闹，还是人类太渺小，传来痛苦呐喊，我心如刀绞，现在我要放声歌唱，那些生命的悲喜沧桑，那些以为被摧毁的，其实还有无穷力量"。歌曲中除了描述命运的不可测以外，更多强调的是生命的顽强不屈与百折不挠。因此，在对青少年进行生命价值观教育的过程中，我们不仅要教会他们敬畏生命，爱护生命，同时还要教他们珍视生命，并在享受生命的过程中感受生命的无限可能，追求人性的真善美。

由此可见，一首好歌总包含着对生命的赞美：它或许是对现在的一种感激之情，也可能是对未来的一种美好愿景。它总是充满生机与活力，充满生命的张扬与精彩，既有夏花般的绚烂，也有秋叶般的静美。青少年沉浸在这种歌声的包围下，处处感受着生命的至真与至善，更容易形成健康的生命价值观，形成敬畏生命、热爱生命的态度。

（二）新世纪流行歌曲对青少年价值观的消极影响

新世纪以来，健康向上的流行歌曲对青少年的价值观教育起到了很大的帮助和促进作用，但与此同时，也有一些消极、污秽与低俗的流行歌曲在社会上流行和蔓延，严重影响和阻碍了青少年正确价值观的形成

---

① 陈晏清：《重建新世纪的价值观》，《天津社会科学》2001 年第 1 期。

与发展。处于青春期的青少年在对待负面情绪过多的流行歌曲时,对事物的好坏判断并没有明确的概念,甚至会因为猎奇心理的唆使而觉得好玩。他们本身并无意认可负面歌曲所宣扬的价值观,但却容易在传唱的过程中内化其观念,从而为日后不正确价值观的形成埋下无知的种子。从一项针对5个地区3000名青少年个人价值观进行调查的结果中发现,大部分青少年对自我的认知不够明确,对"我是什么人""我该怎么做"没有明确的答案。其中"有62.5%的青少年'思考过,但仍没有明确答案',仅有19.2%的青少年'认真思考过,已有明确答案';仍有近20%的人尚未思考过这个问题"①。由此可见青少年心理发展的不成熟。当不成熟的个体遇上不良有害的流行歌曲,由于没有明辨是非的判断力,很容易受到歌曲的误导,从而形成不正确的价值观。马克思曾指出:"一种美好的心情,比十服良药更能解除生理上的疲惫和痛苦。"② 同样,一首流行歌曲所带来的负面情绪对青少年心理和生理上的毒害,也远比我们想象的要严重得多。因此,当青少年接触到带有不良价值观的流行歌曲时,很容易在听歌、唱歌的过程中认可和接受不良的价值观,从而对个人价值观的形成产生负面影响,造成价值观的偏离。

1. 悲观消极的流行歌曲易导致青少年人生价值观的漠视

当下社会有部分悲观消极的流行歌曲,打着个性张扬的幌子,大行"自我中心""拜金主义"与"暴殄轻生"之道。青少年涉世未深,无法明确判断其中的好坏,在一味追求炫酷的同时,极易成为这些消极歌曲的牺牲品,形成不正确的人生价值观,从而影响他们的健康成长与发展。

如流行歌曲《我是流氓我怕谁》就将狂妄自大、自我中心的秉性充分暴露了出来。在歌词"我想要谁就有谁,没有爱不到的谁,没有追不到的美,我是流氓我怕谁,我想爱谁就爱谁,没有谁能逃得掉,没有谁能将我毁"的极力吹捧下,唱出了一种为了达到目的不择手段的想法。人类与动物的主要区别就在于人有理性,通过理性克制自己的本能从而

---

① 岳鹏珍:《当代青少年个人价值观现状的调查分析》,《山东省团校学报》(青少年研究) 2012年第5期。

② 刘辉:《音乐教育与中小学生心理健康》,硕士学位论文,湖南师范大学,2006年。

过有节制的文明生活是人之为人的根本。而本首歌曲中所传达的非理性观念则恰恰相反,甚至将自我中心推向极致,似乎在告诉青少年只要不择手段就没有什么是得不到的,严重误导了青少年在与人交往及处世方面的社交观。另外,还有一些流行歌曲在对金钱的解读方面发生了偏差。歌曲《我爱人民币》中唱道:"我爱人民币,闪闪发光的魅力,可爱的人民币,谁能离开你,我开始在意赚钱不容易,生活真心真意,要懂得算计,我爱人民币,多么天经地义,伟大的人民币,爱你爱到底"。整首歌从头到尾都在表达人生在世物质第一,金钱至上,没有什么东西可以比赚钱还重要的观点。改革开放几十年来的发展和市场经济的繁荣,不仅提高了人民的生活水平、消费水平,同时也拉大了我国的贫富差距,使得部分人对金钱的渴望越来越贪婪,越来越不择手段。这首歌曲中的金钱观极易对青少年的价值观产生不良的影响,使他们误认为金钱是万能的,一切都可以用金钱来买,亲情、友情、爱情在此显得不堪一击。在面对困难与挫折时,一些流行歌曲并没有鼓励青少年积极应对,而是暗含消极自杀的倾向,从而使得暴殄轻生的事件频频在青少年群体中发生。最引人震惊的一首歌曲为《黑色星期天》,它曾令数百位听者听完之后抑郁自杀。该首歌曲当中的阴郁氛围、凄怨哀唱使得听者头皮发麻、难受胸闷,最终无法摆脱痛苦而选择轻生。因此,这首歌也被称为"魔鬼邀请书"。"多国的电台还召开了一个特别会议,决议是在欧美联合抵制《黑色星期天》。这就更进一步证明了这首歌曲对听者具有极为消极的心理暗示。"[①] 在一项"流行音乐中哪些不良因素会对大学生产生影响"的调查中显示,"选择'拜金主义'占被调查者的35.6%,选择'悲观主义'占被调查者的40.2%。"[②] 还有一首与《黑色星期天》不相上下的歌名为《自杀没有痛》,歌中甚至明目张胆地教唆人去自杀:"自杀是没有痛苦的,穿过晨雾我看见的景象都成了幻影,我能看见所有的痛苦离我而去,自杀是没有痛苦的,它可以带来很多改变"。这种类型的歌曲,极易误导青少年的价值观,使其人生误入

---

① 周婷:《论〈黑色星期天〉翻版流传案例中的受众理论现象》,《音乐时空》2014年第21期。

② 魏娇:《改革开放以来中国流行音乐对大学生价值取向的影响规律分析》,硕士学位论文,东北师范大学,2013年。

歧途。由此可见，拜金与悲观是当前流行歌曲产生负面影响的重要成分。青少年作为正在成长、感性居多、价值观正在形成与发展的群体，很容易受到环境的影响。如若一些歌曲在曲风和歌词上采用消极避世、悲观轻生的态度，就会使青少年产生一种消极悲观、厌恶生活甚至轻生自杀的极端思想，从而丧失对生活的兴趣以及克服困难的信心和勇气，变得萎靡消沉。

2. 曲意荒谬的流行歌曲易导致青少年生活价值观的畸形

随着市场经济的繁荣发展，21世纪的中国大部分城市都已经逐步步入小康，个别城市还跻身世界发达城市的行列。在这样的背景下，一些流行歌曲开始大肆赞美纸醉金迷、奢靡成风的生活价值观，严重危害了青少年的成长，造成其虚荣拜金、生活作风奢侈，更有甚至出现物欲上的犯罪。"据济南市某区人民法院统计，该区法院近年审理办结的未成年人犯罪案件中，抢劫、盗窃、抢夺、绑架等侵犯财产类案件92件、132人，分别占70.8%、70.6%"。[①]由此可见，流行歌曲对物欲的倡导给青少年的人生价值观所带来的严重危害。

以流行歌曲《我的生活》为例，该歌曲向人们展示了一个年轻人日日笙箫、胡作非为的放荡生活。他将自己的生活价值观概括为："我的生活放荡每天抽，我的生活放荡每天摸，我的生活放荡像只狗，大学还没毕业因为我要出唱片，爸爸妈妈暴跳如雷可是我觉得随便，反正我的青春，就像一张公益彩券，顺利找工作可是我顺利进了烟毒勒戒所"。歌中所唱的满是对生活的不在乎以及"今朝有酒今朝醉"的享乐主义作风，未来和工作不在担心和考虑的范围之内，甚至连吸毒这种危害身心健康的犯罪行为都被歌手拿出来炫耀。这种歌曲流入市场和社会，很容易对青少年造成隐性负面影响，使其认为整日抽烟、整日"把妹"是很潇洒很个性的生活，从而丧失了对人生、对理想、对责任、对生活的追求。除了《我的生活》之外，还有很多类似的歌曲，都传达出一种荒谬的生活价值观：生活就是吃喝玩乐、纸醉金迷和骄奢淫逸。再如南征北战在2013年发布的《赚钱歌》所唱的："小子能文能武黑黑的

---

① 任啸辰、吕厥中：《当前青少年犯罪的现状、成因与消解》，《中国青年研究》2016年第6期。

最性感，小姑娘晶莹剔透美腿我喜欢，我功夫盖世无双，你白嫩如霜，十八般武艺翻江倒海绝对百试不爽，美女，让我带你嗨到那天堂，香槟喷在你的脸上，别怪我下流，本少爷爱，赚，赚，赚赚赚，赚，赚，赚钱，拿出你的钞票在空中甩，帕加尼玛莎拉蒂布加迪法拉利，丽娃博纳多沃利法拉帝庞巴迪，普拉达杰尼亚加拉瓦尼阿尼玛，卡地亚积家蒂芙尼马爹利布契拉提"。歌中前半部分高唱男女之欢，充斥着不尊重与戏谑的味道，让人闻之不可思议，后半部分又着重强调时下的各大奢侈品牌，表达出有钱万能的金钱至上观，让人听之惊讶至极。处在成长发展之中的青少年，对物欲诱惑的自制力不足，很容易受到歌曲蛊惑，沉迷于犬马声色的生活从而迷失方向。根据手机彩铃排行榜显示，《赚钱了赚钱了》还上了热门彩铃畅销榜，很多人以好玩为由，将手机的彩铃设置成《赚钱了赚钱了》："我赚钱啦赚钱啦，我都不知道怎么花，我左手一个诺基亚右手买个摩托罗拉，我移动联通小灵通一天换一个电话号码呀，我坐完奔驰开宝马没事洗桑拿吃龙虾"。在这种价值观的喧嚣下，青少年极易受到耳濡目染的影响，从而产生畸形的生活价值观，养成铺张浪费、崇尚物质的恶习，足见价值取向错误荒谬的流行歌曲对青少年生活价值观的侵蚀。

3. 思想污秽的流行歌曲易导致青少年道德价值观的失范

一些流行歌曲有悖于艺术的本性，整首歌曲充斥着"污言秽语""暴力倾向"以及"色情成分"，青少年如果长期沉迷于此类歌曲必将造成对当下社会道德价值观的漠视，严重者甚至可能产生道德失范之举。其表现有以下三个方面：

首先，部分流行歌曲在歌词方面存在污言秽语的现象。以《大学生自习室为例》，"我心说，得亏哥们原来我还练过，要不然还不被你整成肛裂啊""你看旁边那个大哥他就挺屌，业务也挺忙短信十多条，可是他TMD就不说给调成振动的"，本首歌曲虽然将大学生自习室的一些不雅现象以说唱的形式抱怨出来，但是通篇除了口爆脏话就是耍嘴皮子，并没有什么艺术价值。青少年好奇心强又善于模仿，容易被这种新颖的吐槽风格所吸引，但久而久之能够记住的也就是歌曲里的满口脏话与狂妄自大，从而形成目中无人、随心所欲的恶习，原有的礼让他人、谦虚和善良的社会道德价值观念被消解，取而代之为一身戾气。

其次，一些流行歌曲散发着暴力倾向，仇恨、愤怒与报复成为歌曲所要表达的主题，歌词充满血腥、残忍与变态的心理倾向。特别是高晓松创作的《杀了她喂猪》，一反《同桌的你》那种纯真年代的淳朴感情，以嬉笑怒骂、流里流气与污秽粗俗的风格描述了一个男人的杀人心理："我要杀了你喂猪，杀了你们喂猪，一条人换两条狗命，我 TMD 吃馒头拉花卷我赚了，我要杀了她喂猪"。这种歌曲透露着一种靠暴力就能解决所有问题的野蛮，完全没有文明社会中的道德观念以及法律意识，一声声的"杀了你喂猪""杀了你们喂猪"听得人毛骨悚然、细思极恐。还有一首带有深深怨恨和诅咒的《跳房子》，歌中满是对世界的绝望与厌恶："我发誓要说谎，我发誓要看见，我发誓要做个瘸子，我发誓要做个骗子，我发誓要爬着走，我发誓我要发誓，我发誓要做个骗子"。发的誓全是负面、消极的反社会行为，处于成长与发展阶段的青少年，身心发育迅速但法律意识淡薄，价值观尚未形成，极易受此类歌曲的蛊惑，形成错误的道德价值观，造成道德行为失范，酿成犯罪。在此类歌曲的无形教唆下，青少年很容易因心智发育的不成熟以及道德意志的不坚定一时冲动，做出不当之举。

最后，一些歌曲还宣扬出一种骄奢淫逸、荒诞糜烂的享乐主义生活方式。青少年处于情窦初开的性启蒙阶段，对性与爱需要更多的认识和了解。但是现如今的一些流行歌曲不仅没有起到正确的引导作用，反而直接将情色成分赤裸裸地展现出来，一味地沉迷于情欲而无视传统美德和道德伦理。如歌曲《大连站》的歌词中有："大连的哥们儿你到底有多狂，MM 只要漂亮多钱我都上，大连的娘儿们你到底有多浪，网上二十分钟咱们就可以去开房"。本歌曲不仅在用语上粗俗下流，在对性的解读上也严重偏离了正确轨道，宣扬了一种骄奢淫逸、荒诞糜烂的享乐主义生活。再如《一夜情》的歌词是："没有任何人能阻挡 tonight，你我真正是谁一点不重要，只要我们放得开"。据调查，青年学生中对本歌曲所推崇的性爱观"'很不赞同'的仅有 37.6%，'不太赞同'的也只有 25.4%，而有 20.5% 的人是赞同和基本赞同的。"① 可以说，此种

---

① 郑恩莉：《网络流行歌曲中的爱情与婚恋观点及其影响研究》，硕士学位论文，福建师范大学，2015 年。

类型的歌曲对纯性欲的宣泄,不仅是对传统美德的挑战,也是对道德伦理的践踏,对渴望爱情的青少年来说,无疑是一种心灵上的污染与伤害。

4. 趣味低下的流行歌曲易导致青少年审美价值观的庸俗

艺术如水,温润感人。清新脱俗的流行歌曲有助于青少年培养精雅的审美价值观,使其提高认识美、欣赏美、鉴赏美和创造美的能力。而趣味低俗的流行歌曲则容易使青少年的审美趣味停留在肤浅的层面,盲目追求快餐式娱乐,造成审美价值观的庸俗化。

以近年来网络上所流行的《十大恶俗网络歌曲排行榜》为例:第一名《那一夜》,"那一夜,你没有拒绝我,那一夜,我伤害了你"的歌词具有明显的性暗示,甚至有"一夜情"之嫌,是对纯真爱情的亵渎与践踏;第二名《两只蝴蝶》,"亲爱的你慢慢飞,小心前面带刺的玫瑰,亲爱的你张张嘴,风中花香会让你沉醉"配合着流里流气的曲风,显得痞气十足,歌词也因太过直白而显得苍白,整首歌太过通俗而流于低俗;以下分别是第三名《一万个理由》、第四名《不怕不怕》、第五名《老鼠爱大米》、第六名《你的妈是我的丈母娘》、第七名《芙蓉姐夫》、第八名《冲动的惩罚》、第九名《我爱人民币》和第十名《别说我的眼泪你无所谓》。可以说,这些歌曲都疏远于高雅音乐,钟情于惺惺作态和矫揉造作,喜欢通过无病呻吟、粉饰低俗来吸引缺乏辨别力的青少年的关注。对此,"'鬼才'魏明伦曾在'两会'上狠批网络歌曲《老鼠爱大米》:'我爱你就像老鼠爱大米,这不就像贪官爱金钱吗?'他据此断言年轻人的欣赏观正由'审美'变为'逐臭',由'蝴蝶化'变为'苍蝇化'!"①

除此之外,近年来在流行乐坛兴起的"神曲"也成为不得不提的另一大问题。神曲通常指一些曲风或上口或雷人,旋律易于传颂,节奏简单鲜明,能令人产生类似"洗脑"效果的歌曲。2010年,龚丽娜演唱的《忐忑》在网络上疯传,全国范围内一团哄笑,咿呀成片,此后龚丽娜及该视频被听众评为"神人神曲神表情",神曲的时代由此诞生。2012年,鸟叔的《江南style》强势出击,成为神曲年代的

---

① 周晓燕:《文化视阈中的中国流行音乐研究》,硕士学位论文,苏州大学,2013年。

另一代表作品。在该曲 MV 中，鸟叔边唱边跳着一种酷似骑马动作的舞蹈，被人戏称为"骑马舞"广为流传，甚至有些大陆的中学还将课间操改为跳骑马舞，可见其对青少年的影响之深。细究神曲在青少年中风靡的原因有二：一是毫无艺术价值的娱乐性；二是出其不意的创新性。青少年的审美价值观还处于形成与发展阶段，很难理解艺术性较强的高雅音乐，反而更容易接受娱乐性较强的通俗歌曲。同时，他们精力充沛，好奇心强，新颖的事物总能吸引他们的注意。因此，当举止怪异的歌手站在舞台上唱着曲调荒诞的歌被青少年欢呼、追捧与模仿时，这首歌就无厘头地火了。青少年被逗乐了，却什么都没有学到，审美也开始变得庸俗。

除了这些审美低俗的歌曲之外，一些经典音乐也没能逃过被歪曲篡改的命运。《月亮代表我的心》变成了"你问我钞票有多少，我背景好不好，我的心不移，我的爱不变，存折代表我的心"。甚至连一些古诗词也被篡改得不堪入目，什么"床前明月光，地上鞋两双""春眠不觉晓，处处性骚扰"等。由此可见，青少年在对流行歌曲进行翻唱模仿时的低俗心理。有调查显示，"2012年时，据乐坛歌曲排行榜统计，上榜歌曲中，爱情歌曲遥遥领先，占据了93%，而公益歌曲、励志歌曲只有可怜的7%，爱国歌曲更惨淡，一首都没有上榜。同时在这些上榜的爱情歌曲中，能够体现积极向上的健康爱情观的不到20%，剩下的那大部分竟然都只是些或无病呻吟或苍白空洞的低俗内容。"① 青少年在这种大环境下听着这样的歌曲成长，审美价值观也将变得庸俗，落入亚健康的状态。

5. 偏激颓废的流行歌曲易导致青少年生命价值观的贫瘠

优秀的流行歌曲具有赞美生命、热爱生命、感悟生命的深刻意蕴，能够向青少年传达正确的生命价值观，使其体会到生命的可贵与精彩。"这些遍布于歌曲的每一个细节，它让处在矛盾中的青少年徜徉在纯美的世界里，使人远离'躲避崇高'后的迷茫、'渴望堕落'后的困惑、'玩的就是心跳''过把瘾就死'后的失落及'我是流氓

---

① 魏然、马东风：《你是谁，为了谁——对流行歌曲审美导向的批评》，《当代音乐》2016年第2期。

我怕谁'的无奈。"① 不过，还有一些歌曲，不仅不宣扬生命的价值与可贵，反而还大行其道，鼓吹生命的无意义、颓废与虚无。青少年处于心理动荡的过渡期，情绪波动较大，思想极易走向偏激，一些内容极端、影射颓废的流行歌曲很容易对他们产生负面的影响，误导青少年的生命价值观，造成生命价值观的贫瘠，使青少年随意挥霍自己的人生，甚至轻视生命。

如歌曲《不想上学》中所唱道的那样："我最烦他妈期中期末考试，不及格是因为老师丫对我歧视，我就是不想上学，他妈烦人，我就是不想上学，他妈操蛋，你甭管我初恋还是早恋，我恋出恋爱经验，我愿意被妞骗。"整首歌曲都在咒骂义务教育的烦闷以及人生无趣的空虚，并且还明确表达出了对不上学的憧憬与向往。青少年处在成长的关键期，升学压力与日俱增，如果不能正确处理对学习的态度，就会受到歌曲的蛊惑，产生厌学情绪，进而放弃学业，丧失对生命的热情，体会不到生命的意义。还有歌曲直接否定了生命的意义，表现出一种破罐破摔的无所谓。例如歌手阴三儿所演唱的歌曲《都得死》："他妈的家庭教育规则法律，要把人逼上绝路，不想听你们的废话，跟你们装傻，告诉你我哪儿都他妈不服，吃了豹子胆了，谁给你们撑腰，让你们玩得那么猖獗，踹了你的架子把你后台花了，虚的假的都他妈歇吧"。面对虚假、奉承与不公，歌曲并没有理性地对待，而是采用以暴制恶的方法进行反抗，并以"都得死"作为最终的审判。除了这首歌以外，阴三儿还有16首歌被文化部列入黑名单，严禁在网络音乐市场和活动中上架，如《我不管》《北爽歪歪》《没钱没朋友》《天生疯塔儿》《北京混子》等，这些充满负能量的歌曲会给听众造成一种压抑、颓废甚至是生无可恋的错觉。青少年作为不成熟的个体，缺乏对生命只有一次的深刻理解。面对难以解决的棘手问题，像《都得死》中所唱的"踹了你的架子把你后台花了"，这种以暴服人的做法很容易给他们一种负面的影响和示范。同学之间因为口舌纠纷而产生的杀人惨案，家人之间因为激烈争吵而酿造的杀亲悲剧，甚至当青少年自己遭遇挫折、陷入困境的时候，假如问题处理不当，也会产生轻生的念头，做出对自己不负责任的行为。据深

---

① 刘济良：《青少年价值观教育研究》，广东教育出版社2003年版，第147页。

圳一项有关青少年自杀现象的统计,"中学生的自杀意念率为34.48%,有4.7%的学生不仅想过,并做过如何自杀的计划;有3.3%的学生曾采取措施尝试自杀;高中生的自杀意念率比初中生更高"①。正值花样年华的青少年,如果长期受到此类歌曲的影响,很容易导致生命价值观的贫瘠与衰颓,体会不到生命的珍贵富饶与无穷魅力,从而做出不负责任的行为,造成生命的陨落。

三 新世纪流行歌曲对青少年价值观消极影响的归因分析

德国人弗尔克尔·舒兹将青少年喜爱流行音乐的原因总结为四点②:第一,流行音乐为青少年提供了精神的寄托,他们在其中寻找生命的意义。当今青少年正普遍承受着精神世界的损失,他们的理想、生活受到越来越多的压迫与侵害,他们只能在流行音乐中体验和实现对"自我"与"理想"的追求。第二,对于青少年而言,听流行歌曲和唱流行歌曲是他们生活中的一个重要组成部分。第三,流行音乐文化为中学生营造了一个属于他们自己的感性世界,他们能够把自己内心的情感、思想、恐惧、迷茫在这个世界统统表达出来。第四,流行音乐能够使青少年浮躁的内心得到沉静,使情绪得到宣泄,使失意的内心得到鼓舞。上述观点仅从青少年自身的角度对流行音乐的风靡进行了归因,在研究流行歌曲对青少年价值观的影响时,我们还需要用辩证的角度来思考,从主观和客观两个方面来考虑。不仅要考虑到青少年的心理特点和价值观的特点,还要从流行歌曲的时尚性与广泛性上来探究。

(一)主观方面:青少年心理特点与青少年价值观的可塑性

从主观方面来看,青少年的心理特点与价值观特点是理解流行歌曲为何备受欢迎并且影响青少年价值观的两个关键点。青少年处于思维活

---

① 王玉香:《青少年自杀现象与社会工作介入策略》,《当代青年研究》2012年第7期。
② 郑洋洋:《关于当代流行歌曲在普通高中音乐课堂多元化应用的探析》,硕士学位论文,东北师范大学,2007年。

跃又极不稳定、好奇心强但判断力弱、渴望独立却又不成熟的年龄阶段，因此，他们的价值观也会出现相应的摇摆、冲突与波动。具体来说，吸引青少年热爱流行歌曲的主要心理特点在于从众效应、禁果效应以及尚美心理；青少年价值观受到流行歌曲影响的主要原因还在于青少年价值观的可塑性和易变性。

1. 青少年心理特点：从众效应、禁果效应、尚美心理

在青少年群体中容易出现一种"多米诺骨牌"现象，即一种游戏、玩具、口头语甚至是行为习惯一经个别人的使用和表现，就会带动其他人的附和，形成一系列的模仿行为。这种行为被称为"从众效应"，在心理学上也叫"趋同效应"，是指"主体对于某种行为要求的依据或必要性缺乏认识与体验，盲目跟随他人行动的现象"①。这种"人云亦云"的现象在青少年时期最为常见：他们的视野不够开阔，容易对新鲜事物充满好奇，集体意识较强，渴望与同伴交往寻求归属，但同时因为经验不足而缺乏判断力，又会常常陷入不明所以的盲目跟风当中。社会心理学家 C. A. 基斯勒认为从众效应的产生在于个体内心的四种需求②：第一，与大家保持一致以实现团体目标；第二，为取得团体其他成员的好感；第三，维持良好的人际关系；第四，不愿感受到与众不同的压力。青少年的情感丰富，害怕被人孤立，渴望在集体中找到自己的位置和价值。抛开流行歌曲所带来的负面影响不说，流行歌曲在传唱方法上简单轻松，极易成为青少年之间共同的娱乐项目。借助流行歌曲这一共同爱好，青少年通过歌曲的传唱增进友谊，既获得了他人的认可，使自尊心得到了满足，同时也巩固了感情，增强了集体意识。

青少年群体中的禁果效应是流行歌曲受到欢迎的另一大因素。"禁果"一词源自《圣经》中亚当与夏娃的故事。大意是说二人在看守伊甸园的时候没能抵制住代表罪恶的蛇的诱惑，偷吃了上帝再三告诫他们不许偷吃的果子，最后被贬下人间的故事。故事中这种明知是禁忌却仍要尝试和破戒的逆反心理就叫禁果效应。这种效应在中学生中极为普遍，学校明确禁止的事情，总有学生偏要尝试：学校规定不准去网吧，

---

① 林崇德：《教育心理学》，人民教育出版社 2000 年版，第 481 页。
② 张彬：《从社会心理学视角看流行音乐传播中的从众现象》，《岭南师范学院学报》1997 年第 1 期。

却有学生上网成瘾；学校规定不许早恋，仍有学生铤而走险；学校规定不能打架，还有学生参与其中……由此可见，打破常规、敢于冒险乃至目空一切，是青少年最普遍的特点。处于青春期的青少年逆反心理严重，越是三令五申明确禁止的东西对他们的吸引力就越大。流行歌曲之所以能在青少年群体中广受欢迎的另一原因还在于学校老师、家长的反对。在他们看来，流行歌曲是影响青少年学习、蛊惑青少年叛逆、造成青少年荒废学业的罪魁祸首。因此，许多学校的音乐教学都会尽量降低流行歌曲的出现，一些严格的家长更是剥夺青少年听流行歌曲的权利。这种规避流行歌曲的强制性要求不仅没有打消青少年了解流行歌曲的念头，反而助长了青少年对流行歌曲的猎奇心理，在逆反心理和好奇心的驱使下，青少年开始接触并体验到流行歌曲的独特魅力。

除此之外，青少年喜爱流行歌曲的另一个重要因素在于他们的尚美心理。"求真、向善、尚美"可以说是人生的三大追求，"求真"指的是做人要学做真人，不仅要品行端正、诚实守信，而且要有真才实学，有不封建不迷信的科学思想；"向善"指的是做人要有爱心，有善心，能够在需要帮助的人面前伸出援助之手，在紧急关头奋不顾身拔刀相助；"尚美"指的是做人要有发现美好、崇尚美好的心态，要有追求美的意识，这里的美不单指外貌上、表面的肤浅的美，还指心灵上、深度的有内涵的美。所谓爱美是人的天性，在美好的事物面前，每个人都会不忍赞叹。从自然风光到人文历史、从天文音乐到理工科学，美存在于各个角落。因此，对于流行歌曲来说，它能够给人带来一种听觉上的享受，使人沉浸于或优美舒缓，或澎湃激昂，或悲伤凄美，或搞笑滑稽的旋律中，醉心于或婉约、或豪放的歌词里。对于青少年来说，流行歌曲就是一种美的存在。作为一种娱乐性的艺术产品，流行歌曲能够给青少年带来一种听觉的盛宴，针对一项关于"青少年喜欢听流行歌曲的原因"的调查显示：[1] 有的人喜欢听舒缓的流行音乐，因为"这些歌听起来比较舒服，能缓解压力"，有些人喜欢听歌则是因为"喜欢跟潮流，而且周围的同学都这样，自己受他们影响，喜欢流行的东西"，还有人

---

[1] 申玉：《流行歌曲与青少年价值观交互影响的多视角研究》，硕士学位论文，山西大学，2008年。

声称"喜欢欧美的歌,觉得它们韵味十足",也有人说喜欢听 Beyond 的歌是因为他们的"每首歌都有特别的含义,尤其是他们对于理想的含义,这些歌都让自己对于理想有了更深刻的认识,自己能从中找到理想中的自己,学到好多东西"。由此可见,聆听歌曲可以使青少年感受到不同的审美情绪体验,不仅能愉悦青少年的身心,而且还能提高他们的人生修养境界。

2. 青少年价值观的可塑性与易变性

美国心理学家罗杰斯认为,青少年"价值观的形成和确立不是不变的,而是不断变化的"①。在这一形成过程中,青少年的价值观经历了由外向内逐步消化、吸收、内化的过程,通过对社会、学校、家庭所展现的价值观的理解、认同与选择,将其与自己的价值观进行整合,从而不断地形成新的价值观。但是,由于青少年的身心尚未成熟,外界的价值取向将对他们个人价值观的形成产生巨大的影响,这时青少年的价值观其实是"一种再造的价值观,'他律'的成分大于'自律'的成分"②。只有通过不停地积累与反思,当"自律"的成分多于"他律"时,青少年才会形成一种相对稳定和相对持久的价值观。在此期间,流行歌曲所传达的价值倾向都会对其产生一定分量的影响。在青少年接触流行歌曲时,聆听、欣赏、模仿与传唱的过程也是他们对歌曲中蕴含的价值观进行理解、认同、选择与整合的过程。当青少年认同了某首歌曲所传递的价值观时,就意味着他接受了歌曲中对应的价值取向,反之亦然。然而当今流行乐坛发展昌盛,在价值观多元化下倡导尊重个性,着实给青少年在不同价值观的选择上增加了困难。由于青少年的认知能力有限,在不断地接触、碰撞、选择与更新中,也会表现出价值观不稳定的现象。因此,当流行歌曲带着另一种价值取向出现在青少年的面前时,他们价值观的可塑性就体现了出来。

借助青少年价值观的可塑性,社会、学校以及家庭都可以通过教育引导青少年学习主流价值,树立正确的价值观,追求人生的意义,探寻生命的价值,继承传统的美德,培养高尚的道德,形成精雅的审美,例

---

① 黄希庭:《当代中国青年价值观与教育》,四川教育出版社 1994 年版,第 6 页。
② 苏颂兴、胡振平:《分化与整合:当代中国青年价值观》,上海社会科学院出版社 2000 年版,第 212 页。

如通过《平平淡淡才是真》《一辈子一场梦》《外面的世界》等歌曲加强青少年正确的人生价值观；通过《明天，你好》《水手》《阳光总在风雨后》等歌曲巩固青少年正确的生活价值观；通过《公民道德歌》《文明新风歌》《中华美德》等歌曲提高青少年正确的道德价值观；通过《卷珠帘》《送别》《当你老了》等歌曲辅助青少年正确的审美价值观；通过《感恩的心》《生命之曲》《年轻》等歌曲加深青少年的生命价值观等。但是，由于青少年认知水平有限以及学校价值观教育的实效性不强，当触及悲观消极、思想污秽、暴力色情、趣味低俗的流行歌曲时，青少年的辨别能力不足，极易受到不健康流行歌曲的影响，使自己的价值观在形成的过程中表现出明显的易变性。一方面，青少年认知水平有限，当新的认知元素与原有的认知元素相一致时，青少年可以内化其观念；但当两者处于相互矛盾、相互冲突的情况时，青少年的认知结构就会出现失调，表现出不稳定性。于是，青少年"对事物的认识，常会表现出片面性和幼稚性；不能深刻、准确、全面地认识问题"①。另一方面，当前的学校教育功利化严重，对学生的教育只停留在简单的知识技能的传授上，而忽视了对学生的人文关怀和精神陶冶。青少年的价值观教育得不到重视，教育内容缺乏时代感，教育方法单一化，实效性不强。学校价值观教育跟不上青少年的脚步，陷入理论与实际脱节、内容与现象不符的困境。新世纪以来，流行歌曲尤其是网络歌曲在自由开放的互联网环境中大放光彩，但其中也存在不健康、淫秽色情、趣味低俗的歌曲，青少年长期接触此类歌曲就很容易受到其中所传播的负面价值观的影响，从而使原有的价值观遭到冲击。

（二）客观方面：流行歌曲的情感性、时尚性与广泛性

从客观方面来看，情感性、时尚性与广泛性在新世纪流行歌曲对青少年价值观的影响中也起到了至关重要的作用。通过表达情感和调节情绪，流行歌曲吸引了足够多的青少年徜徉在音乐的海洋里，使他们在音乐的包围中感受到灵魂的淬炼与心灵的洗礼；通过个性时尚与前卫时

---

① 丁德源：《从费斯汀格的认知失调理论看当代大学生核心价值观教育》，《武汉生物工程学院学报》2007年第4期。

髦，流行歌曲敲开了进入青少年心理世界的大门，用自己丰富多彩的歌词、优美动听的旋律、深邃高远的意境成功吸引了青少年的目光，满足了他们渴望张扬、与众不同的内心需求；通过广泛繁多与不胜枚举的一首首歌，渗透到了青少年生活的方方面面，凭借自己的无处不在顺利影响了青少年的判断，潜移默化地向青少年灌输了自己宣扬的价值观。

1. 流行歌曲的情感性

流行歌曲最主要的特征就是它自身所带有的情感性，即通过音乐的演奏或歌曲的演唱来表现情感、宣泄情绪从而达到愉快喜悦的目的。现代流行歌曲最主要的特征也是它自身的情感性。青少年在聆听流行歌曲的过程中，总能找到与自己心情相符的歌曲风格：或欢快活泼、或幽静空灵、或冷静深沉、或悲伤抑郁，等等。正因为此，他们才能与流行歌曲如此贴近。

以校园歌曲为例，当王菲用空灵纯净的嗓音吟唱《致青春》时，悠长绵延的旋律似是将听众带回了自己的校园时代："他不羁的脸像天色降临，她洗过的发像心中火焰，短暂的狂欢以为一生绵延，漫长的告别是青春盛宴，我冬夜的手像滚烫的誓言，你闪烁的眼像脆弱的信念，贪恋的岁月被无情偿还，骄纵的心性已烟消云散"。低浅吟唱中，将青春里那些美好的不可说和无法说的讲了出来，青少年置身其中，一起感受着青春的美好与躁动。再如朴树在电影《后会无期》中演唱的《平凡之路》："我曾经跨过山和大海，也穿过人山人海，我曾经拥有着一切，转眼都飘散如烟，我曾经失落失望失掉所有方向，直到看见平凡才是唯一的答案，我曾经像你像他像那野草野花，绝望着，也渴望着，也哭也笑平凡着"。整首歌旋律平淡、嗓音清澈，充满着淡淡的温暖与忧伤，试图在伤感和迷茫中寻找未来的方向，使听者体会到一种青春流逝后归于平静的感觉。面对青春飞逝而去的慌张，青少年遇到这首歌就像于狂风骤雨中的游船望见灯塔，使自己找到了人生的方向，内心得以慰藉。

2. 流行歌曲的时尚性

青少年处在人生的从不成熟到成熟的过渡阶段，对新鲜事物尤为好奇。特别是21世纪以来互联网的快速发展和微信的广泛普及，为他们向外探索世界开辟了另一条捷径。作为思想活跃、喜欢标新立异的青少年，流行歌曲的时尚前卫、个性创新成功吸引了他们的注意。通过独特的风格、随性的说唱以及炫酷的表演，流行歌曲带着时代的烙印走在了潮流的最前端：反映现实、批判社会、追逐梦想、赞美爱情、敢于自嘲、不甘平庸……这些歌曲的直白大胆和真情流露赢得了情感充沛的青少年的共鸣，他们惊讶于竟有这样的歌，能够唱他所想、唱他所望；又或暗叹于竟有这样的歌，能够如此潇洒、率性而为。以周杰伦的《双节棍》为例，处于青春期的青少年几乎每个人都有一个武侠梦，周杰伦将双节棍拿来演唱本身就是一种时尚、一种创新。歌曲在紧张激昂的动感节奏中开场，再加上周杰伦鼓动人心的呼唤："快使用双节棍，哼哼哈兮，习武之人切记，仁者无敌，是谁在练太极，风生水起，快使用双节棍，哼哼哈兮"，足以令无数青少年为之疯狂。于是，在他们的追捧下，越来越多随心所欲、狂妄张扬的歌曲接连诞生。

可是，时尚本身就如"昙花一现"，不似经典那般"历久弥香"。特别是新世纪以来的流行歌曲数量繁多让人应接不暇。这种"你方唱罢我登场"的快餐式娱乐在追求快节奏的同时很难保证作品的艺术性。以红极一时的神曲《忐忑》为例，歌曲最初以怪异的唱法、雷人的风格博得听众的注意，造成全民哄笑、跟风模仿的火热场面。但是娱乐过后冷静下来细想，这些歌曲本身并没有真正的艺术价值，没有深刻的思想内涵，青少年在新鲜、把玩、激动、听腻之后，又会投入到另一首神曲的搞笑中去。在眼花缭乱的娱乐世界，他们总能轻易获取各种歌曲，再很快忘却这些直白、浅薄的歌曲，属于自己真正喜欢，同时又值得回味的经典的歌并不多。

3. 流行歌曲的广泛性

流行歌曲的广泛性可谓是影响青少年价值观的催化剂。在社会竞争激烈、升学和就业压力剧增的环境下，时代对娱乐的呼声也越来越高。流行音乐作为放松心情的娱乐项目之一，几乎蔓延到了人们生活的各个角落：手机铃声可以设置为自己喜欢的流行歌曲；电视节目里编制的主题曲、插播广告的背景音乐也是当下流行的歌曲；广播电台还专门开设有音乐电台；商业街、咖啡厅，甚至是书店都播放着时下深受青少年喜爱的流行歌曲。咖啡店会播放陈奕迅的《好久不见》，在歌手"你会不会忽然的出现，在街角的咖啡店，我会带着笑脸，挥手寒暄，和你坐着聊聊天"的低沉演唱中，利用老友重逢的惊喜和欣慰来吸引消费者；书店也会播放《遇见》这样轻柔的音乐:"听见冬天的离开,我在某年某月醒过来,我想我等我期待,未来却不能因此安排",不仅能为消费者营造一种舒心的阅读环境,同时还暗示出于茫茫书海中遇知音的美妙感觉。可以说,这些无孔不入的流行歌曲正在以一种潜移默化的方式影响着青少年,向他们灌输着形形色色的价值观。"当你逛街时,商店门口的音响中会传出网络歌曲;当你走进校园时,学生们嘴里会哼起网络歌曲;甚至你去观看社区晚会,大爷大妈合唱团都会大唱特唱'两只蝴蝶',这个时候,我们真正地意识到,音乐网络时代的春天来临了。"① 长期处于这种环境下的青少年,即使不认同歌曲的价值取向,也会因为不断地强化而耳濡目染,深受影响,形成一种参考框架。

由于认知结构的不完善以及价值观的可塑性,青少年既容易受到优秀流行歌曲的影响从而形成正确的价值观,同时也容易受到不良流行歌曲的蛊惑从而形成错误的价值观。流行乐坛规模庞大,歌曲良莠不齐、瑕瑜互见。"信息的海量性不仅要求使用者具有较高的筛选能力,而且要求其具有较强的信息处理能力,而青少年大都在这方面存在缺陷。"② 当流行歌曲所传达的价值观与青少年原有的价值观不一致的时候,青少年原有的价值体系多少会受到影响。因此,如何发挥流行歌曲的积极影响,降低流行歌曲的负面危害,成为青少年价值观教育必须面对的一个问题。

四 新世纪流行歌曲影响下青少年价值观教育的对策

对于如何看待流行歌曲这一问题,音乐人金兆钧认为"流行歌曲不仅是一种经济形式,一种娱乐形式,一种大众文化,而且是一种教育,一面镜子,一个可以煽动和制动心灵的能源"③。也就是说,流行歌曲不仅是一种娱乐文化、商业艺术,同时还是一种潜在的教育,"正确的价值导向如果渗透在这些文化产品的内涵中,那么它们就在

---

① 陈小奇、陈志红:《中国流行音乐与公民文化》,新世纪出版社2008年版,第78页。
② 张博:《互联网对青少年价值观的负面影响及应对措施》,《河南教育》2002年第10期。
③ 金兆钧:《颠覆还是捧场》,《读书》2002年第2期。

不知不觉中使青少年得到了教育提高。而且越是不知不觉,越能深入他们思想的深处。反之亦然,价值导向不健康的东西,越是搞得精巧,就越容易在不知不觉中腐蚀青少年的灵魂"①。因此,在对青少年进行价值观教育的时候,要突破传统的课本教授的思维定式,找到青少年接受度高、影响力大的载体进行教育。流行歌曲作为青少年群体特有的亚文化,是实施价值观教育的一条新途径。面对歌曲数量庞大、瑕瑜互见的流行乐坛,正确、客观、理性地看待流行歌曲,充分发挥流行歌曲对青少年价值观的积极影响,努力消除流行歌曲对青少年价值观的消极影响,增加青少年对不健康流行歌曲的抵抗力,同时加强对流行歌曲的监管审查制度,才是有效进行青少年价值观教育、解决青少年价值观问题的关键。

(一) 充分发挥流行歌曲对青少年价值观的积极影响

早在 20 世纪的六七十年代,流行音乐就已经开始作为一种社会文化进入欧美国家的学校音乐课堂当中,而我国在这方面的教育则相对落后,甚至在 20 世纪的 90 年代还在争论流行音乐该不该进入普通学校的音乐教育。直到 2001 年 7 月,教育部制定了新的音乐课程标准,才将流行音乐纳入新教材,成为给予流行音乐合法性地位的标志性事件,使人知道原来"正面教育和为青少年所接受的、生动活泼的形式是应该统一起来的,也是可以统一起来的"②。研究当代的流行歌曲不难发现,它与青少年的生活高度贴近,几乎包含了青少年关注的所有焦点:时尚、个性、张扬、亲情、友情、爱情、怀旧、自尊、信仰、贫穷、偶像明星、人生理想、就业压力、焦虑恐慌、环境污染、种族歧视,等等。而在一项"音乐会影响到你的情绪吗"的调查中得知,"有 49% 的中学生认为音乐有时会影响到情绪;26% 的中学生认为音乐经常会影响到情绪。可见,绝大多数的中学生还是会受到音乐

---

① 苏颂兴、胡振平:《分化与整合:当代中国青年价值观》,上海社会科学院出版社 2000 年版,第 271 页。

② 周中之:《大众文化与青少年思想道德教育》,上海教育出版社 2009 年版,第 7 页。

的影响而产生相应的情绪"①。因此,要想通过流行歌曲对青少年进行价值观教育,就要向学生推荐蕴含人生之真、道德之善、词韵之美的优秀歌曲,在乐观积极、健康向上的流行歌曲的价值取向陶冶中,培养青少年正确的价值观。

1. 通过流行歌曲蕴含的人生之真对青少年进行人生价值观教育

青少年处在人生价值观形成的关键期,对自己以及外界事物的认识还不全面,极易受到不健康因素的干扰,产生举棋不定、不知所措的茫然与困惑。通过流行歌曲中蕴含的人生之真对青少年进行人生价值观教育,不仅可以帮助青少年拥有积极的心态,使其对生活充满热情,明白人生的意义在于自我价值的实现,并为自己的理想而奋斗;同时还能使青少年树立远大的理想,富有责任心,升华道德境界,懂得奉献与感恩,形成健康的人格,使其"不为形形色色虚幻的东西所迷惑而自我欺骗;不因一得之功、一孔之见而自我陶醉;也不因人生的艰难而畏缩不前,自暴自弃。具有彻底唯物主义精神的勇敢者,是科学认识社会和自我的人"②。

以流行歌曲《从头再来》为例,歌曲以国有企业改革大批工人下岗为背景,旨在鼓励失业人群鼓起勇气重新就业。歌词朴实无华,旋律朗朗上口,演唱大气豪迈,在"心若在梦就在,天地之间还有真爱,看成败人生豪迈,只不过是从头再来"的声声呼喊中,直指人心,感人至深。不仅告诉了青少年人生多风雨,有苦亦有甜;同时也激励了青少年不怕前路险,要勇往直前。在追求理想方面,范玮琪的《最初的梦想》一直位居校园合唱大赛的榜首,成为青少年在逐梦道路上的"信仰"。本首歌感情基调慷慨激昂,豪迈不羁,告诫青少年要把"最初的梦想紧握在手上",再苦再累也不要"在半路就返航",只要执着坚持到最后,"最初的梦想绝对会到达"。当青少年在理想之路上屡屡碰壁的时候,这首歌总能将他们的希望重新点亮,鼓励他们继续走下去。当对青少年进行感恩与奉献的价值观教育时,我们可以利用《感

---

① 张勇:《关于流行音乐对中学生的影响调研报告》,《教育教学论坛》2014年第1期。

② 李连科:《价值哲学引论》,商务印书馆1999年版,第356页。

恩的心》这首歌曲。除却被引入音乐课堂之外，这首歌还被改编为手语版，以便于聋哑的特殊青少年能够接受，足见其影响力之大。歌曲曲风悠扬婉转，歌词淳朴真挚，在"感恩的心感谢有你，伴我一生让我有勇气做我自己，感恩的心感谢有你，花开花落我一样会珍惜"的催泪演唱中，让青少年明白幸福的来之不易，要用一颗感恩的心来对待有恩于我们的人。

一项有关我国中小学音乐教育发展现状的调查显示，"学生希望上有关流行歌曲方面的内容的占到80%以上，而主张上课本上的内容的学生则寥寥无几。"[①] 因此，学校的音乐教育也应该通过适当的流行歌曲向学生呈现人生价值的真谛。"教育作为一种人类的生存方式，是属于'生活世界'的，它的功能不仅仅在于'文化复制'，而且还在于确立社会秩序和个人价值观念，并通过交往帮助学生建构社会角色，从而体现出强烈的生活意义，推动着人的价值生命的实现。"[②] 只有充分认识了流行歌曲中蕴含的人生之真，才能使流行歌曲更好地帮助青少年感悟生命的意义，追求人生的价值，走向人生的超越，实现人生的辉煌，使他们愿意为之去努力与奋斗，并在追求与创造中享受幸福。同时，还应该通过组织校园励志歌曲评选、歌手大赛以及合唱比赛等各种活动，调动学生聆听、学唱乐观向上流行歌曲的积极性，激发学生对健康向上流行歌曲的关注与热爱，使其在不知不觉中受到此类歌曲的影响，从而塑造出正确的人生价值观。

2. 通过流行歌曲蕴含的乐观积极的哲理对青少年进行生活价值观教育

我国著名哲学家冯友兰先生曾对人生的意义与生活的追寻进行过深入的研究，在他看来："人与其他动物的不同，在于人在做某事时，他了解他在做什么，并且自觉地在做。正是这种觉解，使他正在做的对于他有了意义。他做各种事情，有各种意义，各种意义合成一个整体，就

---

① 姚海燕:《流行音乐对中小学音乐教育的影响及对策研究》，硕士学位论文，福建师范大学，2010年。
② 郭元祥:《论教育的生活意义和生活的教育意义》，《西北师范大学学报》（社会科学版）2000年第6期。

构成了他的人生境界。"① 也就是说，人活在世上会选择一种自己所认同的生活价值观，并因此做出与之相对应的行为，从而追寻生活所赋予它的意义。对于青少年来说，生活价值观是他们对自己人生过去、现在和未来发展的思考，是他们在与他人、与社会交往的过程中所持的个人理念，它表达的是人生在世的不同态度。一项针对大学生生活价值观调查问卷的结果表明："总的来看，大学生的生活价值取向是积极乐观、健康向上的。其中，人际关系评价值和人际关系重视度比较高，休闲意识比较强烈，关于金钱财富的观念基本与社会主导方向一致，但还存在一些模糊认识。"② 因此，对于存在部分模糊认识的大学生来说，可以利用流行歌曲当中乐观积极的哲理引导他们重建正确的生活价值观。

从调查可知，大学生存在的模糊认识主要体现在③：在金钱方面，仍有 11.2% 的拜金主义者认为"金钱是人生的唯一奋斗目标"；而在休闲消费中，还有 20.7% 的人持有"休闲是一种奢侈品，花费多少都是值得的"的态度。在这种情况下，青少年如果没有正确的生活价值观指引，很容易走上拜金主义和物质至上的歧途。因此，学校在进行生活价值观教育的过程中，可以通过流行歌曲中蕴含的乐观积极的人生哲理启发青少年树立正确的认识，养成健康的生活态度，从而形成良好的生活作风。如羽泉、黄征演唱的歌曲《奔跑》中所唱的那样："随风奔跑自由是方向，追逐雷和闪电的力量，把浩瀚的海洋装进我胸膛，即使再小的帆也能远航，随风飞翔有梦做翅膀，敢爱敢恨勇敢闯一闯，哪怕遇见再大的风险，再大的浪，也会有默契的目光"，歌曲借助激昂欢快的旋律拨动无数人追梦的心弦，使人从物质、金钱的枷锁中抽身而出，给人一种奋力拼搏、挑战自我的冲动和勇气，让人产生一种寻求更高层次的理想与幸福的渴望。再如萧亚轩所唱的歌曲《我要的世界》："有时我会失去力量，再艰难的旅途，也要骄傲地走过，眼前的世界，音乐演奏中，不停挑战我，就算曾悲伤过，我要的世界，梦想在怀中，未来呼唤我，相信我会坚强地走到最后"。这首歌体现了歌手在面对困难与逆境

---

① 冯友兰：《中国哲学简史》，北京大学出版社 1985 年版，第 389 页。
② "青少年价值观测评指标体系模型研究"课题组：《当前大学生生活价值观的调研与思考》，《思想理论教育导刊》2010 年第 11 期。
③ 同上。

时不气馁不妥协的顽强意志，表达了任何时候都要怀揣着梦想走下去的坚定决心。

通过这些歌曲的学习，青少年能够从中获取战胜诱惑、克服困难的勇气，明白生活的真正意义在于对真理、对梦想的追寻，而不是纸醉金迷的物质享受。在平时的学校生活当中，学校还可以充分利用班主任、广播站的力量，通过课前三分钟的音乐欣赏、课间流行歌曲的播放等途径加强青少年对正面流行歌曲的接触，从而达到一种"润物细无声"的教化作用。

3. 通过流行歌曲蕴含的道德之善对青少年进行道德价值观教育

苏霍姆林斯基曾说过："如果作为道德素养的最重要的真理在少年时期没有成为习惯，那么，所造成的损失是永远无法弥补的。"[①]反观当前社会，舆论的自由、网络的开放、价值的多元在给青少年道德价值观教育带来便利的同时，也带来了诸多困难：自由的舆论难保公平、开放的网络难免混杂、多元的价值难于选择。青少年如果受到不良道德价值观的影响，由于判断能力的不足以及道德意识的薄弱都会使他们无力反抗。因此，学校教育要充分利用流行歌曲蕴含的道德之善对青少年进行道德价值观教育，使其最终能够在"向善、行善、修善、享善的追求中找到了自己的精神家园，找到了生活的真正的动力"[②]。

人作为一种道德的存在，创作出的任何一种文化艺术都能在深层面上找到部分道德观念的影射，所以，很多优秀的流行歌曲在一定程度上也包含着对道德的解说。"从现象上看'德'和'艺'是并蒂莲，从实质上看'德'是根干，'艺'是叶花。高超的'艺'是建立在高尚的'德'的基础上的。"[③] 因此，学校在对青少年进行道德价值观教育的过程中，可以选取蕴含道德之善的流行歌曲向青少年诠释诸如爱国敬业、尊老爱幼、诚实守信、助人为乐、拾金不昧等传统美德的含义，并使其溶于心践于行。以上海的德育为例，早在2005年该市就将流行歌曲《蜗牛》编入中学生爱国主义歌曲的推荐目录。对此，《新京报》评论道："长期以来，提到爱国主义，人们常常想到的是宏大、激昂、使命

---

① 孙永文：《抓好养成教育　建设良好集体》，《中国电子商务》2010年第5期。
② 刘济良：《青少年价值观教育研究》，广东教育出版社2003年版，第125页。
③ 王芳：《音乐作品的思想政治工作资源研究》，硕士学位论文，武汉大学，2005年。

感等，有一种让人热血沸腾的感觉，如锦绣河山，悠久的历史文化，抗击外来侵略……不可否认，这些内容的确是爱国主义教育的好素材，的确是爱国主义的重要内容。不过，爱国主义除了有这些刚性、宏大的理念之外，还应该有一些柔性、发自个人内心共鸣的内容。"[1] 青少年作为感情充沛、有爱心好助人的群体，越是朴实无华、简单真挚的东西，就越能打动他们。在歌曲《蜗牛》当中，崇高的、抽象的爱国主义被描述成"我要一步一步往上爬，等待阳光静静看着它的脸，小小的天有大大的梦想，我有属于我的天"这种个人的拼搏与奋斗，使中学生了解到原来爱国主义还可以从点滴做起，从个人和小事做起，最终达到"少年强则国强"的目的。再如2012年筷子兄弟发行的流行歌曲《父亲》："总是向你索取却不曾说谢谢你，直到长大以后才懂得你不容易，多想和从前一样牵你温暖手掌，可是你不在我身旁托清风捎去安康"，一时间，几乎所有的大街小巷都在播放着这一首荣获感恩励志金曲奖的歌曲。青少年也从这首歌中重新认识了父亲，并在歌曲"子欲孝而亲不待"的劝诫中巩固了中国孝道的传统美德。

因此，学校在对青少年进行道德价值观教育的过程中，应该尽量避免沉重、宏大以及抽象的说教，适当筛选贴近生活、较为现实的流行歌曲作为载体，使其明白"道德是通向美好生活的一种手段，而人又都渴望过美好生活，因此，道德就是人的本性的一种体现。离开了道德，人无法过上幸福、美好的生活"[2]。以2008年为例，汶川地震之后网上流行起一首被称为"史上最感人"的网络歌曲《人民心疼你》，表达了人民对温家宝总理的爱戴与敬意。学校在对青少年进行道德价值观教育时，可以先通过本首歌曲让青少年看到一个负责、友爱、为人民任劳任怨的国家总理，再通过讲解温总理的伟大人格魅力，促使青少年形成向总理学习、为社会奉献的精神。只有拥有了正确的道德意识、完善的道德认知、高尚的道德情感和坚定的道德意志，才能使传统道德的继承人与传承者、时代发展的创新者与拓荒者——青少年不断走向更高的道德境界，走向更幸福的人生。

---

[1] 蒋邦飞：《中学开展流行音乐教学的现实意义和策略研究》，硕士学位论文，苏州大学，2009年。

[2] 刘济良：《青少年价值观教育研究》，广东教育出版社2003年版，第181页。

4. 通过流行歌曲蕴含的词韵之美对青少年进行审美价值观教育

"审美意识的培养和陶冶在青少年的价值观中属于高远境界,因为在真、善、美三者的关系中,美是对真与善的综合和超越,是人类追求的美好理想。"[①] 审美价值观可以使人在情感上获得一种愉悦、在体验上感到一种升华、在精神上享受一种自由、在内心上得到一种宁静。正如黑格尔说的那样:"审美带有令人解放的性质,它让对象保持它的自由和无限,不把它作为有利于优先需要和意图的工具而起占有欲和加以利用。"[②] 在对青少年进行审美价值观教育的过程中,抽象、空灵的美借助流行歌曲的词韵和旋律表现了出来,更容易使青少年领悟美、鉴赏美,从而培养创造美的能力。

回顾中国流行歌曲的发展历程,出现了不少脍炙人口、经久不衰的好词:邓丽君的《独上西楼》之于李煜的《相见欢》;朴树的《生如夏花》之于泰戈尔的《飞鸟集》;罗大佑的《乡愁四韵》之于余光中的《乡愁四韵》……2008年山东、江苏两省的高考题中甚至借用周杰伦的歌曲《青花瓷》,考查有关青花瓷和中华文化的问题。当"素胚勾勒出青花笔锋浓转淡,瓶身描绘的牡丹一如你初妆,冉冉檀香透过窗心事我了然,宣纸上走笔至此搁一半"被周杰伦悠然自在唱出的时候,青少年就被该首歌曲温婉柔美、清新俊逸的曲风所吸引,同时被歌词所描绘的古典意境所震慑,他们争相模仿传唱、歌词倒背如流。台湾著名音乐制作人袁惟仁指出:"华语歌词早已进入诗词文化的境界,有许多歌词即使抽掉旋律都能感受到词句的华丽与唯美,这不见得是别的国家能有的艺术文化。"[③] 2014年,霍尊创作的《卷珠帘》更是将流行歌曲的古典词韵推向巅峰:"镌刻好每道眉间心上,画间透过思量,沾染了墨色淌,千家文都泛黄,夜静谧窗纱微微亮",歌词古香古色,甚至连《卷珠帘》这一歌名都是从《滕王阁序》中的"画栋朝飞南浦云,珠帘暮卷西山雨"而来,整首歌透着浓浓的中国味道。除却歌词的影响之外,优美、悠扬、典雅、动人的旋律也能使青少年受到美的陶冶。如歌曲

---

① 刘济良:《青少年价值观教育研究》,广东教育出版社2003年版,第244页。
② [德]格奥尔格·威廉·弗里德里希·黑格尔:《美学》,朱光潜译,商务印书馆1982年版,第147页。
③ 华少、刘十禾:《我爱记歌词里的文学蜜饯》,浙江人民出版社2009年版,第1页。

《美丽的神话》曲风低回婉转、哀而不伤，在古筝、二胡、小提琴和笛子的配乐下，演绎了一则凄美的爱情故事。在古筝典雅脱俗、二胡圆润浑厚、小提琴柔美纯净以及笛子清脆动人的乐音中，青少年仿佛身临其境一般，对歌曲所表达的故事感同身受。康德曾说："美是沟通道德和知识的桥梁。"① 苏霍姆林斯基也说："对周围世界的美感，能陶冶学生的情操，使他们变得高尚文雅，富有同情心，憎恶丑行。"②

学校在通过流行歌曲对青少年进行审美价值观教育的时候，要充分挖掘歌曲中的歌词之美、韵律之美，引导青少年去感受歌曲的辽阔意境，体悟旋律所带来的心灵享受，以此提高青少年的审美品位。不仅要充分利用校园文化进行审美价值观教育，通过学校网站、宣传标语等文化载体对青少年进行艺术熏陶，陶冶青少年的情操、丰盈青少年的内心；还可以举办我爱记歌词、审美艺术展等校园文体活动吸引青少年的参与，给青少年一个展示自我、表现自我的舞台，满足其对艺术的追求，将其向有意义、有趣味的学习生活上引导，进而充盈他们的审美价值观。同时，还可以借助流行歌曲辅助语文教学，利用歌词来提高语法现象的鲜活性、语言风格的多样性以及表现手法的形象性，等等。

5. 通过流行歌曲包含的健康向上的意蕴对青少年进行生命价值观教育

青少年朝气蓬勃，是祖国的未来，是民族的希望。在对其进行生命价值观教育的过程中，应该充分利用流行歌曲中蕴含的关于生命价值的丰富意蕴，引导青少年正视生命、珍视生命、明白生命的意义、超越生命的极限，从而创造出个人辉煌的生命价值。如歌曲《怒放的生命》通过摇滚的豪放与自由呈现了一种不甘堕落、敢于拼搏的精神，在"曾经多少次跌倒在路上，曾经多少次折断过翅膀，如今我已不再感到彷徨，我想超越这平凡的生活"的细致的文字刻画中，表达了生如夏花之绚烂的生命气息以及顽强而刚毅的生命意志。青少年处在人生发展的半成熟期，精力充沛乐于挑战，通过这首歌曲的鼓舞，更能激发他们努力

---

① 刘礼元：《"以人为本"理念在学生生命价值观教育中的体现》，《世纪桥》2008年第6期。

② ［俄］瓦·阿·苏霍姆林斯基：《和青年校长的谈话》，赵玮等译，上海教育出版社1983年版，第102页。

奋斗、追求生命意义的热情。再如歌曲《相信自己》所唱的那样："相信自己，梦想在你手中，这是你的天地，相信自己，你将超越极限，超越自己"，歌词朴实易懂，扣人心弦，告诉青少年即使"伤痛曾填满回忆"，也要始终相信"去拼搏才能胜利"。处在花样年华的青少年拥有无限的可能和巨大的潜力，在其价值观的形成与发展过程中，遇到一首好歌，能使其灵魂受到洗涤。在这种乐观励志的流行歌曲的影响下，当青少年再次遇到生活上的困难与挫折，便不会轻易放弃、沮丧消极，而是会用更加积极的心态去面对挑战与失败，同时以更加饱满的热情去实现梦想、迎接未来。

学校在对青少年进行生命价值观教育的过程中，应该尽量选择意蕴丰富的歌曲作为教育内容，为青少年营造一种健康、向上的生活氛围，使其明白生命的真正意义在于拼搏进取、不甘平庸，生命的价值在于不断迎接挑战、超越自我。对此，可以通过邀请励志人物、英雄人物作报告等宣传讲座让青少年了解生命的宝贵与顽强，树立生命价值在于坚韧不拔、锐意进取的精神；可以通过组织班会让青少年围绕"励志歌手""残疾歌手"的事迹进行学习，从他们的不幸遭遇和奋斗故事中交流各自对生命的体验与感悟，使青少年对生命价值观有更深刻的认识，从而帮助他们树立积极的生命价值观。

（二）增强青少年对不健康流行歌曲的抵抗力

教育家苏霍姆林斯基曾经说过："在人的心理深处，有一种根深蒂固的需要，这就是希望自己是发现者、研究者、探索者，而在孩子的精神世界中，这种需要特别强烈。"[①] 尤其是青少年，作为开始向成年人过渡并着手向外探索未知世界的群体，他们的求知欲尤为强烈，对所有的事物都充满好奇。流行歌曲作为最受青少年欢迎，并对青少年影响最大的亚文化之一，因其商业本质以及受众的广泛难以保证质量的高度以及价值观的纯度，因此，在对青少年进行价值观教育的过程中，除却充分发挥流行歌曲对青少年价值观的积极影响，还要从青少年个体的角度

---

① ［俄］瓦·阿·苏霍姆林斯基：《和青年校长的谈话》，赵玮等译，上海教育出版社1983年版，第21页。

考虑，提高对青少年音乐教育和价值观教育的实效性，从而增强青少年对不健康流行歌曲的抵抗力，使其拥有良好的音乐鉴赏能力和价值观甄别本领。

1. 加强青少年音乐教育的实效性

我国当下的音乐教育并不乐观，中考、高考的升学压力几乎将学校的音乐课变成了学生的自习课，即使在不发达的偏远农村，小学的音乐课也多为"听力课"，听着教师在录音机里播放的磁带，老师教会了一首歌，学生却不懂唱这首歌是为什么。马克思认为，"对于没有音乐感的耳朵来说，最美的音乐也毫无意义。"① 青少年如果没有音乐的美感、没有对音乐的领悟能力、审美能力，就无法理解歌曲中所表达的深远意境和暗含的价值观念，特别是在流行歌曲鱼龙混杂的时代，当触及到宣泄、搞笑、阴暗、低俗的流行歌曲时，缺乏鉴赏能力的青少年极易被这类歌曲所吸引，并在传唱的过程中受到这类歌曲潜在负面因素的影响，从而形成不良的价值观。为此，需要加强我国青少年音乐教育的实效性，提高学校对音乐教育的重视，深化音乐教育内容，丰富音乐教育形式，从而提高青少年对流行歌曲的鉴赏能力，增强青少年对不健康流行歌曲的抵抗力。

（1）加强对青少年音乐教育的重视

在我国多年应试教育的影响下，学校对音乐教育的重视普遍随着学生年龄的增长而不断缩减。在幼儿教育与小学教育中，因为学生较强的模仿能力以及抽象思维发育的不完善，美术、音乐等表现性因素较高的学科就成为了教育孩子的主要发力点。但是随着学生抽象思维的不断提升以及升学压力的不断加大，音乐、美术等作为艺术性因素较高的学科就开始处于下风，甚至在竞争最为激烈的高中，已经完全没有了它们的存在。反观西方的音乐教育，方知我国音乐教育的薄弱：以美国的哈佛大学和麻省理工学院为例，在本科毕业所必需的基准分为360分的前提下，这两所学校就明确规定音乐课程在其中的比例须达到2成。可见他们对于青少年音乐教育的重视程度非同一般。对此，我国的学校教育应该首先提高对音乐教育的重要性的认识，明白人文教育对青少年的影响

---

① 《马克思恩格斯全集》（第42卷），人民出版社1979年版，第125页。

远比科学教育更加深远。其次，恢复音乐教育的学科地位，使教育的科学精神与人文精神相融合。最后，树立教师正确对待音乐教育的态度，加强音乐教师的个人音乐素养。只有先改善音乐教育的大环境，使音乐教育得到学校、老师的重视，才能提高音乐教育的质量，从而加强青少年音乐教育的实效性。

（2）优化音乐教育的内容

音乐教育应该随着时代的发展不断优化自己的教学内容：不仅要选择具有现代特色的音乐基本理论、基础知识以及与当下社会价值观相一致的流行歌曲对青少年进行音乐教育，同时还要尽量筛选符合青少年心理发展特点，并能调动学生音乐积极性的歌曲进行教学，流行歌曲作为年轻人"特权"的艺术形式理所当然就成了音乐教育在优化教育内容上的首选。2000年3月8日，美国公布了将对未来20年美国音乐教育产生深远影响的《豪斯赖特宣言》。其中就正式强调了"青少年流行音乐等当代作品应该成为学校课程的内容，但是必须保持音乐课程内容的真与美，音乐学习的本性必须得以维护"[①]这一点，体现了教育者对流行歌曲的认可以及对青少年审美趣味的关注。因此，在坚定真善美价值观的前提下，我国音乐教育还应根据学生的需要开设流行音乐鉴赏课，吸收流行歌曲以优化教学内容：利用《龙的传人》《北京欢迎你》等歌曲培养青少年的爱国主义情感；《感恩的心》《同桌的你》等歌曲赞美青少年的师生情谊；《最初的梦想》《相信自己》等歌曲鼓励青少年的勇敢拼搏……使青少年在享受流行歌曲的同时不知不觉地得到心灵的净化。

（3）丰富音乐教育的形式

教育的最高境界是潜移默化、润物无声，让受教育者能够身处其中而不知、亲临其境而不觉，在自然而然的状态下接受教育的熏陶。因此，好的音乐教育不能简单地停留在教师教和学生唱的显性教育上，同时还要扩展其隐形教育，丰富音乐教育的形式，调动青少年学习的兴趣，活跃校园的文化氛围，让青少年参与其中、乐在其中，从而达到

[①] 刘沛：《世纪之交的美国音乐教育战略——〈豪斯赖特宣言〉：前瞻2020年音乐教育的观念与行动纲领》，《中国音乐学》2001年第4期。

"随风潜入夜,润物细无声"的效果。从课堂教育形式来看,教师可以将流行歌曲的部分选择权交给学生,由学生推荐自己喜爱的流行歌曲,教师再从中筛选合适曲目进行教唱,以此提高学生学习的参与度。同时,还可以鼓励同学之间彼此互动形成音乐组合,私下排练自己喜欢的流行歌曲,定期在课堂安排小型的歌唱会,以此提高学生唱歌的积极性。此外,也可以充分利用校园文化进行音乐教育,通过学校网站、广播电台、宣传标语等文化载体对青少年进行音乐熏陶,陶冶青少年的情操,丰盈青少年的内心,使其沿着健康向上的道路前进。同时,还可以举办校园歌手大赛、我爱记歌词等校园文体活动吸引青少年的参与,给青少年一个展示自我、表现自我的舞台,满足其对艺术的追求,将其向有意义、有趣味的学习生活上引导。

2. 提高青少年价值观教育的实效性

新世纪以来,科技的进步以及互联网的发展打破了地区与地区的局部限制,实现了社会信息的同时异地交流,各种文化层出不穷,特别是象征着前卫的明星偶像、高端品牌、时尚潮流、娱乐节目、流行歌曲等文化更是受到了青少年的大力追捧和广泛传播。面对纷繁复杂的多元世界,辨别是非能力不足的青少年很容易受到不良文化的影响,特别是不健康流行歌曲的教唆,从而形成不利于个人成长与社会和谐发展的价值观。正确的价值观能够引导青少年走上正确的人生道路,充实自己的人生;错误的价值观则会误导青少年踏入黑暗的歧途,毁掉自己的一生。因此,在以多元化为特色的时代大背景下,学校教育更要严格把控青少年的价值观教育,提高青少年价值观教育的实效性,加强对青少年价值观的教育和引导,发挥价值观教育的时代性特点,实现价值观教育的多样化。

(1) 加强对青少年价值观教育的重视

"真正的教育应当引导学生追求智慧,关注生命,理解价值,提升精神,培养信仰,从而养成一种人之为人的人文精神。"[①] 而价值观作为一种衡量、选择与决定人生意愿的标尺,正是人文教育中不可缺少的重要组成部分。它不仅代表着人的思维方式和价值取向,还对个人的自

---

① 刘济良:《青少年价值观教育研究》,广东教育出版社2003年版,第220页。

我价值以及人生规划具有决定性作用。青少年正处于价值观形成的黄金期，身心各方面的发育都不成熟，在新事物面前好奇心极强意志力极弱，同时还有较强的适应性和较差的判断力，因此，要想使其顺利实现个体的健康成长、自觉抵制不良价值观的侵蚀、最终融入到社会的大家庭，对青少年的价值观教育就显得尤为重要。正如美国波士顿大学伦理道德和品德教育发展中心主任凯文·瑞安所说的："社会将不会忍受无价值色彩的教育。"[①] 因此，必须明确学校、家庭和社会三方在对青少年进行价值观教育上的责任，由学校向青少年传授积极正确的价值观，帮助青少年提高对不健康价值观的分辨力和抵抗力；再由社会严格控制大众文化的监督审查，加强对不良信息的管制；最后由父母以身作则，在青少年价值观教育的过程中进行潜移默化的影响，通过学校引导、社会控制和父母示范的层层立体交叉式的影响，共同推进青少年的价值观教育。

（2）体现价值观教育的时代性

随着时代的发展，人们的价值观发生了巨大的变化：从改革开放初期的集体主义到20世纪90年代的个体意识觉醒，最后再到新世纪的多元价值取向，中国社会的价值观发生了"从一元价值观向一元价值观与多元价值观互动的变化；从整体价值观向整体价值观与个体价值观融合的变化；从理想价值观向理想价值观与世俗价值观共存的变化；从精神价值观向精神价值观与物质价值观并重的变化"[②]。青少年处在互联网时代的风口浪尖，对电子设备的使用了如指掌。在畅游网络世界的过程中，各种时事政治、媒体信息、舆论热评、娱乐八卦铺天盖地、真假难辨，既有饱含真善美的中华民族传统价值观，也有体现假恶丑的萎靡消极的价值观，青少年虽能接触到优秀的价值观，但也难免要受低俗价值观的干扰。因此，在对青少年进行价值观教育的过程中，要根据时代的特色多引用能够反映青少年精神面貌的例子为素材，确保价值观教育内容的与时俱进，鼓舞青少年为之发奋努力；同时，还要警惕网络环境给青少年价值观教育带来的不利影响，提高

---

① 陈立思：《当代世界的思想政治教育》，中国人民大学出版社1999年版，第90页。
② 廖小平：《改革开放以来我国价值观变迁的基本特征和原因》，《当代中国史研究》2006年第1期。

青少年的媒介素养，使其在尽情享受网络便利的同时，自觉抵制网络中消极的价值观。

以新世纪社会主义核心价值观为例，为响应中共十八大报告明确提出的"三个倡导"二十四字新概念，四川省精神文明建设办公室特邀新华文轩出版传媒股份有限公司的文艺工作者创作了一首以社会主义核心价值观为创作基础的新时代主旋律歌曲："富强民主，文明和谐，从中国到世界，自由平等，公正法治，越长久越坚持，爱国敬业，友善诚信，生长在我们的心灵，百年盛况，天下复兴，时代的面前，我们不惧前行，唯有风雨，才见豪情，平生的约定，我们铭记在心，百年盛况，天下复兴，延续的文明，我们鼓舞前行，一字一句，呼喊聆听，举国的梦想，傲立世界之林。"此歌融合了当下社会的价值观，四川省教育厅甚至还将此歌编入四川省使用的 2015 年（秋季）音乐教材小学三年级（上）、2015 年（春季）音乐教材小学五年级（下）以及初中一年级（七年级上）和初中二年级（八年级下）的乡土单元，足见音乐教育与社会价值观的遥相呼应。

（3）实现价值观教育的多样化

青少年思维活跃、精力充沛，在多元价值观的社会环境下，很容易受到多种多样新鲜事物的吸引。以流行歌曲为例，其中不乏具有或代表爱国、诚实、善良、奉献等价值观的歌曲；或代表个性、张扬、时尚、前卫等价值观的歌曲；同时还有代表阴暗、愤怒、仇恨、自私、消极等价值观的歌曲……因此，在对青少年进行价值观教育的过程中，既不能因一面之弊而完全否决流行歌曲的价值，也不能因一面之利而忽略其危害，全盘接受。任何事物都具有两面性，故而教育之巧妙应在"引导"而非"杜绝"。在对青少年进行价值观教育的过程中，可以根据青少年的心理特点及其价值观的特点，实现价值观教育在方法上的多样化：对于青少年不成熟、不稳定的心理特点，要充分发挥榜样示范法、陶冶教育法、角色扮演法的优势，通过树立榜样、制造氛围、带入角色引导青少年明辨是非；对于价值观易动性、可塑性的特点，要充分发挥自我修养法、价值澄清法以及实际锻炼法的优势，通过主动反思、审慎辨析、着手行动鼓励青少年知行合一。此外，还要大力发挥学校校园文化建设的作用，绘制青少年价值观校园板报使青少年从中学习、举办青少年价值观辩论赛让青少年加深了解、开发青少年价值观教育网站供青少年系统认知等。

（三）政府加强对流行歌曲的监管审查

毛泽东曾指出："文艺创作是一种负责的精神生产和审美创造。"①是作者通过复杂的精神活动所表达出的一种对生活的审美体验与审美创造。流行歌曲也应如是，不仅要使青少年在精神上获得满足，同时还要使其享受到审美的体验与创造。反思当前的流行歌曲，从某种意义上可以说它是以音乐为表达形式，集中反映青少年意识形态而形成的一种文化消费。两者在关系上呈现出一种制衡：一方面，流行歌曲反映和引领了青少年的思想潮流和价值走向；另一方面，青少年又代表和制约着流行歌曲的发展方向。不过，作为一种商业产物，流行歌曲的最终目的在很大程度上还在于盈利，于是在当前多元价值观的时代背景下，部分流行歌曲出现了迎合大众审美甚至是纯粹娱乐恶搞的不良现象。青少年在欣赏、传唱流行歌曲时，便会在不知不觉中受到歌曲所影射的不良价值观的影响，造成对原有价值观的侵蚀。因此，为了保证青少年价值观教育的实效性和青少年的健康成长，还要加强对流行歌曲的监管与审查，从创作者的自我审查、社会监管部门的体制审查以及受众人群的传播群体审查三重监督上确保流行歌曲的艺术质量。

1. 创作者的自我审查是流行歌曲得以健康发展的前提

《乐记》有云："乐者，音之所由生也，其本在人心之感于物也。"②意思是说，乐是由声音生成的，它产生的本源在于人心受到外物的感动。所以，心生喜悦者发出的声音就会振奋奔放；心生愤怒者发出的声音就会粗犷激越；心生悲哀者发出的声音就会急迫短促；心生快乐者发出的声音就会舒展和缓。也就是说，创作者在创作歌曲时的心态会融于作品，暗含着创作者的价值观念。当别人听到这首歌时，也能从中体悟到作者的心境，受其感染。因此，保证创作者对作品的自我审查，是一

---

① 栾昌大：《毛泽东文艺思想体系初探》，时代文艺出版社 1985 年版，第 67 页。
② 吉联抗：《乐记译注》，音乐出版社 1958 年版，第 1 页。

首好歌得以产生的前提。一方面，创作者要自觉完善个人的文化修养以及创作技巧，重视自我音乐素养的提高，从而为歌曲创作出动听的旋律和优美的句子。另一方面，在流行歌曲的内容上，应根据社会发展的特点，创作出符合时代要求的流行歌曲，有意识地向青少年传达当前社会所宣扬的社会主义核心价值观。具体来说，创作者应自觉关注生命、关注社会、关注心灵，把目光聚焦在人生的真善美上，借助歌曲向社会、向青少年传播一种正能量，使流行歌曲不再是简单的商业产品，而是讴歌人类文化、传播道德理想、净化社会风气的一种时代艺术；使青少年在欣赏流行歌曲的过程中了解人生的意义、生命的价值，从而培养其求真、向善、崇美的价值观念。

2. 社会监管部门的体制审查是流行歌曲得以传播的保证

流行歌曲的商业属性预示了其创作的最终目的在于盈利，供应商通过对此产品的宣传、发行和销售从中谋取利润。当与利益相关联的时候，部分人就会受到金钱的驱使而变得利欲熏心、唯利是图，忘记歌曲的艺术性和理想性从而创作出一些迎合大众心理、自我调侃、有悖主流、思想污秽的歌曲，低俗、消极、负面的情绪由此在流行歌曲当中滋生，并对青少年价值观的教育造成不利影响。因此，加强社会监管部门的体制审查就显得尤为重要。一方面，在流行歌曲向市场发行的过程中，通过官方较权威的机构如政府部门对其进行检查筛选，严格控制歌曲质量，从源头上保证流行歌曲在思想内容和价值取向方面的积极与健康。另一方面，要着重加强对网络歌曲的整治。在开放自由、覆盖面广的网络平台，上传和下载歌曲方便快捷，一些恶劣的言论或歌曲一旦发行，即使停留很短的时间也能被成千上万的用户下载、聆听和浏览，造成不良影响。对此，应该设立专门监管网络歌曲的部门，对上传歌曲的质量和内容进行严格把关，将不良的流行歌曲拒之网外，从而保证网络歌曲市场的干净与纯洁，使青少年不论在日常生活还是网络环境中听到的都是富有生命力、饱含人生意义的优秀歌曲。

3. 受众人群的传播群体审查是流行歌曲得以繁荣的关键

姚斯曾经指出："在作者、作品和大众的三角形中，大众并不是被动的部分，并不仅仅是作为一种反应，相反，它自身就是历史的一个能动构成。"① 也就是说，作为一个能动权威，大众的积极参与也是一个作品得以繁荣的关键。一首流行歌曲最终能否取得成功，关键在于和受众人群之间的互动。通过受众人群对流行歌曲的选择，可以反映出当下社会大众的普遍审美倾向，从而有效地反作用于流行歌曲的创作，影响其作曲风格、审美水平以及价值取向。因此，在对流行乐坛进行净化的过程中，除了创作者的自我审查以及社会监管部门的体制审查两重把关之外，还需要受众人群的传播群体审查对其进行再度筛选与过滤。所谓传播群体的审查，是指"受众在传播过程中对作品无意识的筛选，受到受众自我喜好、欣赏水平、文化素养等多个因素的影响"②。当今流行歌曲遍布社会生活的各个角落，青少年不可能不与之接触，而且也乐于同其接触，因此，在对青少年进行价值观教育的过程中，要挖掘社会大众的潜在力量，呼吁流行歌曲的受众人群有意识地提高个人的审美水平和审美趣味，自觉监督流行歌曲的发展态势，与学校、政府联合抵制流行歌曲的不良影响，共同推进青少年的价值观教育。

---

① ［联邦德国］姚斯：《接受美学与接受理论》，周宁等译，辽宁人民出版社 1987 年版，第 24 页。

② 王志辉：《"中国风"流行音乐的价值研究》，硕士学位论文，南京艺术学院，2009 年。

第六章　新时期影视文化影响下的青少年价值观教育

在 21 世纪的今天，随着现代科学技术的飞速发展，随着信息高速公路的开通，人类社会的经济全球化趋势日益加快，社会开放程度越来越高。在此背景下，人类社会的信息传播速度更加迅速、快捷，文化也以不同形式的载体展开广泛的传播。在新时期，影视文化作为现代化的视听文化，以其声像结合、直观生动、及时快捷、通俗易懂、受众面广、寓教于乐的优势迅速在现代社会中占有巨大市场，成为接受度最高的大众传播媒介之一，对人们尤其是青少年的生活方式、思维方式、价值观念都产生了重大的影响。影视文化已经成为人类生活中不可或缺的休闲娱乐方式了，更是青少年生活中不可缺少的重要组成部分。由于青少年正处于价值观形成和发展的关键时期，新时期影视文化所彰显的生活观念、道德境界、价值取向、审美情趣等都不可避免地对青少年的价值观产生重要的影响。

一　新时期影视文化与青少年生活的交融

（一）新时期影视文化的意蕴

1. 影视文化的含义

影视文化是 20 世纪人类社会科学技术发展的重要产物。影视文化是以传播人文思潮为核心的综合性文化，是建立在建筑、音乐、绘画、雕塑、诗歌等艺术门类基础上，融入了文学、哲学、传播学、艺术学、社会学和心理学等多种社会科学和人文科学内容而创造出来的。大众可以通过影视文化领略到从历史到现实，从自然到人文，从现代到未来等各种丰富多彩的场景。影视文化是人类物质文明和精神文明发展到一定高度的产物,是一种更为形象生动、包罗万象的大众传媒文化。从广义上来讲,影视文化是吸收了科学技术的新鲜血液成长起来的,是以电影、电视为载体的全部文化创造①;狭义地讲,影视文化是电影、电视、网络视频等声像结合的图像文化。影视文化的出现,使人类的精神生活得到了极大的丰富,同时拓展了传统文化艺术表现形式。影视文化以其独有的魅力潜移默化地影响着人们的生活方式和价值观念。本章谈到的影视文化即为电影、电视节目、网络视频等影视作品,侧重于当前的电影电视节目以及网络视频对青少年价值观产生的影响。

青少年是一个可塑性非常强的群体,新时期的他们对于影视文化在某种程度上是非常依赖和信任的。影视文化对青少年的影响也更加生动直接、更为深刻明显。所以,在这样的大环境之中,如何引导青少年辩证地对待这种开放程度、自由程度都较高的文化媒介所推崇的价值观就显得十分重要了。

2. 影视文化的特点

影视文化是吸收了科学技术的新鲜血液成长起来的,其充分利用了最先进的科学技术,以其鲜明的科技优势迅速成为大众传媒系统中的"佼佼者",从一面世就受到了人们的热烈追捧。影视文化作为一种典型的视听文化,有着直观性、即时性、普及型、娱乐性和导向性等特点。

(1)直观性

影视文化传播的是图像和声音,以生动、直观、真实的形象呈现给大众,以视听结合的方式来传播信息,表达思想。图像能够直接、有效地传递信息,声音则具有动人性和穿透性,图像和声音的结合能够给人一种身临其境、引人入胜、赏心悦目的效果,也更容易被人接受。观众在这种直观的氛围中可以更真切地感受到影视作品的情感与魅力。例如,英语教师在课堂上播放优秀的欧美原声电影《心灵捕手》《音乐之声》等就更容易调动学生学习的积极性,引起学生学习英语的兴趣。

---

① 胡智锋:《影视文化论稿》,北京广播学院出版社2001年版,第53页。

(2) 即时性

影视文化节目,可以采用现场直播的方式呈现给观众,能够让观众同步感受现场实况、有"身临其境"的真实感,很好地弥补了观众不能到现场的遗憾。影视文化的即时性能够最大限度地满足观众获取最新社会动态的心理需求,即使足不出户,也可以感受到奥运会赛事的火热、阅兵仪式的庄严、春节联欢晚会和各种综艺节目的精彩纷呈,以及国内外不同城市的生活状态等。这种即时性加快了不同地域之间的沟通与交流,能够有效地丰富大众的信息需求,能够使不同地区不同语言不同种族不同宗教信仰的人们在某个共同的时刻,共同获取某个正在进行的事情的最新进展和动态。

(3) 普及性

影视文化包罗万象,包括了人文、社会、科学、历史、政治等多个方面;涵盖了美术、音乐、舞蹈、诗歌等多种艺术门类。由于现代通信技术的飞速发展,影视文化具有极强的时效性,使得影视文化节目在内容和形式上不可能过于复杂,要求影视文化在表达内容和表现形式上要简明、清晰、通俗、易懂,以生动直接的形象来反映现实生活,为大众传播各种类型的咨询信息,以适应不同文化层次人群的需求。例如,一些大型的文艺节目、联欢晚会,能够吸引不同年龄层次和文化层次的观众共同观赏,可见影视文化的普及性这一特征。

(4) 娱乐性

影视文化是一种具有娱乐性特征的文化形态。人们最早接触影视文化也是以消遣和娱乐为首要目的,正如英国著名学者尼古拉斯·阿伯克龙比在其《电视与社会》一书中说到的:"电视主要是一种娱乐媒体,在电视上亮相的一切都具有娱乐性。"[①] 伴随着高速发展的社会经济、快节奏的生活方式和激烈的社会竞争,人们的生活、就业、竞争压力越来越大,高强度的生存压力使得人们身心俱惫。然而,处于象牙塔里的青少年同样面临着巨大压力,如同侪交往、课业繁重、升学考试、择业就业等压力。因此,通过观看影视娱乐节目来放松自己、缓解紧张焦虑

---

① [英]尼古拉斯·阿伯克龙比:《电视与社会》,张永喜译,南京大学出版社2001年版,第22页。

情绪，成为许多人的最佳消遣娱乐方式。例如备受青少年热捧的《快乐大本营》《天天向上》《奔跑吧兄弟》《高能少年团》等娱乐综艺节目冲破了以往呆板、枯燥的说教形式，使青少年的心理压力、学习压力、就业压力、生活压力得以释放。影视文化的娱乐性能够在一定程度上满足青少年的视觉快感，给青少年带来视听享受，使青少年放松身心。

（5）导向性

从传播效果来看，影视文化具有高度的导向性。一方面是因为影视文化作品是由影视文化工作者创造的，影视文化工作者在进行创作时往往把想要传递的社会主义核心价值理念赋予其中；另一方面正是由于影视文化作品具有轻松愉快的娱乐性、雅俗共赏的普及性和形象生动的直观性等特点，大众在接受它所传递的信息时不会进行过多的深层思考，使得影视文化可以在潜移默化中对大众的行为方式、思维方式、价值观念产生一定的影响，具有一定的导向作用。影视文化对青少年的影响尤为明显。例如，一些经典的影视剧如《恰同学少年》《开国大典》《人间正道是沧桑》等会提高青少年的爱国热情，净化青少年的心灵；同样，一些优秀的公益宣传片如《爸爸从未忘记爱你》《回家》《筷子》会触动青少年柔软的内心，使他们对亲情、对家庭、对爱有更深层的感悟。

3. 影视文化的功能

影视文化作为如此异彩纷呈的文化形态，它拥有巨大的社会功能。影视文化的功能包括认识功能、教育功能、审美功能和娱乐功能，同时这些功能也是多元综合的，而不是单一存在的。

（1）认识功能

影视作品中既有波澜壮阔的史诗画卷，也有坎坷曲折的人物命运和复杂微妙的内心世界，观众能够通过观看影视作品从中获得大量的知识信息和人生哲理。可见，影视艺术作品作为对现实生活的再现，是具有一定认识功能的。当然，观众从影视作品中获取的知识信息是多层面的。

首先，观众可以通过影视作品了解特定时代的景观。除了科幻片，任何故事都发生在特定的历史时期。影视作品再现了当时的现实状态，观众能够通过影视作品直观地看到某一历史时期的风貌景观。即使是科幻作品，观众也能够通过影视作品看到创作者想象中的"未来世界"。如观看电视剧《血色浪漫》和《幸福像花儿一样》时，通过崭新的视角观众可以对"文革"有更多的了解；观看《建国大业》《建党伟业》《历史转折中的邓小平》等使观众对真实的历史事件有了更真切的感悟，对革命先辈们抛头颅洒热血、为革命献身的伟大精神更添了一份尊敬和缅怀；通过电影《明日世界》《星际联盟》《三体》，观众可以看到未来世界的样子，不同星球之间的交流与互动；在观看《爱丽丝梦游仙境》《海底总动员》《冰雪奇缘》时，观众就像置身如梦如幻的美丽仙境中、神秘莫测的海底世界里以及晶莹剔透的冰雪世界中一样。

其次，观众可以通过影片欣赏和了解特定地域的风光与风情。当我们观看影视文化节目时，虽然足不出户，但荧幕中的画面却能让观众神游四海，走遍世界各地。如通过观看韩剧《大长今》《继承者们》《太阳的后裔》等，可以对韩国的礼仪文化、社会风情、城市发展有所了解；美剧《生活大爆炸》《老友记》等能够让观众领略到了美国的异国风情。

最后，影视作品取材于现实生活，并对其进行了艺术化的处理，最终展现给观众的不仅仅是人类复杂的社会关系和人类社会的变迁，而且也将剧中人物的内心世界形象地演绎出来。通过影视作品观众能够对世道人心产生一定的认识，从而间接地增长观众的社会阅历和人生经验，这是影视文化认识功能中最为重要的一点。如意大利影片《天堂电影院》就反映了时代的巨大变迁在人物心理上的投影；而通过影片《秋菊打官司》，观众则可以看到中国社会从人治到法治的艰难转型。观众还可以通过演员的精彩表演感受人物的内心世界，从而提高自己的情感认知能力。

（2）教育功能

影视文化所特有的潜移默化的渗透性，使影视文化作品在给观众带来消遣娱乐的同时，也让观众在无形中学到许多的知识和技能，树立了许多新的观念，形成了许多新的思想。影视文化作品对传播新思想、新观念和推广健康生活方式的巨大贡献是显而易见的。影视文化创作者通过影视作品将其要传达的"意义"以娱乐的方式传递给观众，而观众在接受到"意义"的同时也会在不知不觉中受到影视作品价值观的影响，从而受到教育，这就是影视文化教育功能的体现。影视文化教育功能的特点在于"寓教于乐"，它是不同于传统教育的潜移默化式、润物细无声式的新型教育，正如瑞典电影大师英格玛伯格曼所说："没有哪一种艺术形式能够像电影那样，超越一般感觉，直接触发我们的情感，深入我们的灵魂。"[①] 我国现代著名的教育家蔡元培也曾说过："电影虽为一种娱乐，但对于教育，实有莫大的影响。"[②] 就连伟大的周恩来总理也曾对新中国电影的教育作用寄予厚望，他说："电影的教育作用很大，男女老少都需要它，它是大有可为的。"[③]

观众通过观看电影电视节目，了解到影视剧中令人羡慕的生活方式、学习方式、工作方式甚至休闲娱乐方式，会不自觉地想要去模仿影视明星在剧中的行为。如早期的观众通过观看《开心辞典》《智力快车》《一站到底》等益智类电视节目会学到很多日常生活中接触不到的知识，掌握一些有益于提高生活品质的小技巧。近年来兴起的《感动中国》《最美乡村教师》《开讲啦》等优质的影视节目创作，可以让观众在观看的同时受到更深入人心的洗礼。也有许多观众在看了电影《离开雷锋的日子》之后，受到了感染和教育，表示应该向主人公乔安山学习，调整自己的人生态度，在浮躁的社会环境中坚守自我；在看了美国电影《阿甘正传》后受到激励，认为不管身处何种逆境，只有像阿甘那样坚持不懈地向前奔跑，最终才能跑出困境。这些都是影视文化作品教育功能的具体体现。

毋庸置疑，影视文化的教育功能对未成年人会产生很大的影响，由于未成年人抽象思维能力尚未成熟，社会阅历尚浅，因此，影视作品所传达的价值观念、思维方式很容易渗透到他们的内心。所以，在为未成年人创作作品时，就应该以积极的价值观、健康的人生态度引导他们。

（3）审美功能

观看电影、电视节目不仅仅是一种消遣娱乐活动，更是一场视觉和

---

① 杨状振：《求索的镜像：中国电影文化的转换与位移》，《四川戏剧》2006 年第 6 期。
② 史柏良：《小学科学教学中提升学生人文素养的实践研究——科普影视资源的应用策略》，《江苏第二师范大学学报》（自然科学版）2014 年第 4 期。
③ 瞿孝军：《电影的教育作用仍然不可忽视》，《学习时报》2009 年 9 月 28 日。

听觉的感官享受。"影视审美是一种经过观众积极创造、由感性到理性的自由关照审美活动。"① 影视文化对于培养观众健康的审美观念和审美能力，陶冶高尚的道德情操，具有十分重要的作用。审美娱乐是影视文化的必然属性和本质要求，追求一个美好而又富有诗意的彼岸世界是影视工作者的行业要求，影视文化的真正价值就在于让观众在欣赏作品中获得对于人生意义和真、善、美的认知、认同和追求。影视文化是极具审美价值潜力的文化形态之一，只有经过影视工作者的精心制作与观众的用心欣赏才能使影视文化的审美功能得到实现。影视文化是一种完美地将文学、音乐、戏剧、舞蹈、美术、摄影等艺术元素融入声像作品的文化形态，是兼有大科学、大艺术属性的审美文化。影视文化通过高端精密的制作技术将现代的审美理念与元素注入影视作品的情境、人物性格、故事情节及表演等具体构成中，再现了唯美的影视画面、完美的人物形象和温馨感人的故事情节，极大地提升了影视文化的美学价值，使观众在欣赏影视作品的过程中潜移默化地获得了视觉和听觉的审美享受，接受了美学价值的熏陶，提升了自身的审美情趣。这样的效果是其他传统的审美教育方式所不能比拟的。

（4）娱乐功能

不管提供了多少丰富的知识信息，宣扬了多么深奥的意义和多么积极向上的价值观念，影视作品首先是以娱乐产品的形式出现在观众面前的。观众会被曲折的故事情节、丰满的人物形象、多姿多彩的时尚造型与画面、优美动听的音乐所吸引和打动，换言之，视听享受让观众在"忘我"的观影过程中获取和接收到了丰富的信息与深刻的意义，这个过程本身就是一种娱乐。此外，观众通过影视作品获得愉悦感，也源于其中会有一些具有魅力的明星。在观看影片时，靓丽的明星会给观众带来感官上的娱乐和心理上的亲近感。在影视作品之外，观众也会通过关注他们的新闻报道或八卦消息来获得娱乐。这样，荧屏内外的娱乐相互作用，共同构建了影视艺术的娱乐功能。而这种功能则较为普遍地体现在观众对于影片"意义"的解读、接受与构建上，特别是根据自身经历会与影片产生共鸣。

---

① 李艺、刘成新：《影视艺术传播与审美》，中国广播电视出版社 2001 年版，第 266 页。

（二）青少年价值观的内涵

1. 青少年价值观的含义

价值观是指人们对价值问题的根本看法①，是人们在处理价值关系时所持的立场、观点和态度的总和，是支撑人类生活的最重要的精神支柱。人们运用这些观点和态度进行价值判断和选择，以及确立自我的价值取向和追求的准则。人们究竟相信什么、需要什么、坚持什么、追求什么，这些都是由价值观所决定的内容。价值观决定着人们在与世界的各种互动关系中产生的对客观世界以及自我存在的不同认知。无论是个人还是团体，价值观帮助我们在处理具体情况时发挥人性的创造力，使我们有能力做决定而不仅仅是顺应环境。

价值观是支撑人类生活的精神支柱，它决定着人类行为的价值取向，决定着人类以什么样的心态去开创自己的新生活，因为它对于人类的生活具有根本性的指导意义。

价值观是后天形成的，是通过社会化培养起来的。家庭、学校以及社会环境都对个人价值观的形成起着关键的作用。一个人的价值观有一个形成过程，是从出生开始，在家庭和社会的影响下逐步形成的，是随着知识的增长和生活经验的积累逐步确立起来的。一个人的价值观一旦确立，便具有相对的稳定性，形成一定的价值取向和行为定式，是不容易改变的。但就社会和群体而言，由于人员更替和环境变化，社会或群体的价值观是不断变化的。美国心理学家罗杰斯指出"价值观的确立并不是不变的，而是在不断变化的"②。

青少年价值观是指青少年对生活中的各种事物、现象的根本认识和根本看法，是青少年在处理各种价值关系时所持的观点、态度与立场的总和。这些观点、态度与立场支配着青少年的情感、信念、思维和行为选择，对青少年的成长与发展具有重要意义。青少年在价值选择时运用这些观点、态度与立场作为尺度和标准进行价值判断，从而确立自身的价值取向与精神追求。

---

① 刘济良：《价值观教育》，教育科学出版社 2007 年版，第 1 页。
② 杨亮：《影视文化对中学生价值观的影响——基于认知层面的分析》，硕士学位论文，华中师范大学，2008 年。

2. 青少年价值观的特点

当代青少年价值观的特点表现在以下几个方面：

(1) 求知性

自我国改革开放以来，人们的思想得到了空前解放，建立了社会主义市场经济体制，青少年的主体意识也在不断增强，形成了自己对事物的看法，也学会了观察社会生活的方法。当前市场经济体制下的激烈竞争，迫使青少年自己独立思考，通过亲身体验、仔细比较、精心选择从而确立正确的价值标准、科学合理的价值取向以及现实的价值目标。整个社会的精神文明在不断进步，青少年的整体素质也有明显提高，他们中的大多数都能够意识到人的价值是由俩部分构成的：社会对个人的尊重和满足与个人对社会的责任和贡献。有了对人的价值的清醒认识，多数青少年都很务实：学习上他们刻苦努力，有很强的求知欲，希望在学校里获取更多的知识，学会多种技能与本领；思想上他们积极要求进步，社会主义思想政治觉悟较高，加入党组织的愿望强烈。在这种社会背景下，青少年能紧跟社会潮流变化，变得更加热爱学习，接受新事物，学会了从多方面不断武装自己，以适应将来社会发展的需要。

(2) 多元性

随着改革开放的不断深入，我国社会思想解放的程度越来越高，社会经济、政治、文化、科技教育水平迅速发展，特别是进入新世纪后网络技术和通信技术的发展日新月异，青少年在网络上能够快捷地获取各种文化知识和价值观念。这导致了青少年的价值观体系从单一化逐渐趋于多元化。例如，在价值标准的选择上，有的以自身的个人利益为标准，有的以集体利益为标准，有的以整个社会利益为标准，在价值选择时也出现了"唯书""唯实""唯上""跟着时髦走""跟着感觉走"等多种不同的参考依据。在价值目标与价值取向的选择上，有人看重情义，有人将金钱放在首位；有人对权力与地位痴迷，有人追求声誉与名望；有人注重事业，有人只在意享受生活；有人奉行原则，有人只谈"关系"；有人在意现实，有人追寻理想等。

当前我国社会多元化主体组成多元化的社会格局。社会格局的多元化使得社会生活多姿多彩、异彩纷呈，也正因如此，使得人们的思想出现混乱，社会生活的有序状态被打破。青少年思想开放、思维活跃、精力充沛，身处这种多元化社会格局中，他们的价值观也很容易受到影响。需要指出的是，在当前中国社会，青少年的价值观虽然呈现出多元化的特征，但其中消极方面是可以调节的，而健康、积极的价值观仍然是主流。他们热爱祖国与中国共产党，拥护改革开放并肯定改革开放取得的成效，对祖国的前途与民族的未来充满信心；他们有坚定的共产主义远大理想与集体主义意识；他们大胆创新、勇于奉献，事业心强；他们自强独立、积极进取、诚实守信、待人热情；他们勤于思考，思想开放，容易接受新鲜事物，是祖国"最有希望的一代"。

(3) 可塑性

青少年价值观的多元性决定了其鲜明的不稳定性，也就是会随着外界环境的变化而变化。还未进入社会的青少年涉世不深，对社会的了解还不够深入，分析、判断问题由于自身原因而有很大的局限性，同时也容易受到外界环境的影响，因此，他们的价值观也就表现出了"不稳定性"。他们追求主流价值观，但是同时也会受到传统价值观的影响，价值观在形成过程中就出现了摇摆不定、难以抉择的局面。当前，我国经济发展态势良好，社会主义各项事业都在改革、创新中稳定推进，一步步走向现代化，经济、文化都呈现出繁荣景象，这都为青少年构建正确的价值观体系提供了有利的物质基础与稳定的环境条件。青少年正处于快速成长的时期，容易接受新事物、新观点。在外界有利环境的影响下，加上学校的正确引导，可以使他们摒弃消极、错误的价值取向，引导他们向着积极健康的方面发展，最终使他们接受并形成健康、积极的价值观。所以，青少年价值观具有很大的可塑性，而正确积极的引导也是必不可少的。

青少年正处在成长、学习的最佳时期，他们思维比较活跃，容易接受新思想、新观点与新事物，但是也由于涉世不深，他们的思想还不成熟，辨别是非的能力也相对较弱，价值观体系还不稳定，所以在面对物质利益的诱惑与刺激时可能表现出一定的功利性倾向。目前，我国社会各方面都在快速稳定地发展，但整个社会还处在社会主义的初期阶段，并经历着计划经济向市场经济的转型，市场运作秩序还不够稳定，而相应的法规、制度尚不健全，加之一些负面思想的影响，部分青少年的人生观、价值观以自我为核心，被物质利益所腐化，价值目标已经出现了

"庸俗化"与"功利化"的倾向,这些不利因素对他们的正确价值观的形成产生了严重的不良影响。

(4) 两重性

青少年的价值观在诸多方面都表现出一定的矛盾,即双重性。政治方面,他们有坚定的共产主义信念,能够做到理性认同党的执政能力,热爱祖国并有较强的民族自豪感,关注民生与生态环境等问题,高度关注国家政治、政策,但政治理想与实际的行为选择之间又存在明显的差异性;道德理念方面,他们的环境保护理念强、社会公德意识正确,但在履行道德义务时又缺乏自我约束力;法律意识方面,他们知法、守法、护法认知都很明确,但日常生活中却偶尔也有违反校纪校规行为;职业选择方面,他们的职业理想与专业选择、职业发展空间与职业兴趣、职业品质与职业能力之间的错位现象也比较突出,理想从事的职业不是所学的专业,能力也不满足职业要求;学习方面,学习动机上的工具主义倾向与他们的学习方法以及意志力匹配度较低,给他们带了不同程度的心理困扰;其他方面,如生活理想与生存选择之间有明显的落差,生理自我意识与心理自我认知发展不平衡。因此,现实生活中,我们经常会看到这样的青少年:他们敬仰思想道德高尚的人,但自己做品德高尚之人的愿望却不强烈;憎恶拜金主义与享乐主义,有时却又过分看重关系、金钱、地位和眼前利益;赞誉英雄模范,而现实生活中自己却不想发挥先锋模范作用。

青少年的思想开放、前卫,已经打破了传统价值观念的束缚,摒弃了封建主义、教条主义,理解了何为自我价值,对一些观念有了新的认识,如他们都有较强的环境保护意识、市场竞争意识、改革创新意识、质量效率意识等。然而,由于他们思想观念尚且不成熟,不能深刻理解思想解放的内涵,加上西方社会中的存在主义、个人主义、后现代主义等思潮与国内资产阶级自由化思想的冲击,青少年的价值观仍存在着诸多偏颇之处。他们不再一味强调自我价值,也开始注重个人对社会的价值与贡献;不再盲目地崇洋媚外,学会了汲取西方价值观中的积极因素,也注意吸收我国传统价值观中的精华。在现实生活实践中,他们认识到了人的价值,慢慢懂得了如何协调自我价值与社会价值之间的关系,学会了如何在传统价值与西方价值之间进行取舍,努力建构适合自身的正确、合理的现代价值观体系。当然，青少年价值观所表现出的这种两重性（内在矛盾性）的程度是不尽相同的，需要加以正确引导，纠正他们的错误认识，帮助他们建立正确的现代价值观体系。

青少年是国家和民族的希望与未来，青少年的价值取向决定了未来整个社会甚至整个民族的价值取向。因此，面对当前复杂繁多的影视文化作品，如何"去粗取精"、弘扬优秀的影视文化作品、剔除影响青少年身心健康发展的不良影视作品，将关系到青少年的成长与发展。

（三）影视文化对青少年价值观影响的心理机制

随着当今中国社会经济的快速发展，人们的物质与精神需求也随之增加，为满足人类基本的生活需求，娱乐产业获得了飞速的发展，人们的休闲娱乐方式以多样化的态势继续发展。调查显示，观看电视、电影在青少年群体喜欢的休闲娱乐项目中总体处于相对优势的地位。青少年对样式繁多的影视作品进行选择，多以喜剧片、动作片、言情片和科幻片等居多，而影响他们选择这些类型作品的主要因素也是多方面的，如偶像崇拜、从众心理和成长需求与娱乐减压等。

1. 偶像崇拜

"偶像崇拜这一概念的指涉非常广泛，在心理学中，偶像崇拜是个人对所喜好人物的社会认同和情感依恋，其本质在于对崇拜对象的学习和依恋。"[①] 在当今社会，每个人内心都有自己崇拜的偶像，这个偶像可以是明星，可以是企业家、运动员，也可以是科学家、政治家和军事家。但就青少年这一群体而言，偶像崇拜的范畴主要集中在影视明星这一部分。

社会学认为偶像崇拜这一现象的发生与人们社会心理活动中的"角色崇拜"有很大的关系。青少年学生这一社会群体自身角色思维关系简单，而人的社会属性又决定了他们在这一喜欢探索尝试的阶段热衷于在影视作品中寻找自己喜欢或崇拜的一种或一类"行为脚本"，而具有强大影响力和广泛覆盖率的传媒以及造神造梦的荧幕则能够为青少年提供

---

① 黄会林：《影视文化对未成年人的影响与对策研究》，中山大学出版社2009年版，第132页。

心理参照的"传奇人物",演技炉火纯青的影视明星或被他们塑造的逼真形象,就成为了满足他们内心需求的理想偶像。

青少年喜欢明星靓丽的外形,欣赏他们独特的才艺,渴望出众的相貌、爱情与成功,也渴望获得他人理解与认可,影视明星以其独有的方式迎合了他们的需求。同时,他们演绎的影视作品就会不同程度地引起青少年学生特有的共鸣,也能对他们起到娱乐、激励甚至宣泄的作用,从而形成"爱屋及乌"的效用。因此,在观看影片时,能够看到自己喜欢的明星,早已成为大多青少年观众内心不言自明的心理期待了。所以,为了看自己喜欢的偶像明星而选择有其饰演角色的影片,已成为影响青少年群体选择影视作品类型的重要因素。

2. 成长需求

处于不同年龄段的人会有不同的成长需求,对于青少年而言,就有着内在和外在两种成长需求。一种是内在的成长需求。处于青春期的青少年,他们普遍具有好奇心强、活泼好动、求知欲强和思维活跃的特点。他们在日常社会生活中所扮演的角色相对单一,具有趋同性与单纯性的特点,换言之,就是他们的"角色丛"关系不明显。所以,对于其他社会角色的"扮演",他们只能通过影视作品的镜像投射,在虚幻的换位想象中,体验其他角色的人生经历。如《阿甘正传》《美国队长》《少年黄飞鸿》《荒岛求生》《叶问》《大话西游》《霍元甲》等这些影片都是围绕一个中心人物的成长故事展开的,并展现主人公勇敢面对重重困难并最终战胜艰险、获得成功的曲折经历,这些内容正是契合了青少年观众英雄崇拜的心理需求才赢得了他们对影片的喜欢与支持。另一种是外在的成长需求。如一些刚进入大学的青年,他们所修的某些专业知识的学习需要通过观赏相关内容的影视作品来完成。如文学专业的学生需要从文学的角度观赏经典影视文化作品来积累知识、升华自我与提高文学修养;表演专业的学生则需要从表演的专业角度来学习真实的剧情呈现,实现理论到实践的跨越等。

3. 娱乐减压

娱乐性影片是青少年观众的主要选择之一,对这种类型影片的选择比较符合他们的心智特点。对以接受课堂学习为主要生活内容的青少年来说,他们的社会阅历尚浅,对世间事物的看法相对简单,但随着年龄的增长，自我成长与探索意识的增强，情感单纯的他们也越来越多地倾向于选择情节复杂、情感丰富和内涵深刻的影视作品。另外，青少年面临的学习、升学压力较大，希望通过观影的方式寻求一种情感的宣泄与释放，也是他们倾向于选择观看娱乐性题材影片的重要原因之一。如影片《人在囧途》《月光宝盒》《三傻大闹宝莱坞》《天下无贼》《疯狂的石头》等影片都是通过诙谐幽默的方式围绕主人公奇妙的人生经历而展开的，使青少年在轻松愉快的环境中大笑解压之后还能接收到影片所传递的正能量。所以，满足自身成长需求与娱乐减压是影响青少年选择影视作品类型的重要因素之一。

4. 从众心理

"从众"是指个人受到外界人群行为的影响，通过向社会压力让步，以使自己的认知及行为符合群体的、社会的标准和规范。从众是一种比较普遍的社会心理和行为现象，被通俗地解释为"人云亦云""随大流"①。社会心理学认为，人类生来就有喜欢模仿他人行为的天然冲动，尤其是对与自己年龄相同或相近的人群。青少年由于社会经验欠缺，对许多事情还没有独立的判断能力，与同学、朋友之间极易相互影响，也有另外一部分同学害怕因与众不同而被同伴们孤立，希望与同伴保持一致，因此，他们都追求相同或相似的事物，如选择影视明星作为自己的偶像，选择他们主演的作品，这样不仅可以丰富自己的业余生活，还能增加自己与同伴之间的共同话题。因此，这样随大流和不甘落后的心理就成为了许多青少年选择影视作品类型的关键因素。

二 新时期影视文化对青少年价值观的影响

（一）新时期影视文化对青少年价值观的积极影响

1. 新时期影视文化对青少年职业价值观的积极影响

职业竞争作为现代就业形势的基本思想，已经被人们所接受。职业

---

① 黄会林：《影视文化对未成年人的影响与对策研究》，中山大学出版社 2009 年版，第 163 页。

竞争下的就业机制让新时期的青少年学生在一定时间内形成就业能力，通过职业规划形成统一的就业思想，就业思想再指导青少年未来走向社会时的就业择业。随着社会形势的变化，就业制度也不断变化，从目前的就业形势来看，青少年进入社会后的就业率仍然是大众最关心的问题。在严峻的就业形势下，职业价值观就是青少年就业指导思想，指导青少年正确面对职业竞争，有利于克服在就业过程中遇到的困难。90年代以前，岗位需求过大，通过学校及正常招聘就可以找到工作。然而，当下就业形势与以往大不相同，岗位需求渐渐缩小，供需比例严重失调，导致就业堵塞，就业形势越来越严峻。

（1）优秀的影视文化有利于青少年形成正确的职业价值观

在市场经济飞速发展的今天，就业市场越来越公开化透明化，人们的职业竞争意识也越来越强。公平竞争下的就业机制自主性越来越强。青少年能够正确面对职业竞争，与影视作品的影响密不可分。通过对各大影视网站搜索发现，"弹幕"的表达方式让网友们畅所欲言，影视作品的影响力也不断扩大。有的人因为影片中的故事情节而感动，进而喜欢影片中的职业，或者是受影片中人物影响而选择职业。就业是实现自我价值的一个过程，优秀的影视文化作品能够有效地引导青少年树立正确的职业价值观，以正确的态度面对职业竞争。

引爆社会大众热议的热播电视剧《人民的名义》，让青少年对剧中刚正不阿、秉公正直的反贪局局长侯亮平、检察官陆亦可、公安局长赵东来非常崇拜，点燃了他们心中对这些认认真真、全心全意为国家为人民服务的职业的向往，加深了他们对这些职业的敬佩。

教师是人类灵魂的工程师，可能在孩提时代我们就有个当教师的梦想，张艺谋执导的《一个都不能少》给青少年留下了非常深刻的印象。影片中乡村教师魏敏芝本着教师的职责对学生负责到底，堪称教师楷模。她是一个十几岁的女孩，带领几个孩子当起了老师，就为了五十块钱的代课费，她不忘校长对她的嘱咐，直到她找到了那个丢失的学生。影片中她爱岗敬业的精神影响着人们，或许她没有一名教师的职业技能，但是她有着教师的精神，这种职业价值观正是青少年在成长过程中所必需的。

白求恩，这个名字对于中国人来说并不陌生，他的无私奉献精神值得每一个中国人学习。电影《白求恩》的播出引起了巨大的社会反响，白求恩一生朴实、勤劳，他用双手挽救了无数生命，是"真正的战士""勇士"。白求恩是加拿大人，但在中国人眼里他就是"自己人"，从白求恩去世以后，他的精神散发到每一个中国人的心中，也许有的人真的见过白求恩，也许有的人只是听说，这都没有关系，只要提起白求恩，就会想起他的朴素、无私奉献和互相关爱的精神，那么即便他死了也像活着一样。影片没有过多的渲染与修饰，只是将事实还原，青少年在观看电影时，将自身价值观与影片的主流价值观融为一体，影片中所传递的奉献精神和正确的职业价值导向对青少年起到了很好的引导作用。

（2）优秀的影视文化有利于青少年形成积极的职业心理定向

许多优秀影视文化作品中的主人翁通过积极乐观的人生态度最终实现人生梦想，让青少年看到了希望。让青少年明白只要付出了努力，只要坚持，就会有回报。如《杜拉拉升职记》中的杜拉拉，为实现当一名人力资源经理的理想而不懈努力；《士兵突击》里许三多的人生信条"不抛弃，不放弃"；《北京爱情故事》里的年轻人"北漂"的奋斗史；《丑女无敌》中的林无敌求职屡次受挫，但坚信总会遇到赏识自己的老板。

美国著名的励志电影《叫我第一名》，剧中主人公布拉德科恩在找工作时遇到了一系列困难和挫折。由于他患有一种疾病，会不自觉地肢体抽搐和发出怪声，一直被人们另眼相看，同学们也欺负他，直到他们的校长在音乐会上向全校说明一切，这时候布拉德才开始真正被大家理解接受。因为校长改变了小布拉德，他立志成为一名像校长一样的教师。在不懈的努力和永恒的决心下，布拉德最终成为一位受到周围人尊敬、热爱、支持的老师。从他身上我们看到了乐观积极的人生态度和永不言弃的精神。即使所有人都觉得他的疾病不适合当老师，他还是充满信心，坚信自己会找到一个愿意接受自己的学校。在被25所学校拒绝后，布拉德还是带着希望来到了最后一所学校，终于顺利被聘用。这部影片带给我们的是感动和希望。疾病的困扰，内心的折磨，人们的不理解，布拉德战胜了这一切，最终走向了成功。

对于今后要走向社会的青少年来说，或许会因为现实中的挫折，阻碍他们奋斗前行的脚步，导致他们会消极应试、怨天尤人，不能正确认识自己，评价自己，以致生活失去了目标。对于残酷严峻的就业择业压力，他们需要的正是像影片中主人翁布拉德这样积极乐观的生活态度。给自己设定一个目标，追寻目标前进，在挫折面前毫不退缩，总结失败经验。只要怀有梦想，努力去追求，无论遇到怎样的挑战，都要积极地面对，学会持之以恒、不轻言放弃。

青少年的职业选择是一个长期的过程，职业理想实现的前提条件就是要正确面对职业竞争。电视剧《士兵突击》播放以后，赢得了各种好评，影片中塑造了一批值得我们学习的人才，无论从做人的理念还是对待工作的态度，都值得我们深思。正如导演康洪雷曾说："《士兵突击》这部戏还是回归到'人'，它会像一面镜子，每个人会从中看到自己的影子，或者是我们成长过程中的某一个阶段。"[①] 影片里当属许三多这一人物形象最让人拍手叫好，他热爱集体、真诚待人，就凭着"不抛弃，不放弃"的一股劲努力向前，忠于国家、忠于部队、忠于人民，正是他的执着赢得了荣誉。对于青少年来说，职业生涯还有很长一段路要走，即使未来的就业前景并不是特别乐观，能够以积极的心态、正确地对待职业竞争也是成功的开始。

2. 新时期影视文化对青少年科学价值观的积极影响

科学价值观指的是人们对科学的价值的看法、观念、主观判断，[②]就是用科学的世界观和方法论来看待某一事物所具有的价值。

（1）优秀的影视文化有利于青少年科学价值观的形成

青少年时期，由于心智的不成熟，知识经验不足，社会阅历较浅，科学价值观尚未形成，他们很难用科学的世界观和方法论来评判自我，审视自己的知识结构，明了自己在成长阶段的知识需求。特别是现在社会上一些家长和教师一味追求分数的急功近利思想的不良影响，致使很大一部分青少年只重视书本知识，"死读书，读死书，读书死"，高分低能，社会生活方面的知识极其匮乏。而真正的文化和文明的发展与进步的评判不是单一的分数，而应该关乎信仰，关乎艺术，关乎道德，关乎法律和习俗。崇高的信仰、经典的艺术、纯粹的道德、公正的法律、

---

① 刘云、刘澍：《士兵突击档案》，华夏出版社2008年版，第227页。
② 刘济良：《价值观教育》，教育科学出版社2007年版，第80页。

多彩的习俗,都是青少年知识体系中不可或缺的元素。只有在青少年时期就建立起正确的科学价值观,知识框架结构合理,能力发展均衡,青少年才能在今后的人生道路上得以更快地进步、发展和提升。

随着影视文化事业的发展,一些优秀的影视栏目对青少年的科学价值观产生了积极的引导作用。比如央视网和电影网联合向青少年推荐的100部优秀的影视作品中的《仰望星空》(献礼钱学森百年诞辰)、《超级工程》(各领域的重大工程)、《横空出世》(中国第一颗原子弹的诞生)、《十二生肖故事》(讲述十二生肖的来历)等;中央电视台制作的很多科学实验类节目如《是真的吗》《我爱发明》《加油!向未来》等。这些优秀的影视作品,在自然科学和人文科学等不同的领域积极引导着青少年,使他们形成正确的科学价值观。

(2) 优秀的影视文化是青少年汲取科学知识的重要源泉

青少年的科学文化知识是否丰富,知识结构是否合理,很大程度上取决于他们日常学习和生活中接触的对象和范围。而以电影、电视等作为载体的多媒体文化有其独特的优势。特别是影视文化的直观性、形象性、生动性的特征,它几乎不受时间、地点、身份、职业等条件的限制,具有不可替代的大众化传播取向,决定了它成为一种人们喜闻乐见的接受知识的途径和源泉。其中较为广泛的受众群体就是青少年。青少年的知识获取一部分来源于书本,一部分来源于老师和家长的教育,还有很大一部分是他们通过有线或无线网络,借助手机、电脑、电视机等媒体,通过优秀的影视作品汲取丰富的知识。

如由中央电视台中文国际频道打造的特别节目《江河万里行》,真实记录生活在水边的基层民众的人生故事和生活梦想,集中展示中华文化深厚宽广的历史内涵,特别关注当下社会的新风尚、新气象,用电视化的语言书写一部关于当下中国江河的人文风土志。让青少年"望得见山""看得见水",感受得到影视文化带来的方便和快捷。纪录片《故宫》是一轴浓缩六百年文化的历史长卷,青少年在影片中感受到的不仅仅是历史的变迁、文明的进程,还有我国建筑业的辉煌,这使青少年积累了历史、建筑、美术、雕刻等许多方面的知识。《周恩来外交风云》让青少年领略20世纪最伟大的外交家风采,学习伟人从容、机智、有礼有节、诙谐幽默的外交方式。

(3) 优秀的影视文化能够塑造青少年的科学精神

影视作品来源于生活又高于生活,它们能反映我们生活的真实面貌,又比我们平淡的生活多姿多彩,是人们喜闻乐见的艺术形式。况且影视文化作品是通过图像和声音向观众传递信息,生动而色彩鲜明的图像,真实可感的声音,对青少年而言无疑有着极其强烈的吸引力。例如,《加油!向未来》《开心词典》《我爱发明》《中国诗词大会》《成语大会》《中国听写大会》《中国戏曲大会》《是真的吗》《朗读者》等电视节目,以别开生面的形式,把丰富的知识呈现在青少年面前,让青少年在轻松愉悦的氛围中,主动地掌握知识,激发了他们学习科学的热情,养成了他们正确学习科学的方法,形成了正确的科学思维方式,培养了科学精神。

3. 新时期影视文化对青少年人生价值观的积极影响

(1) 优秀影视作品能引导青少年形成正确的人生价值观

人生价值观是人们在认识、评价人生活动所具有的价值属性时所持有的根本观点和看法。它关系到人生的意义和价值的取向问题。一个人的人生价值的实现和很多因素有密切关系,比如理想、意志、能力、行动等。对人生的目的、人生的价值的追求不同,就必然影响对荣辱得失、奉献索取、现实理想、精神物质等的正确评判。青少年时期,人生价值观尚处于模糊阶段,青少年接触的那些内容健康、积极向上的优秀影视作品对他们无疑起着重要的引导作用,帮助青少年明确人生目标和方向,树立远大的理想,正确理解人生的真谛。

优秀的影视作品《焦裕禄》《任长霞》用无私奉献、一心为民的精神诠释了共产党员的人生价值。《当幸福来敲门》用乐观坚强的父爱告诉青少年物质财富并不是所有的幸福,在艰苦的生活中,亲人之间的相互关心和鼓励、相互理解和扶持才是真正的幸福;《开国大典》《甲午风云》《周恩来》等影视作品,用伟大的政治家、革命家、军事家的艰苦卓绝的斗争精神感染青少年,让他们懂得什么是真正的伟大,什么是真正的爱国,什么是生命最大的意义和价值;《阿甘正传》《大长今》这些优秀的影视作品同样以主人公的执着坚强引领着青少年,激励他们产生面对逆境坚忍不拔、刚健不息的意志和勇气。

可见,优秀的影视文化作品有利于引导青少年形成正确的人生价值观，引导青少年学会用正确的人生态度面对学习、生活中遇到的挫折和难题，保持健康、积极向上的心态，树立远大的人生目标，养成不畏艰难的意志，实现自己的人生理想。

（2）优秀的影视文化能激发青少年独立自主的主体意识

青少年时期是人格健全发展的重要时期，独立自主的主体意识的培养和养成，认识自我，欣赏自我，坚持自我，完善自我，有助于青少年在以后的人生道路上勇于担当，以主人公的使命感更好地积极创造，实现自我价值。优秀的影视艺术作品，特别是一些励志作品，能够很好地激发青少年独立自主的主体意识。

电视剧《奋斗》《我的青春谁做主》《红衣少女》《孙文少年行》《大闹天宫》等把青少年非常感兴趣的独立进取、张扬个性、刻苦顽强、大胆挑战等主体意识，在一个个与众不同的艺术形象中淋漓尽致地展现出来。青少年喜欢美猴王，并不仅仅是因为它的造型可爱，具有美感，更多地是喜欢美猴王身上大胆率性、勇于挑战的美好品质；青少年欣赏孙文，是因为影片表现了孙文从12岁到17岁的生活经历和心理发展轨迹，封建社会的愚昧使少年的孙文感到困惑，后来他立志改良社会，改良国家，拯救民族，从而开辟一条崭新的人生道路。从艺术形象身上，青少年找到自我比照的结合点，进一步激发他们追求认识自我，正确评判；欣赏自我，奖励肯定；坚持自我，心无旁骛；完善自我，追求提高的自主意识。

（3）优秀的影视文化能增强青少年的社会责任感

影视文化传播的思想文化导向应该以构建社会主义核心价值体系为主旋律，通过影视作品的传播，弘扬社会正能量，使社会责任感不强、社会责任意识薄弱的青少年受到潜移默化的熏陶。因为一部优秀的影视文化作品能高效、迅疾地把丰富的社会信息，以其独特的个性和影响力将积极的社会责任理念传输给青少年。特别是一些影视媒体播放的公益广告，在培养青少年社会责任意识方面，功不可没。因为公益广告具有简捷明快、形象生动、极富感染力的特点，并且公益广告的表现形式往往更加新颖，制作更加细致精美，导向性更加鲜明，情感的切入更能找到合适的契机。这些特点对喜欢新潮、思维活跃、好奇心强的青少年来说，无疑是拥有不可抗拒的影响力。青少年在这些优秀的公益广告中受益，社会责任意识得以加强。

随着社会的发展，人们对生态环境的保护意识在逐步加强，一些优秀的公益广告通过影视媒体，更广泛深入地影响着青少年。如中央电视台第九套节目中曾经播放过"健康饮食，拒绝一次性筷子"的公益广告，用形象直观、色彩鲜明的一双筷子的图片，下面配以简洁生动的文字，从视觉和心理等方面对青少年产生极为强烈的冲击。"一次性筷子的危害"就被强化在青少年的意识之中，从而增强他们的社会责任感，认识到"保护环境人人有责"这一命题的重大意义。

（4）优秀的影视文化能提高青少年的团结协作意识

作为独立个体存在的青少年，一方面追求自主意识，一方面又要提高协作意识。这两种意识是相辅相成的。当今社会快速而多元地发展，社会的进步、国家的繁荣都需要每一个人的努力和付出。哪怕是某一领域的技术革新，都离不开每一个参与者的互助协作。经典影视作品《铁道游击队》抗战英豪万众一心共同抗日，谋求民族的解放；周星驰的《少年足球》凸显团结协作精神对个人、对集体的重要意义；备受青少年追捧的《奔跑吧兄弟》和《高能少年团》更是在潜移默化中教会了青少年学会团结互助，培养团队合作的意识。青少年从这一类优秀的影视艺术中明白个人和集体的辩证关系，为以后走向社会、服务社会奠定良好的基础。

4. 新时期影视文化对青少年生活价值观的积极影响

（1）健康向上的影视文化能促进青少年形成乐观进取的生活价值观

生活价值观一般指人们对待生活的意识以及态度的整体概括，是对待生活中的基本问题的具体态度和看法。生活价值观决定着一个人的生活方式、生活态度和生活理想，同时也影响和制约着整个社会的思想文明的发展程度。乐观向上的生活态度，豁达开朗的性格是人们健康幸福生活的催化剂。而青少年因为年龄、阅历的原因，心智发展尚不成熟，自我调节的能力不足，独自面对生活中的困难，解决生活中的问题的能力尚不够强。现实生活总以它千姿百态的面孔呈现在青少年面前，有顺境有逆境，有成功也有失败。当他们学习、生活中遇到困难、挫折、失败，哪怕是小小的误解，而这些又不能及时解决的时候，都可能让他们心情抑郁，往往会产生逃避、气馁、自卑，甚至绝望等不良情绪，消解生活的幸福感，使他们态度偏激，怀疑生活，甚至失去对生活的信心而采取极端的做法，酿成惨剧。而内容健康、积极向上的优秀影视文化对青少年正确生活价值观的形成有着积极的影响。

电影《当幸福来敲门》就是这样一部让人感动、催人进取、乐观向上的艺术作品。黑人克里斯是一名非常普通的医疗器械推销员，生活拮据，妻子离开后，他和五岁的儿子相依为命。"我们一定会好起来的""我们一定能够好起来"是他对待艰难生活的乐观宣言和挑战。就是凭着这种乐观向上的积极态度和深厚淳朴的父子之爱，克里斯赢得了工作的机会，保护儿子心理不受伤害，让儿子始终生活在安全和愉快的氛围之中，使儿子幸福健康地生活、成长。克里斯的乐观向上的生活态度，对青少年产生极强烈的心灵震撼，让他们学会了如何以自己的积极进取迎接生活，以乐观的态度对待生活。电影《风雨哈佛路》通过讲述纽约女孩莉斯在经历了人生的艰辛和磨难，凭借着自己不断努力，最终走进了著名学府哈佛大学的故事，让青少年看到一个苦难贫穷的女孩在苦难面前，可以用执着的信念和顽强的毅力改写自己命运、改变人生轨迹。这些健康向上的影视文化作品能够带给青少年巨大的精神力量和鼓舞，当他们在面对学习、生活中的低谷时以及遇到成长中的困惑时，学会积极乐观地迎接生命的挑战。

（2）健康向上的影视文化以榜样的力量引导着青少年良好的行为方式

青少年时期是人的好奇心和求知欲极为强烈的阶段。青少年对新奇的事物有着浓厚的探索兴趣，对自己喜欢的人物乐于模仿。而模仿又是青少年成长发展的一种必要的途径，青少年在模仿中认知能力得以提高，逐步完成个体的社会化。而提供可模仿榜样的最佳渠道无疑是各种媒体，电视剧、电影都会提供给青少年可模仿的优秀人物和卓越的行为风格。优秀的影视作品中以生动曲折的故事情节为载体，塑造许许多多艺术典范。

如中央电视台通过优秀栏目《感动中国》，向观众推荐了许多杰出的人物，袁隆平、丛飞、王顺友、姚明等，或展现人物逆境中自强不息，或展现人物惜时好学、勤奋刻苦，或展现人物默默奉献、爱岗敬业，形象或伟大，或平凡，但都以他们独特的人格魅力吸引着青少年，给青少年指引了追求的方向，青少年在学习模仿的过程中，主动或被动地改变了自己的生活方式。影片《中国合伙人》，通过讲述三位主人公历经磨难却始终不屈不挠地奋斗、最终获得事业成功的故事，使青少年在情感、道德、意志等方面深深地受到感染和熏陶，表示要学习主人公吃苦耐劳、顽强拼搏的精神。可见，青少年在观看影视文化节目时，很容易被节目中的故事激发出情感，引起青少年内心世界的共鸣。

（3）健康向上的影视文化促进青少年养成良好的生活习惯

青少年有着特定时期的心理特性，对生活也有着自己特定的利益和需求。现实生活中巨大的学习压力让许多青少年每天生活在极度的压抑、忧虑、焦躁、恐慌之中。父母、老师的期望无形中又加剧了这些不良情绪。他们的这些不良情绪，急需舒解或者转移。而排遣这些不良情绪的载体可以有许多种，生动形象、直观可感的影视作品是他们缓解压力，释放不良情绪的一剂良药。

如近两年备受好评的动画电影《疯狂动物城》《功夫熊猫》《冰川时代》《小王子》等，它们贴近青少年的欣赏视角和心理，满足青少年的心理需求，缓解了学习压力，释放了不良情绪。因此，影视文化的娱乐作用对青少年来说至关重要。

5. 新时期影视文化对青少年道德价值观的积极影响

道德价值观"是指个体对事物做出是否具有道德价值的判断时所持的内在尺度。它与其他价值观的明显区别在于：由它所支配的价值判断具有道德的含义，而其他价值判断则不具有道德的含义。在实际社会生活中，个体追求何种道德生活、崇尚何种道德信条、接受何种道德规范、做出何种道德判断和道德评价、欣赏何种道德行为、选择何种道德行为、如何实施其道德行为以及产生何种道德情感体验等，这一切无不受到个体的价值观的支配、调节和控制"①。

作为大众传播媒介的影视文化节目，以生动、有趣、极富感染力的艺术形式表现出来，影视文化节目中要传达的主旨对国家和民族的文化、伦理道德甚至社会的团结稳定都有非常巨大的影响，对青少年也会起到极大的教育作用。许多优秀的影视文化作品赞扬了艰苦奋斗、无私

---

① 李红：《道德价值观的结构及其教育模式》，《教育研究》1994年第10期。

奉献的精神，弘扬了报效祖国、回馈社会的远大理想，讴歌了英雄人物舍生取义的浩然正气，符合社会主义核心价值观，对青少年的道德价值观发挥了积极的影响。

（1）积极向上的影视文化能培养青少年的道德认知，丰富青少年的道德情感

内容积极、健康向上的优秀影视文化作品有利于培养青少年的爱国主义精神，增强他们的民族意识、民族观念和民族认同感，能够培养他们的民族自豪感，使他们树立国家高于一切的道德观念，正确处理个人和集体、个人和国家之间的关系，提高"国家兴亡匹夫有责"的主人公责任感。当今社会，个人主义、功利主义价值观盛行，青少年面对个人、集体和社会关系出现冲突感到迷茫的时候，可以通过健康向上的影视作品引导青少年的价值观朝着集体主义、爱国主义的方向发展。能够激发青少年追求理想和催人奋进的电影作品，以反映一切有利于民族团结、社会进步、人民幸福的思想内容为指针，以激发人们爱国主义、集体主义为目的的重大题材影片，我们称之为主旋律电影。这一类电影作品通过重大的历史题材和现实题材，或者普通人物身上的高尚伦理标准和道德情操，来弘扬集体主义精神和爱国主义精神。

例如，影视作品《甲午风云》中以邓世昌为代表的爱国官兵和威海百姓坚决要求对日宣战，并誓死卫国的英雄形象，让广大青少年肃然起敬。通过观看真实反映二战结束后盟军对日本法西斯分子进行正义审判的影片《东京审判》，使青少年深刻感受到战争给人们带来的深重灾难，使他们铭记历史，以史为鉴，激发他们追求和平，热爱祖国的崇高情怀。《沙鸥》——中国女排走向世界，《郑和下西洋》——600年前我们就实力非凡，《开国大典》——中华民族站立的宣言，《李时珍》——医学领域杰出的贡献，这些优秀影视作品通过感人的故事，鲜明的画面，以强烈的感染力对青少年进行精神的洗礼，让青少年心中涌起无限的民族自豪感。

（2）优秀的影视文化能引导青少年遵守社会公德，规范青少年的道德行为

社会公德是社会共同体在生活中应该遵守的行为规范和道德准则。它约定俗成地要求和约束着人们的思想、行为。文明礼貌、助人为乐、

爱护公物、保护环境、遵纪守法是它的基本内容。青少年的社会公德意识一部分来自学校、家庭、社会的教育，另一部分来自影视节目的熏陶。影视文化具有时代性、现实性、针对性等特点，能够为青少年提供符合当前社会需求的人文精神，传递适应当前社会要求的道德准则、道德良知、道德行为，从而使青少年具有正确的判断能力，做到明辨是非，约束自己，提升自己的道德素养。

《幸福时光》《离开雷锋的日子》《风雨哈佛路》《南极大冒险》《网络少年》《辛德勒名单》等这些优秀的影视作品，让青少年感悟到助人为乐、文明礼貌对一个人获得精神愉悦是多么重要，而爱护公物、保护环境、遵纪守法又决定了一个人能够有尊严、有幸福感地生活。优秀的影视作品能够弘扬我们中华民族的优良传统，尊老爱幼、与人为善、善良宽容、诚实守信使青少年懂得如何与他人相处，如何使自己成为一个有道德的人，是青少年提升自我修养的精神家园。由此可见，影视文化不仅能够丰富青少年的道德情感，而且能够规范青少年的道德行为，使青少年明确哪些行为是符合社会公德、道德标准的，进而规避那些不符合社会公德的行为。

6. 新时期影视文化对青少年审美价值观的积极影响

"审美价值观是指人们从美学的角度对事物产生的认识与评价所反映出来的价值意识和价值判断。"① 审美价值观体现在个体对于艺术、自然、人物的价值追求和价值评价之中。由于个体的差异性，每个人对于美的认知和评价都是不同的，是有一定差异的。一个人的审美价值观一旦形成，就会在情感和态度上流露出对客体的欣赏或者不欣赏、喜欢或者不喜欢的价值倾向。

（1）优秀的影视文化能满足青少年的审美需求

影视文化是以电影作品、电视作品为载体，集文学、音乐、戏剧、美术、舞蹈、摄影等多种艺术为一体的综合性艺术。通过画面、声音、色彩呈现艺术形象，反映社会生活，给人视听等多方面的艺术享受。青少年的年龄特点决定了他们更容易接受生动、直观、画面鲜明、形象逼真的艺术熏陶。愉悦身心是青少年观看影视作品最原始的动机，风趣幽

---

① 韩璐：《以审美价值为基础的艺术的社会功能》，《美术教育研究》2011年第2期。

默、生动曲折的故事情节吸引着他们,人物的悲欢离合让他们为之欢笑,为之落泪。

许多制作精良的动画电影如《龙猫》《千与千寻》《你的名字》《在这世界的角落》等,画风清新,画面优美,故事情节动人,能够让成长中的青少年释放内心的压力,满足青少年的审美需求,在青少年群体中十分受欢迎。电视剧《琅琊榜》《平凡的世界》《北京青年》,娱乐节目《快乐大本营》《天天向上》《爸爸去哪儿》陪伴着青少年的业余生活,青少年之所以百看不厌,最主要的原因是这些影视作品能带给青少年轻松愉快的情感体验,丰富了他们的生活,愉悦了他们的身心,满足了他们的审美需求。

(2) 优秀的影视文化能使青少年提高审美品位

影视作品不仅能满足青少年的审美需求,而且能净化他们的心灵,提高他们的审美品位。很多精心制作的具有浓厚艺术氛围的电影电视节目,会使青少年在潜移默化中接受到高雅艺术的熏陶,进而逐步提高青少年的艺术修养和审美品位。一些优质的影视文化作品,不仅具有形式上的美感,更有丰富美好的内容,是极具艺术价值的作品。

青少年通过观看这些优质的影视文化节目,如《美丽中国行》《国家地理》《舌尖上的中国》《中国诗词大会》等节目领略祖国的山水美、文化美、风俗美、音乐美,净化自己的心灵,提高自己审美水平。影视公益广告通过形象的画面、朴素的语言寄寓深刻的道理,启迪心智,净化灵魂。电视剧《红高粱》借助一望无垠的红高粱绘制了顽强抗争的生命画卷,呈现出色彩美,更体现出人性美。话剧《雷雨》借音响再造了一个真实的雷电交加的环境,给人们带来身临其境的心理与情绪体验,呈现出音乐美。《雷雨》通过对白、旁白和独白等不同的语言方式,表现鲁侍萍、周朴园等人物性格、形成情感和理智的冲击,推动情节发展,呈现出语言美。

优秀的影视文化完美的融合了美术、音乐、文学、摄影等艺术要素,融会贯通了各个艺术领域对于美的诠释。青少年通过观看这些精心制作的具有浓厚艺术感的影视文化作品会自觉地以美的要求来规范自己。可见,优秀影视文化提升了青少年的审美品位、审美情趣和审美能力,培养青少年树立正确的审美价值观。

（二）新时期影视文化对青少年价值观的消极影响

著名作家余秋雨在《行者无疆》中写道："文化本来应该是一种提醒和思索的力量，却又常常适得其反，变成了颠倒轻重缓急的迷魂阵。"① 同样，寓于影视作品中的文化也是如此，它给青少年价值观带来积极影响的同时，也会给青少年的价值观造成一定不容忽视的消极影响。

1. 新时期影视文化造成青少年职业价值观的世俗化

近几年，一些影视作品过分夸大"成功人士""企业家"的光环，让青少对成功人士的向往和崇拜有增无减。事实上，青少年只关注他们成功后的辉煌，而没有看到他们成功背后付出的努力。2010年3月11日，《中国青年报》刊登了某网站发起一项针对7837名高三学生职业理想的调查，他们的职业理想依次为：公务员、律师、医生、记者等。② 受这项调查的影响，中国科学院当年又选择了北京两所中学和两所小学1180名学生，进行了关于9项职业理想的再次调查，结果排名第一的是企业家，第二是娱乐明星，科学家排倒数第三，农民、工人排名最末。③ 有学者认为这是当前社会价值取向普遍倾向实用主义与功利主义所致。

受一些影视文化作品的影响，青少年在择业的时候把工资条件作为主要依据，以个人利益优先，只要收入高的单位就列在考虑范围，但是工资水平高的单位并不占多数，这样找工作容易出现扎堆现象，导致学非所用、专业不对口的现象产生，这一现象在大学生就业情况中比较常见。从近几年的就业形势可以看出，有一部分大学生的职业价值观变得功利化。

《杜拉拉升职记》这部影视作品并不陌生，剧中讲述职场生涯，作品中不乏虚构和改编，对于现实生活的刻画提高了一个档次，让受众混淆现实世界与虚幻世界。这部影视作品有电影版和电视剧版，两个表现

---

① 余秋雨：《行者无疆》，华艺出版社2001年版，第86页。
② 雷宇：《是谁让王庭大委员哽咽无语——"科学家被青少年冷落"成代表委员关切话题》，《中国青年报》2010年3月11日。
③ 同上。

形式不同，其内容也稍有偏差，电影版突出爱情故事，电视剧版突出职场故事，二者有一个共同点就是扩大白领阶层的生活光环，对于努力奋斗的职业生涯则是轻描淡写，这容易使青少年美化职场生活，忽略职场奋斗的过程，形成向"钱"看的职业价值观。不可否认，受影视作品影响，青少年认为金钱是财富的象征，变得功利化、世俗化，把金钱作为人生追求目标。人生目标的实现是一个长期过程，没有奋斗就谈不上成功，青少年的职业观也变得越来越功利化。近几年的各大电视台制作的选秀节目如：《超级女声》《快乐男声》《中国好声音》《星光大道》等，捧红了一代代新秀，一夜成名的明星更屡见不鲜，这对青少年影响几乎是全方位的，这些选秀节目也相继出现在影视作品中。除此之外，一些成功人士的经历也被拍成电影，如以新东方创始人俞敏洪的奋斗历程为蓝本制作的电影《中国合伙人》让青少年羡慕不已。影片过多地强调了成功带来的光环，而那些努力走向成功的征途中历经的种种挫折与艰辛却轻描淡写，社会上的成功学毒害了年轻人，在没有走出校门的时候就梦想着自己可以成为马云、成为王健林、成为俞敏洪等成功人士。受影视作品的影响，青少年在择业方面变得功利化、世俗化，社会现实问题让青少年重新审视了职业价值观，个人主义、拜金主义的思想倾向日益严重。

2. 新时期影视文化造成青少年人生价值观的功利化

一些宣扬功利主义的低俗不健康的影视文化，会对青少年的人生价值观产生不良的影响，导致青少年人文精神和精神信仰的缺失。由于青少年青春期特有的"求异"心理，以及他们极强的模仿欲望，使他们想要主动接触那些具有非常强烈感官刺激的影视文化。国内外那些宣扬功利主义的低俗影视作品必将导致青少年形成个人主义、利己主义、享乐主义、颓废主义的人生价值观。"一些青春偶像剧中，年纪轻轻的男女主角，不需要努力奋斗就可以过上挥金如土的生活，不用努力工作就能享受锦衣玉食的优质生活，肆意挥霍金钱、物质，没有对未来生活的规划，一切得来得轻而易举，让沉迷其中的大学生忽视了自身的条件差异和现实环境，眼高手低、好高骛远，缺乏脚踏实地的精神，对人生的精神境界和终极意义理解有偏差，非常容易形成享乐主义、拜金主义、消费主义、个人主义等……对他们形成正确的人生观价值观造成巨大的冲击和危害。"[1]

受功利主义思想的驱使,一夜成名、出人头地、获得物质的利益,这使许多尚在学校读书,学习科学文化知识的青少年热衷于参加一些选秀节目。他们认为这样的成功很容易,一旦成为优胜者,他们所希望的物质生活就会唾手可得,没必要刻苦学习、努力拼搏。踏实勤奋、严谨认真的学习精神被遗忘,父辈们"为中华崛起而读书""报效祖国、服务社会"的人生理想在他们眼中已经过时。他们读书是为了将来能谋得一份高薪工作,金钱至上、"有钱没有办不成的事"是他们的人生信条。

还有的影视文化作品,充溢着阴晦负面的思想,比如一些影视作品中,展示着遇到挫折,就逃避退缩,甚至自杀的情节,以及不珍惜生命、不尊重他人的感受的情景。青少年受这些萎靡不振的影视文化的影响,出现精神迷茫、没有激情、抑郁自卑、封闭狭隘等心理不健康的表现。这些青少年往往沉迷于影视作品虚拟的世界中不能自拔,应对现实生活的能力很差,甚至没有。一旦学习生活中遇到挫折,被人误解,经常不能很快地调整自己的情绪,以致心情更加抑郁,或者对生活失去信心,走上自杀的道路。比如,有的青少年因为作业多而选择了跳楼,结束了自己宝贵的生命。2012年人民网报道俄罗斯两周内有12名青少年受日本动漫中美化自杀的影响,相继自杀。可见不健康的影视文化对青少年的危害是多么令人痛心。

3. 新时期影视文化造成青少年生活价值观的庸俗化

低俗的影视文化影响了青少年的生活方式,使青少年生活目标低俗化,追求过度消费。现在的影视作品,特别是青少年感兴趣的青春偶像剧和一些综艺类娱乐节目,人物造型夸张、衣着华丽、道具精美,极尽奢华。甚至有的著名演员,出则名车,入则豪宅,一掷千金。据一项针对"是否会模仿美国影视剧中的休闲娱乐方式或穿衣打扮的调查"显示,有20.8%的受访者表示会经常关注其中的名牌商品,有45.1%的受访者表示偶尔关注,有72.2%的受访者表示羡慕美国影视剧中物质享

---

[1] 危灿晶:《当前影视文化对大学生思想政治教育的影响及对策研究》,硕士学位论文,重庆师范大学,2015年。

乐的生活方式。① 青少年会对他们的这种奢华生活心生艳羡之情，从而模仿他们的生活方式，以和他们使用同样的生活用品为荣，想方设法去追随他们，有的甚至渴望成为他们中的一个。一部影视作品的播出，往往会随之产生一些流行的东西，而低俗影视中物欲观念、生活价值趋于功利性，都会对青少年的生活价值观产生负面影响。

青少年价值观的功利性使他们强烈地追求和憧憬富裕的物质生活，使他们越来越渴望得到物欲的满足。他们会错误地把穿名牌、拎名包视为荣耀。生活目标低俗化，物质消费过度，必然使青少年丧失远大的人生理想，逐渐生活态度消极，不再拼搏奋斗。"电视节目庸俗化使得社会公民只重视物质价值，个人主义、享乐主义盛行，社会责任感缺失等等倾向越来越严重。"② 为了得到喜欢的东西，满足虚荣心，有的青少年不顾家庭的实际经济情况，奢侈消费；还有的青少年行为失范，会去偷盗、抢劫，走上违法犯罪的道路。低俗的影视文化不仅使青少年生活目标庸俗化，过分地追求物质的东西，忽略了生活中的精神追求，还会对青少年的身心健康成长产生极大的危害。

2009年中国疾控中心控烟办主办的"倡导无烟影视净化荧屏"的新闻发布会上发布的调查结果令人震惊："2008年、2009年热播的70部电影作品中，有40部电影有吸烟镜头"，甚至有的吸烟镜头占总片长的11.7%。这些吸烟的镜头，对喜欢模仿而又意志力比较薄弱的青少年具有极强的诱惑力，使青少年吸烟的人数增加，对他们的身心造成很大的伤害。

4. 新时期影视文化造成青少年道德价值观的模糊化

内容庸俗、思想消极、偏离正常伦理道德价值的影视文化会淡化青少年的法制观念，使青少年道德观念模糊，思想道德滑坡，道德价值模糊化。特别是一些影视作品宣扬西方资产阶级道德价值观，忽视中华民族传统的伦理道德价值观，对青少年文明礼貌、善良诚实、遵纪守信、尊老爱幼、关爱他人、敬重师长等道德观念造成不良的影响。如一些影

---

① 梁雯婷：《美国影视文化对大学生价值观的影响及对策分析——以福州地区省属高校为例》，硕士学位论文，福建农林大学，2012年。

② 鲁婧：《电视节目的娱乐化流变及思考》，《媒体观察》2012年第7期。

视作品，突出夸大师生矛盾，丑化教师；强调家庭成员之间的思想冲突，丑化邻里关系。师生之间、邻里之间、家庭成员之间，因为一点思想的分歧而明争暗斗，互相伤害，这违背了我们中华民族敬重师长、和睦团结的传统美德，让一些青少年对教师、家长、朋友在思想上产生隔膜、猜疑甚至仇恨。有的青少年和父母关系紧张，不懂得感恩父母、孝敬父母、自私唯我。朋友之间彼此不信任，不和谐，人际关系处理不好，还直接影响了青少年的社会化进程，使他们难以融入社会，难以实现自己的社会价值。

还有一些港台剧、韩剧和西方影视剧，削弱了青少年的成才意识、社会责任感和使命感。兼之我国有些影视作品受商品经济和西方拜金主义、个人主义、利己主义等消极价值观的影响，色情、暴力等庸俗情节泛滥、人性表现片面化的现象，让青少年道德价值取向不明晰，他们对善恶、对错、美丑的界限模糊，社会公德缺失。如《色戒》和《春去冬来》等一些影视文化作品裸、露、脱等不雅的场面频频出现，青少年在这些低俗的镜头诱惑之下，出现了早恋倾向和性道德问题。《人生十六七》杂志曾经对中学生进行过问卷调查，调查结果显示，25.5%的中学生承认自己曾经早恋过或者正处于早恋阶段。并且现在的青少年性观念开放，他们和异性接触时拉手、拥抱、接吻、有性行为。百度资料显示，在全国每年人工流产的病例中，未成年人竟然占了1/4。甚至有的青少年受黄赌毒影视作品的影响，走上了偷盗、抢劫、杀人的犯罪道路。

5. 新时期影视文化造成青少年审美价值观的低俗化

内容低俗、不健康的影视文化使青少年审美取向呈现低俗化。青少年审美品位低俗化最直接的表现是审美追求感性化。影视文化通过生动悦目、形象直观的画面以及特殊的音乐效果让观众产生强烈的视听刺激，得到审美享受。据统计，南疆高校有70.9%的大学生认为韩剧对自己的审美观产生了影响，有47%以上的同学特别喜欢观看韩剧，且很容易受韩流思想的影响，尤其在穿衣打扮、发型设计方面。[①] 而有的不良

---

① 王青青：《影视文化对南疆地区大学生思想政治教育的影响研究》，硕士学位论文，喀什大学，2016年。

商人，狂热追求经济利益，片面理解"形象""刺激"，粗制滥造出一些庸俗、低劣的影视作品。夸张的人物造型，前卫的服饰装扮，滑稽粗俗的台词让青少年只注重对影视文化的直接感官的体验，而忽视了影视文化的真正意义，从而降低了青少年的审美品位。这种庸俗的影视氛围使得青少年对原本就划分不清的是非、真伪、善恶、美丑、荣辱的界限变得更加模糊、混乱和颠倒。他们追求奇异夸张的衣着打扮：乞丐服、吊裆裤、露脐装，包括一些文化衫上的文字图案，什么"烦着呢，别理我""走自己的路，让别人无路可走""我是老大我怕谁"，什么骷髅图、怪兽图，用怪异标榜所谓的个性，陷入粗俗的审美泥淖。以丑为美，以怪为美，不辨是非是一部分青少年错误的审美价值取向。

青少年审美品位的低俗化还表现在对高雅文化的认同感降低，对"快餐"式文化的热衷。比如我国四大古典名著，现在的大部分青少年没有完整的阅读，其中《红楼梦》阅读量更少。近期热播的《中国诗词大会》《见字如面》等一批具有丰富文化性的节目对青少年的吸引力并不明显。但是诸如《非诚勿扰》《黄金单身汉》这类相亲栏目，《中国好声音》《超级女声》等选秀节目，《男生女生向前冲》《爸爸去哪儿》这些真人秀节目等"快餐"式文化栏目，青少年却津津乐道、耳熟能详。青少年对高雅文化的疏离，对"快餐"式文化的热衷必然影响高雅经典的文化传统的继承和发扬，同时，也导致其审美价值观的低俗化。

6. 新时期影视文化造成青少年生命价值观的漠然化

充满暴力、色情的影视文化导致青少年形成错误的生命价值观，影响了他们身心的健康发展。生命的意义首先应该是我们对个体和他人生命的珍视和尊重，然后才是创造生命价值。尊重生命，努力向善，创造价值，这才是青少年应该树立的生命价值观。但是随着商品经济的不断发展，经济利益的驱使，经济大潮的冲击，一些影视文化出现了商品化、低俗化、功利化的现象，大量充满血腥暴力、色情内容的影视作品充斥市场，目的是为了吸引更多的人收看以提高收视率。

青少年好奇心和求知欲强，对新鲜事物接受速度快，但是由于他们年龄的限制，决定了他们的知识、阅历、经验等方面的不足，面对低俗影视文化的强烈感官刺激，他们往往会沉迷其中，暴力、血腥的画面看得多了，他们甚至心灵麻木，漠视生命。不仅会对现实生活中的种种伤害变得迟钝麻木，失去善良生命应该有的同情心，甚至会模仿影视文化中的暴力行为，伤害自己和他人的生命。香港动作片《古惑仔》90年代末在大陆迅速流行，小学生、初中生、高中生在家里，或者在录像厅里为《古惑仔》痴狂。青春叛逆的男生打耳钉、喝酒、抽烟、拉帮结派，甚至劫钱、砍杀，漠视他人的生命。台湾电视剧《流星花园》的音像制品已使青少年受到严重不良影响。太原某中学少数学生模仿《流星花园》中的F4，在学校内打骂同学、辱骂老师、借钱不还、调戏女生，被师生们称为"春秋五霸"。新华网曾经报道，"动画片《喜羊羊与灰太狼》中，灰太狼平底锅砸过9544次，被抓过1380次，喜羊羊被煮过839次，被电过1755次。"一些未成年人模仿这样的剧情，烧伤、砸伤玩伴的悲剧时有发生。青少年受血腥、暴力影视文化的毒害，盲目崇尚暴力、崇拜英雄而酿成悲剧的现象已经成为社会的一大问题。

三　新时期影视文化对青少年价值观消极影响的归因分析

（一）新时期影视文化自身的问题

随着经济全球化的进一步发展，人们的价值观在潜移默化地改变着，价值观的功利性也不断地被强化。在经济利益的驱动下，一些影视工作者被金钱所奴役，唯利是图，丧失了自己的职业道德。而影视作品商品化，一味追求收视率，必然在同行业之间产生激烈的竞争。再者，我国影视文化在结构和体制方面的矛盾突出，电视台多、频道多、频道资源过剩，更加剧了影视收视率的激烈竞争。因此，分析影视文化对青少年价值观产生的消极影响，必须直面部分不良影视文化自身存在的问题。

1. 部分影视文化作品的不正确价值导向

一些影视文化工作者为了谋求自身的商业利益，不惜迎合大众的庸俗文化需求，制作出一些娱乐性极强的庸俗影视文化作品，大肆宣扬享乐主义、拜金主义、个人主义等错误价值观念。在竞争激烈的当今社会，青少年面对巨大的学习和升学压力，通常会选择一些娱乐性极强的电影电视节目来调节自己紧张的情绪、释放自己内心的压力。而这些娱乐性极强的影视文化作品往往充斥着功利、拜金、享乐、消费等不利于青少年建构正确价值观念的元素。这些具有极大诱惑力的影视文化作品对于青少年的价值观念会产生一定的误导。

2. 部分影视文化作品过度泛娱乐化

当前的许多影视文化作品过度泛娱乐化的现象十分严重，影视文化制作者往往会在电影、电视节目中增加大量的娱乐内容以吸引观众，提高收视率，这也就导致了一些影视文化作品质量的低劣和内容的低俗。面对激烈的市场竞争，为了提高收视率，有的媒体就在低俗、庸俗、猎奇、色情、暴力方面做文章。粗制滥造、篡改成风，宫廷剧、穿越剧、无厘头的电影电视节目充斥影视文化行业。如这几年备受热捧的穿越剧、宫廷剧、恶搞喜剧等，这些类型的电视剧将稀奇古怪、博人眼球、扭曲事实的剧情呈现给观众，夸张的艺术加工、杜撰了历史情节、恶搞了传统文化，甚至还传递出一些不符合社会道德的观念，在一定程度上给青少年造成了负面的影响。像一些宫廷剧，采取穿越的荒诞剧情，让现实中的人物和古代的人物一起出现，争风吃醋、钩心斗角。还有的历史剧，篡改成风，"戏说"为主、杜撰情节、严重失实。还有一些影视文化作品如大型相亲节目《非诚勿扰》，为了制造话题吸引观众、提高收视率，在节目中过度宣扬拜金主义和享乐主义，很容易把涉世未深的青少年引入价值观的误区里。

这些低俗的影视文化对青少年的价值观产生了很大的消极影响，也阻碍了主旋律影视文化的传播和发展，削弱了主旋律影视文化对青少年价值观的教育力量。同时，主旋律影视文化原创力不足、发展存在误区。一些战争题材反映英雄人物形象的作品，存在过分拔高的问题，比如有的影视剧中英雄人物徒手撕鬼子，以一敌百，过分宣扬个人主义和英雄主义。品位低下、舆论导向偏差等主观、客观因素的综合，给青少年的价值观带来消极影响也就在所难免了。

（二）青少年自身的原因

低俗影视文化之所以对青少年的价值观产生多方面的消极影响，除影视文化本身低俗不健康之外，青少年自身也有很多的问题。青少年自身的问题是他们受到消极影响的最主要原因。

1. 青少年对影视媒介的过度依赖

当今社会，人们的工作和生活离不开各种各样的信息，信息资源已经成为一种宝贵的财富。科技的进步，信息技术的发展，使人们接受知识的途径愈来愈倾向于大众传媒。作为掌握着海量信息资源的大众传媒，已经成为人们生活中必不可少的重要组成部分，备受人们的追捧与欢迎。同样，青少年也热衷于从各种电影电视节目中获取知识与信息。青少年的成长离不开影视文化节目，观看电影电视节目已经成为青少年最主要的消遣娱乐方式之一，是生活中不可或缺的重要组成部分。青少年对影视媒介过度的依赖，导致了他们极易受到影视文化节目中所传递的信息的影响。青少年接触的影视文化作品越多，受到影响的概率就越大。

2. 青少年的个体差异

青少年心理因素存在个体差异，选择接收何种媒介信息，一方面是出于他们追求个性的心理影响，另一方面是出于从众的心理。个人与社会是相关联的，青少年接收的信息和对信息的态度和看法，会受到家庭成员、伙伴或朋友的影响，进而影响到个人的态度和行为。尤其是这时期依恋关系的转移，受小伙伴的影响更大，为了和小伙伴有共同话题，得到认可和接纳，会倾向于大多数人的选择。

青少年由于个体经历的不同，对于所选择的媒介信息内容以及对于信息内容的解读也有所不同。家庭关系的和谐与否，也会对青少年的影视选择产生影响。家庭关系不和谐的，孩子比较缺乏安全感，性格也比较孤僻不善与人交流，情绪也容易产生波动、易怒，可能更宁愿与媒介打交道，在影视作品的选择上就比较倾向看打斗、凶杀的影视作品。

青少年对于媒介信息的选择，还出于个人的需求，会根据自己的兴趣或是其他动机，在众多的信息中选择自己所需要的信息；对于所选择信息的理解和解释，由于背景的不同也会做出不同的理解；对于接收到信息的记忆或是学习程度，一般都是自己比较感兴趣的或是比较实用有价值的信息，比较容易被记忆。

青少年对影视传媒所传播信息的态度和看法，常因所处的社会地位和文化教育程度的不同而有所差异。比如受教育程度的不同，对于接受信息的难易程度也不同；地域的不同，他们的价值观和兴趣取向也有所不同，相似的群体会做出近似的选择和反映；不同地区有着不同文化背景的青少年，由于生活习惯、宗教信仰的不同，对于传播内容的选择也有所不同。

3. 青少年的价值观尚未定型

青少年的价值观尚未定型，给低俗影视文化的传播提供了条件。青少年心智不够成熟，他们分不清"阳春白雪"与"下里巴人"而被动地接受低俗，一些青少年为了寻求自身的感官刺激主动接受低俗。埃里克·赛瓦赖德曾说："每一个自称趣味高级的人都有相当分量的低级趣味。"① 青少年喜欢"荤段子"，爱打听他人隐私，这使得人性中低俗的东西得以抬头。青少年为了虚名微利，不择手段，过分炒作，爆料自己的隐私，以求关注等，用低俗手段，自觉不自觉地传播着低俗文化，其价值观自觉不自觉地受到了低俗影视文化的影响。

（三）学校价值观教育的低效

学校对青少年进行价值观教育，主要是指对青少年的价值理论教育、价值观念引导、价值心理培育和价值活动调控的社会活动。成功的价值观教育能够使青少年在面对影视文化的负面信息时，凭借理性的价值判断和价值选择能力，形成对负面信息的免疫力，最大限度地降低影视文化的消极影响。而与当今影视文化的强势影响相比，学校价值观教育正日益显示出实效性不足的弱点。

首先，教育内容脱离青少年实际生活。很多学校对青少年进行价值观教育最重要的目的就是使青少年在面对社会上存在的诸多问题时，能够进行独立思考，并最终形成清晰、正确的价值判断和价值选择。本来学校可以利用生活中丰富的认知素材进行更有针对性和实用性的价值观教育，促使学生在生活中践行社会主义核心价值观的要求。然而，大部分学校的价值观教育过于依赖对课本上抽象的理论知识的照本宣科，看

---

① 王俊、郑丽萍：《电视选秀时代反思大众文化》，《现代传播》（中国传媒大学学报）2007年第4期。

重学生在考卷上的分数,回避多元、复杂的社会现实,却无法满足青少年学生的实际需要,忽略了对青少年学生在现实生活中遇到的价值取向迷茫和道德困境等实际问题进行分析和解答。现实生活中有争议的话题不敢拿到课堂上讨论,对一些社会矛盾遮遮掩掩。学校价值观教育的内容和生活与影视作品中人们呈现出的价值观现状差距越来越大,青少年学生在课堂上找不到答案,本能地更倾向于到更贴近生活的影视文化中寻找。

其次,教育方式缺乏情感性。情感是促使学生完成从价值观的认知到做出价值选择等价值活动知行转化的内在驱动力,在价值观教育中发挥着不可或缺的独特作用。仅仅有价值认知不能保证一定可以外化为行为,还需要想方设法激发学生的价值情感,让学生在情感上认可价值观念的同时产生牢固的价值信念,才能使学生在相应的价值观指导下在其生活中做出价值判断和选择。当前灌输式的教学方式忽视教育活动双方情感上的交流,无法为青少年学生创造一个形象直观、生活化的情景,习惯于喊一些空洞的口号,造成青少年价值情感的麻木与缺失。价值观教育与青少年的情感世界拉开了距离,难以产生触动青少年心灵的力量,实效性不足。

低俗影视文化得以对青少年的价值观产生消极影响,和学校价值观教育的实际效能低有一定的关系。虽然我国已经实行素质教育,但由于学校对学生的评价机制仍不够完善,考评学生还主要以分数论成败。当前学校教育一味地追求升学率、重视分数而忽视了青少年学生的价值观教育。对学生的人生价值观、生活价值观、道德价值观、生命价值观、审美价值观等的教育欠缺,一些学校的课程安排偏重于单纯的文化课程,语数外、理化生时间安排就几乎占了学生学习时间的全部,法制教育、价值观教育、社会公德教育等少得可怜。有的学校即使开设道德教育课程、价值观教育课程,但也是生硬枯燥的理论知识,学生被动接受,实际效能较低。由于学校、家长、社会对教师的评价机制不健全,唯分数论、唯升学率论的普遍功利性因素,在实际教学中也只能围绕升学指挥棒转。学校价值观教育的实际效能低,学生思想道德价值防御体系不强大,给低俗的影视文化的侵蚀提供了可乘之机。

(四) 家庭教育的缺失

家庭教育的缺失也是低俗影视文化对青少年价值观产生消极影响的一个重要因素。

1. 家长"把关人"角色的缺位

家庭在青少年的成长中扮演着重要的角色，也是青少年接受影视传播的主要场所，因此，它肩负着影视教育的重任。然而有的家长并没有意识到影视教育的重要性，缺少对青少年所看影视内容的把关，往往是家长看什么孩子也在看什么，孩子也因此会过早地就接触到成人的世界。然而，成人适宜的节目并不是全部适合青少年观看。比如很多影视剧里的爱人间的激情画面，恩爱情仇、尔虞我诈的情节，就不应该让青少年观看。对于知识和生活经验都还有限的青少年，不能很好地理解或者认识到一些负面的东西，会让他们受到消极甚至错误的思想的影响。青少年时期过早接触这些成人世界里的复杂东西，心理、生理方面都可能会受到不良影响，出现性早熟、心理阴暗等现象。

其次，由于生活压力的增大，现在的父母工作都十分忙碌，陪伴孩子的时间很少，欠缺对孩子影视信息接收状况的了解，更别说和孩子讨论所看影视作品所传达的思想，以此了解所收看节目对孩子的影响。

据有关调查，44.5%的中学生表示通常是"自己看"电影、电视。只有8.3%的中学生表示家长"经常"和自己谈论影视内容。[1] 正是由于家长"把关人"角色的缺位，使青少年对于所传播的影视文化没有进行理性的选择就接收了，因此，受到不良信息的干扰也不能很快地被家长意识到并在萌芽的时候就及时得到遏止。

2. 家长对孩子的关心不够

一方面，生活的高强节奏、工作的压力，让许多家长忙于生计，忙于挣钱。特别是事业型的家长，每天忙于工作和应酬，对青少年的关心不够，没有时间和孩子进行思想的沟通和交流。青少年在学习和生活中遇到的困惑，在家长那里没有得到及时反馈的情况下，他们就往往自己

---

[1] 王婧如：《影视文化对青少年"三观"教育的影响研究》，硕士学位论文，贵州师范大学，2014年。

从影视作品中寻找答案,和影视作品中的人物或者情节对号入座。由于青少年知识有限、辨识是非能力较低,从影视作品中模仿、借鉴来的东西不一定是正确的东西,因此,思想问题不仅不能得到解决,可能还会更严重。

另一方面,个别家庭成员之间,特别是父母之间关系不够和睦融洽,也会造成家长对孩子的关心不够。青少年感觉不到来自家庭的爱和温暖,整日生活在压抑、沉闷的氛围中,内心的苦恼无从宣泄,就容易通过看电影、电视节目来排解。这种情况下的青少年选择的影视节目,更倾向于刺激、低俗、暴力的内容。他们也更容易被这些不健康的影视文化玷污,错误的人生观、价值观、世界观一旦形成,他们以后的人生将令人担忧。所以,家庭教育的缺失,也是低俗影视文化对青少年价值观产生消极影响的一个重要因素。

(五) 政府对影视传媒的监管不力

当前,一些影视文化作品在经济利益的诱惑下粗制滥造,内容低俗不堪,传播极端个人主义、享乐主义、拜金主义的价值观,造成了恶劣的社会影响。不健康的影视文化得以传播,政府负有不可推卸的责任。面对这种局面,单纯依靠影视文化创作者的自律是远远不够的。作为公众资源的管理主体,政府有责任加强对影视文化生产和传播环节的监督和管理,利用好的制度让"以优秀的作品鼓舞人"的作用充分发挥,让那些不良影视文化的创作者和传播者无处遁形。但是,政府对影视文化的管理还存在诸多有待解决的问题。

1. 政府对社会舆论导向的引领缺失

我国现行的法律规范已经大大滞后于影视文化产业的发展步伐,很多影视剧、电视节目出现问题很大程度上是因为没有具体的制度对其进行管理,或者说政策法规制定的前瞻性不够。近年来,视频网站风生水起,自制网络剧、微电影层出不穷,但也暴露出内容低俗、格调低下、渲染暴力等问题,却一直没有相关制度对其节目内容、制作资质等方面予以规范和制约。直到 2014 年初,国家新闻出版广电总局才印发了《关于进一步完善网络剧、微电影等网络视听节目管理的补充通知》,要求网络剧、微电影的内容要体现时代精神、弘扬真善美,从事生产制作网络剧、微电影等网络视听节目的机构,应依法取得广播影视行政部门颁发的《广播电视节目制作经营许可证》。这些政策法规往往姗姗来迟,更多的是采取事后补救的方法,且政策变化缺乏稳定性,造成对影视文化管理的制度保障不充分。

传递正能量、弘扬主旋律的文化应该是社会的文化主流,应该是社会主义核心价值观的具体体现。但是由于社会舆论导向的缺失,人们对社会主义核心价值观不了解,影视工作者在影视创作过程中对主旋律文化的理解有偏差,认为只要是写战争题材的影视作品都可以称为爱国,都可以算做高雅的文化。殊不知,像战争神剧中血肉之躯竟然能敌枪炮,徒手竟能撕鬼子这样的内容,只能使主旋律文化蒙羞。

2. 政府对影视传媒的监管力度不足

政府对影视传媒的监管力度不足,影视文化作品制作水平参差不齐,内容鱼龙混杂,市场混乱,是导致影视文化对青少年价值观产生消极影响的一个重要原因。单纯地靠影视媒体的自我约束、自我修正是不可能给青少年提供健康的文化氛围的,政府必须制定完善的管理制度,加强审查与监管的力度,从源头控制不健康影视文化的生产、传播。在对影视文化的评价机制方面,政府的宏观调控不够、评价机制不完善,"叫座""票房""营业额"不应该是影视文化质量高低的唯一标准。功利化的管理制度,只能是功利化影视文化的温床。

政府对不良影视文化作品的监管和惩罚力度不足,对那些不良影视作品的创作者和传播者惩罚力度不够、惩罚方法不多,一禁了之。这些作品往往在网络上以"禁片"的标签为噱头吸引观众,卷土重来。导致管理实际效果不佳,其违法犯罪成本也低,而经济回报高,一些人在金钱利益的驱动下不惜铤而走险,制作不健康的影视作品,危害青少年的身心健康。在依靠思想政治教育的手段进行呼吁和引导收效不大的情况下,迫切需要政府相关职能部门建立健全奖惩机制,以强有力的手段保障影视文化的正确发展方向。

四 新时期影视文化影响下青少年价值观教育的对策

影视文化就像一把双刃剑,对青少年价值观的形成会产生双重影响。对于积极健康的影视文化,学校要教育、引导青少年应尽可能地充分吸收其中的精华,使青少年已经形成的某些积极正确的价值观念得以巩固和升华;而对于那些给青少年的价值观产生消极影响的影视文化,应严格抵制,以减少不良影视文化对青少年价值观的侵蚀。当前,影视文化对青少年价值观的影响已经成为一个不争的事实,如何使青少年在影视文化盛行的局面下建构一种积极健康向上的价值观,是学校、家庭、政府和传媒需要共同面对的一个严肃问题。

(一) 学校:加强主导的价值观教育

习近平总书记说:"青年的价值取向决定了未来整个社会的价值取向。"[①] 当代青少年的价值观取向与整个国家整个社会的发展都是休戚相关的。学校因其特殊的教育职能,承担着塑造青少年价值观的重要使命。在影视文化盛行的今天,学校教育应更加重视影视文化对青少年价值观的影响和作用。以爱国主义、社会主义和集体主义作为价值观教育的主要导向,并依据当前的政治经济形势,采取行之有效的措施,消除当前青少年日渐功利化的价值趋向,筛选积极正面的影视文化熏陶、引导青少年树立符合社会主义建设需要的正确的价值观。

1. 重视政治思想教育,引导青少年树立正确的价值观

学校是青少年接受价值观教育的主要场所,针对影视文化对青少年价值观产生的不容小觑的影响,学校应积极探索更有实效性的价值观教育,重视对青少年的思想政治教育工作。思想政治教育内容的特殊性决定了其在培养青少年人生价值观、政治价值观、道德价值观的过程中发挥着十分重要的作用。因此,学校思想政治教育工作者应该革新过去传统枯燥的教育模式,把思想政治教育和有益的影视文化作品结合起来,有效利用当前优秀的影视文化作品进行思想政治教育工作,积极引导青少年树立正确的价值观。比如在思想政治课上,教师通过播放《焦裕禄》《红旗渠》《雷锋》《任彩霞》《铁人王进喜》等优秀影片的片段,让同学们切身体会这些优秀影片中人物的高尚情操,逐步引导青少年树立艰苦奋斗、热爱祖国、奉献社会的价值观。同时,学校思想政治教育

---

① 胡敏:《青年价值取向与社会价值取向》,《中国青年报》2014年5月26日。

必须系统地、有针对性地、坚持不懈地对青少年进行社会主义、爱国主义、集体主义和艰苦奋斗精神的教育，引导青少年确立正确的人生观、世界观、价值观，树立为祖国、为社会、为人类多做贡献的思想观念。

2. 加强校园文化建设，丰富青少年校园文化生活

校园文化是由全校师生共同参与创造的精神氛围，它以学校为载体，以弘扬社会主义主流文化为己任。校园文化是学校对青少年进行思想政治教育的有效载体，对促进青少年的全面发展以及倡导良好的学风、教风、校风有着重要的意义。身处在环境怡人、风景优美的校园中，可以陶冶青少年的情操；丰富的校园活动、和谐的校园氛围、融洽的师生关系，有益于青少年身心的健康发展；优秀的校园人物事迹，可以对青少年起到良好的示范作用，激发学生学习的热情。青少年价值观的形成和发展，是在其自我成长与自我完善的过程中逐步确立起来的。"学校教育应倡导人文关怀、心灵沟通、精神感召、教学互动的和谐校园文化。"[①]

学校应提供给青少年更多的社会实践的机会，让课堂知识与实际生活相结合，校园活动与社会、社区活动相结合，多组织一些丰富多彩的课外文体娱乐活动，增进青少年之间的沟通和交流，不断丰富青少年的校园文化生活，拓宽青少年的视野，自然也就减少了青少年接触不良影视文化的机会。同时，也应该注重校园环境的建设，校园的每一个角落都可能对青少年产生不同程度的教育影响。针对影视文化方面，学校可以加强校园影视文化建设，加强相关的硬件设施建设和软件建设。近年来，越来越多的学校提高了多媒体设备的普及率，为加强校园影视文化建设提供了必要的物质基础。学校可以根据课程的安排，利用某个特定时间或者周末来播放国内外优秀的影视节目给学生，让优秀的影视文化作品与校园文化活动相结合，在潜移默化中提升青少年的文化素养、提升他们的文化品位、陶冶他们的情操、激发他们学习的热情，引导青少年价值观积极向上健康发展。此外，可以通过成立校园影视协会、影视俱乐部，让学生和同辈之间相互影响，让青少年学生可以涉猎更丰富的

---

① 陈立新：《当前影视文化对大学生价值观的影响及对策》，《电影文学》2011年第12期。

优秀影视节目,从而营造有利于青少年发展的校园影视文化氛围。

3. 加强审美能力教育,提高青少年审美品位

审美能力教育是运用自然美、社会美、艺术美以及生活美去培养受教育者具备良好的审美观念、审美感受以及发现美、创造美的能力的教育。审美能力教育能够使受教育者净化心灵、陶冶情操,养成高雅的审美品位。唯物辩证法认为,事物的产生、发展和灭亡都是内因外因共同起作用的结果,外因是事物变化发展的条件,内因是事物变化发展的依据,外因通过内因起作用。社会的调控、学校和家长的引导都是外在的,选择什么样的影视作品进行欣赏观看还是取决于青少年的个人审美品位。由此可见,在抵制不良影视文化对青少年价值观产生的消极影响时,最重要的是要提升青少年的审美能力、提高青少年自身的审美品位,让青少年能够自觉主动地意识到影视文化是一把"双刃剑",能够对良莠不齐、数量繁多的影视文化作品具有甄别能力,能够自觉抵制不良影视作品的影响,选择内容健康向上、有内涵有品位的优秀影视作品进行欣赏。

具有良好审美能力的人,更热爱生活,热爱生命,也更容易发现生活中的"小确幸",更容易拥有幸福感。然而,社会的转型以及经济的飞速发展,给青少年的传统价值观念带来一定的冲击。在快餐文化、娱乐文化、偶像文化泛滥的时代,青少年对那些内涵丰富、形式高雅的影视文化作品表现得越来越漠不关心,而对那些内容浮浅的娱乐节目却热情追捧,青少年的审美价值观念出现很大的偏差。因此,提高青少年的审美能力、提升青少年的审美品位,是学校教育工作者迫切需要解决的问题。学校应重视在教育教学工作中对青少年审美能力的培养,把审美教育贯穿于学校教育之中。学校可以利用课堂内外的一切资源来引导青少年正确地认识影视文化作品,引导青少年学会鉴别高雅和低俗的影视文化作品,鼓励青少年多观看一些优美的、优秀的、经典的影视文化作品。例如,可以在课堂中通过播放相关影视文化作品片段,如《美丽中国》《时间的风景》《远方的家》等让学生感受山川河流、社会人文之美;可以利用课间休息时间播放一些高雅的古典音乐来提高青少年的审美情趣,从而帮助青少年"加深对历史、社会、自然、人生的认识,使

他们走出价值取向的误区,澄清对人生定位、理想、追求的迷茫"①。促进青少年的心灵美、语言美、行为美,培养青少年具有一双善于发现美的眼睛、一颗善于感知美的心灵,使青少年的审美素养、审美境界、审美能力在影视文化的艺术氛围中不断提高,审美人格不断升华。

4. 加强青少年媒介素养教育

"媒介素养教育是指导学生能够正确理解、建设性地享用大众传媒资源的教育,培养学生具有健康的媒介批判能力,使学生能够充分利用媒介资源完善自我,参与社会发展的教育。"② 学校是青少年接受媒介素养教育的重要场所,对学生实施媒介素养教育就是要增加青少年对媒体的了解,使青少年能够具备辨别、判断和欣赏媒介的能力,让青少年学会辩证、批判地对待媒体信息资源,能够自发地过滤不良的媒体信息,减少不良媒体信息对青少年产生的不利影响。因此,学校应针对影视文化对青少年价值观的影响,应积极探索更具有实效性的价值观教育的实施途径,对青少年学生实施媒介素养教育,切实提高青少年价值观教育的实效性。

青少年是求知欲和探索欲最强的一个群体,他们渴望了解自己、了解他人、了解社会、了解世界,但由于相关教育的缺失,影视文化作品自然成为青少年获取信息最方便、最快捷、最有效的途径。但是,影视文化对青少年产生的负面影响不利于青少年价值观的形成,因此,教师应发挥"引导者"的角色,倾听青少年的心声,给予正确的媒介引导,让青少年能够正确地对待影视文化。首先,学校应开设媒介信息课程,让青少年了解媒介信息知识和技术,"帮助学生形成对影视传媒性质和功能的正确认识,使其能较完整和较客观地评价影视传媒的积极与消极因素,从而避免青少年对影视传媒信息的盲从"③。其次,教师应教会学生如何鉴别、选择和欣赏媒介信息,使青少年能够对媒介信息做出客观的分析和正确的选择,从而使青少年形成自己独立的见解。最后,教

---

① 张法:《影视文化价值取向对大学生价值观的影响及对策》,《电影文学》2009 年第 21 期。

② 南长森:《论成人媒介素养教育》,《当代传播》2005 年第 2 期。

③ 刘济良:《新时期青少年价值观教育——基于网络传媒的思考》,科学出版社 2018 年版,第 87 页。

师应对青少年学生选择媒介的倾向加以引导,指导青少年了解媒介的性质以及合理科学地利用媒介,引导他们合理地安排学习与休闲的时间。"在影视作品纷呈的现代社会中,合理的选取与利用各种教育资源,尤为重要。"① 所以,价值观教育应引导青少年选择积极而有价值的影视文化资源,把对社会生活的思考与形成正确的价值观念相融合。

现代社会的价值观教育必须主动适应社会现实,只有学校不断地重视加强对青少年的媒介素养教育,让青少年学会辩证地、批判地对待媒介信息资源,能够自觉地过滤不良的媒介信息,减少不良媒介信息对青少年产生的不利影响,价值观教育才能取得更好的效果。

(二)家庭:发挥正面积极的引导作用

家庭是个体出生后首先接触到的环境,是青少年成长的主要场所,是对青少年产生影响时间最长、最重要的环境。"家庭环境就是家庭群体中的全体成员在长期的共同生活中所创造的一切物质的和精神的产物及其创造的过程。家庭环境可以看作为一种家庭'文化氛围'。……它主要是指家庭主要成员的文化素养、伦理道德观念、道德品质、兴趣爱好等方面状况。"② 青少年除了上学时间是在学校,其他的时间所处的主要环境就是家庭环境。青少年观看影视作品也基本上是在家里,家庭作为青少年接受影视文化传播的最主要场所,在教育引导青少年消除影视文化产生的负面影响方面,应发挥更为积极和主动的作用。与学校教育、社会教育最大的区别表现在家庭教育的日常性、感染性、权威性等特点,家庭教育肩负着对进行青少年价值观教育的重任,在青少年价值观教育中占有重要的地位。

1. 家长要不断提高自身素质,优化家庭文化氛围

家庭除了是青少年生活的场所,也是青少年和各个家庭成员进行思想交流的主要场所。相较于学校教育、社会教育而言,家庭教育与青少年价值观形成与发展的关系更为密切。父母是孩子的第一任教师,也是孩子的终身教师,青少年的许多言行举止都是对父母模仿学习的结果,

---

① 沈文青:《关于动画片价值观的研究综述》,《教育现代化》2016年第19期。
② 杨万江:《论家庭环境对大学生成才的影响及其引导对策》,《中山大学学报论丛》2001年第2期。

父母的一言一行、一举一动都会在潜移默化中不知不觉地影响着青少年的成长与发展。在科学技术飞速发展的今天，不仅是青少年要不断地努力学习，家长同样也需要不断地学习，只有家长不断提高自身素质，不沉溺于消极的影视文化作品，以身作则把言教和身教结合起来，才能更好地在为青少年选择影视文化作品时胜任"把关人"的角色，才能成为青少年的榜样，才能更科学有效地对青少年进行人生观、世界观和价值观的教育。

对于纷繁复杂的电影电视节目，特别是影视节目中所传达的一些不良价值观念，家长要对其内容认真进行筛选，选择适合青少年观看的有益的影视文化节目，让他们汲取有益于身心健康发展的优秀影视文化的精髓。作为家长有责任对青少年进行及时的、必要的引导。这就需要家长要不断提升自身素养，坚持正确的主流文化导向，为青少年创建一个良好的家庭文化氛围。

2. 家长要注重对青少年价值观的教育和引导

对青少年进行价值观教育并不仅仅是学校的事情，也是家长需要关注和引导的。青少年在放学后、假期里在家庭中与父母的相处是最久的，家庭是青少年最早的教育基地，也是青少年最常在的教育基地，青少年观看影视文化作品也基本上是在家里。家庭作为青少年接受影视文化传播的最主要场所，在教育引导青少年消除影视文化产生的负面影响方面，应发挥更为积极和主动的作用。研究表明，家长和子女相处的时间越久，交流的机会越多，家长向子女进行家庭教育的效果就越明显。因此，家长在与青少年的日常相处中，要密切关注青少年的精神世界，关注他们感兴趣的影视节目，注重对青少年形成正确价值取向的教育和引导，帮助青少年辨识和抵制不良影视文化所体现的价值观念，建构正确、健康的价值观，强化家庭价值观教育的功能。因此，面对新时期纷繁复杂的影视文化节目，特别是影视节目中所传达的一些如享乐主义、个人主义、拜金主义、功利主义等不良价值观念，家长要对其内容认真进行筛选，要引导青少年注意汲取影视文化中有益于身心健康发展的积极的因素，自觉抵制消极影响，从而教育和引导青少年养成良好的道德品质，培养青少年抵抗不良诱惑的能力，形成正确的人生观、价值观、世界观。

3. 家长要引导青少年科学安排课余生活

电影电视节目类型丰富多彩，既是青少年课后休闲放松的一种消遣娱乐方式，又是他们获取最新资讯信息、开阔视野、增长见识的一种学习途径。家长可以通过陪同青少年一起观看电影电视节目，交换彼此对节目内容的意见并进行沟通交流，了解他们观看节目的感受与想法，引导青少年分清是非、善恶，通过与青少年一起交流探讨电影电视节目中所蕴含的价值观念，引导他们进行价值判断和价值选择。在这样的交流与陪伴中，青少年的主体意识会不断增强，整个家庭的氛围也会越来越温馨融洽。由此可见，价值观教育是可以在平等与对话中进行的，并非只是一味的说教和灌输。在家庭生活里，家长不仅要关心青少年的物质生活，让青少年"吃饱""穿暖"，更应该关怀了解青少年的精神世界是"丰富"还是"贫瘠"。在日常生活中应多与青少年沟通，了解他们的兴趣爱好，尽可能多抽出时间关注青少年的成长，陪伴青少年走出家门亲近自然，丰富他们的业余生活，引导青少年科学合理地安排课余生活，减少青少年对影视文化的过度依赖和关注，以使青少年身心健康全面地发展。

（三）政府：加强监管力度，营造良好的文化氛围

当前大量不良影视文化作品的泛滥和政府相关部门的监管力度不够强大有着很大的关系，政府作为公共资源的管理主体，有责任和义务对影视文化作品进行积极健康的引导。政府应加强对影视文化作品的监管力度，积极完善管理体系和相关法律法规，严惩文化市场的不良风气，不断推动影视文化更好更快发展，为青少年提供一个丰富多彩、健康有益的影视文化环境。

1. 加强影视文化传播监管力度，营造健康文明的影视文化环境

当前一些包含大量色情、暴力、拜金主义的不良影视文化作品在社会和青少年群体中传播并扩散开来，这对青少年的身心发展造成了诸多的不良影响。因此，要抵制这些负面的影响，政府有责任加强对影视文化市场的治理和整顿，要加强对不良影视文化作品的打击力度，规范影视文化市场，净化影视文化传播环境，为青少年营造一个健康文明的影视文化环境，使我国的影视文化市场和谐健康地发展。

首先，对于国内的影视文化节目的制作和传播要做好把关工作，各级广播电影电视管理部门应加大对影视文化作品的审查力度，加强对影视文化作品的市场准入管理，严格把控电影电视节目的制作和发行，大力推广思想积极向上的作品，严格审核消极、负面、低俗、暴力的影视作品，禁止电影电视节目中出现过多的色情、暴力、拜金主义、享乐主义等故事情节，以免对青少年造成不良的影响。对于一些"雷剧"更要严格整改，提高审批门槛，要从源头上遏制不良电影电视节目的产生。其次，在全球化背景下要加强对外来文化特别是海外电影电视节目的审查力度，对于过分宣扬西方拜金主义、享乐主义、消费主义的电影电视节目要慎重引进，坚决抵制可能对我国青少年思想道德、价值观念、行为方式产生消极影响的海外电影电视节目。再次，要加强对影视文化作品的内容、题材、价值导向的引导，制定相关的规范准则，用政府"看得见的手"调控影视文化的发展方向。最后，政府要不断完善相关法律法规，可以通过立法或各种行政法规规定对于制作、销售、传播不良影视文化制品的违法行为要加强惩治力度。

2. 加大青少年活动场所的建设投入，为青少年课余活动提供丰富的空间

青少年对影视文化的依赖程度和可供青少年课余活动场所的有无、丰富与否有着一定的关联。因此，政府应加大对青少年活动场所的物资、资金投入，尽快改变目前青少年活动场所稀少的状况，为青少年课余活动提供丰富的空间。同时，政府也应积极提倡各类型的青少年活动场所物尽其用，倡导青少年活动中心、青少年文化宫、青少年艺术文化团、博物馆、科技馆、图书馆等场所结合自己的教育主题，在场馆内为青少年展览放映相应的影视资料，让青少年获得更加直观感性的体验，加强对青少年的人文与科技素养的熏陶和教育。此外，政府应积极整合各地区各部门的力量，依托国情不断创造条件，为青少年创建社会实践基地和价值观教育基地，让青少年能够接受更多贴近实际生活的爱国主义教育和价值观教育，丰富青少年的精神世界，升华青少年的价值观念，减少影视文化对青少年的消极影响。

3. 建立健全影视文化相关法律法规

党的十八大明确提出全面推进依法治国，加快建设社会主义法治国

家。政府要尽快完善对影视文化监督管理相关法律法规的建设，通过法治克服人治的疏漏。通过法律法规的制定，可以有效地通过相关条例来指导影视文化作品的创作、发行和传播，对影视文化从业人员违法违规行为要依法严惩。当前我国的影视文化相关的法律法规还不够健全，还有许多的内容迫切需要完善。只有影视文化从业人员自觉遵守相关法律法规，影视文化市场才会不断净化，才能健康和谐稳定地发展，才能创作制造出更多有内涵有思想有品位的优秀影视文化作品，促进青少年身心健康发展。同时，影视文化相关的法律法规也可以在青少年群体中起到指导作用，让广大的青少年了解到什么样的影视作品是合法的，什么样的影视作品是不符合法律规定的，在法律的层面也可以对青少年的思想行为有所约束。

美国制定的1992年的《公共电讯法》和1996年的《防止儿童色情法》以及1998年的《保护儿童免受性犯罪侵害法》《儿童在线隐私保护法》等法律，都可以看出美国法律禁止传播会对未成年产生不良影响的色情作品。而我国的相关法律只规定了禁止通过大众传媒传播的淫秽色情内容的标准，对于青少年色情的标准并没有明确的制定，仅仅只是模糊地要求提供给青少年观看的影视传媒作品要满足更高的要求。我国影视文化相关的法律法规明显存在着不够精细的缺陷，这也为影视作品的审查造成了不小的困扰。美国的做法很值得我国借鉴，在影视文化产业高速发展的今天，迫切需要积极改进和完善相关法律法规。只有这样，才能为我国影视文化产业的发展，营造出良好的法治环境，也为青少年正确价值观的形成营造一个良好的社会环境。

（四）传媒：坚持正确的宣传导向

众所周知，一部震撼人心的优秀影片具有重要的教育意义和社会影响，社会赋予媒介神圣的使命在于丰富大众的精神文化生活，促进人类精神文明的快速发展。影视传媒在培养青少年健康向上的价值观方面有着不可推卸的责任。为此，影视传媒要加强监督和自律，增强社会责任感，制作出品位高雅、内涵丰富的影视文化作品滋养青少年的心灵，丰富青少年的情感体验，形成青少年正确的价值观念。

1. 提高影视工作者的媒体道德素养

著名导演谢晋曾说过："我喜欢能拨动人们心弦的影片，只有这样才能引起人们对影片和生活的思索。我期望影视作品能够真正发挥它的艺术力量，最大程度地提高大众思想境界，充分发挥社会主义精神文明的作用。"① 曾主演过电影《离开雷锋的日子》的全国政协委员宋春丽在全国两会期间提出："当我们制作的东西贴近我们的生活，不仅仅是诗词书画、影视巨作，我们民族的人，我们民主的情，更多地坦露，更多地表达，才会让观众和大众有更多的民族信任感、民主自信心、民族熟悉感。"② 可见，影视创作要有一定的人文精神，影视工作者在创作时要提高自己的责任意识，要有一定的目的，应该将主流文化融入到影视文化作品中，要在影视文化作品中体现出人性的深度、文化的广度，给青少年带来精神上的享受，努力为青少年营造一个良好的影视文化氛围。

在市场经济的社会背景之下，影视文化行业在追求经济效益的同时更应该注重影视文化作品的质量。不能只为了追求经济利益，粗制滥造低俗肤浅的影视作品吸引眼球哗众取宠。这就要求影视文化工作者首先要不断提升自身的媒体道德素养，坚守职业道德和艺术操守，把好影视作品的质量关，注重影视作品的教育性。其次，影视工作者应该努力探索，创作时力求社会责任和商业利益的有机结合，争取创作出更多贴近大众实际生活、鼓舞人心、格调高雅、能够弘扬民族优秀文化的影视作品。青少年既喜欢《家有儿女》《炊事班的故事》《爱情公寓》《武林外传》等情景喜剧的诙谐、轻松，又喜欢《士兵突击》《建国大业》《历史转折中的邓小平》《恰同学少年》等主旋律影视片，也喜欢《奋斗》《北京青年》《我的青春谁做主》《虎妈猫爸》等反映社会现实生活的影视文化作品，这就要求影视文化工作者在创作影视文化作品时，不仅要关注青少年对娱乐性的要求，更要注重影视文化作品的丰富性和教育性。最后，各媒体可以依据青少年的作息时间规律，适当调整各类电影电视节目的播放时间，尽可能减少青少年接触到不良或不适宜观看的电影电视节目的机会，尽可能减少不良影视文化对青少年价值观的消

---

① 刘琼：《电影新势力，大片潮中的中小成本影片》，《中国文明网》（http://www.wenming.cn/wxys/wenyi/201202/t20120203_486170.shtml），2012-02-03。

② 谢露莹：《专访宋春丽委员：担起文化大发展的一份责任》，《中国广播网》（http://mil.cnr.cn/ztl/2012lh/8/20120305/t20120305_509243951.html），2012-03-05。

极影响。

2. 坚持正确的宣传导向，弘扬社会主义精神文明

影视文化作品作为文化的载体之一，它能够体现出所属国家和民族的社会主流价值观念和文化内涵。任何国家的主流意识形态都应该是为国家制度服务的。因此，社会主义影视传媒无论在什么时候、无论在什么样的情况下都应该服从服务于党和国家的工作大局，自觉地同党中央的精神保持高度的一致，始终坚持正确的价值导向，大力弘扬"主流文化"，弘扬爱国主义、社会主义和集体主义的思想与精神，传播尊老爱幼、勤俭节约、明礼诚信的中华传统美德，唱响有利于民族团结、社会进步、人民幸福的"主旋律"，促进社会的健康和谐发展。在这样的背景之下，影视传媒应包含更多的精神价值、文明素质和道德品位，在传播丰富多彩的影视文化作品时除了要满足青少年的休闲、娱乐需要，更重要的是要坚持正确的宣传导向，弘扬社会主义精神文明，培养青少年爱党爱国的思想情感，引导青少年树立社会主义的崇高理想和坚定信念。

近几年来，由于我国社会经济飞速发展，物质生活不断丰富，国内一部分影视文化作品充斥着享乐主义、拜金主义和道德虚无主义等元素，在价值取向上追求过度消费、超前消费，充斥在荧幕上的大量的娱乐节目逐渐呈现出低俗化和开放化的特点，无疑会对青少年的价值取向产生严重的误导。因此，影视文化作品要大力弘扬社会主义主流价值观，努力实现"寓教于乐"，把娱乐价值和审美价值、教育价值有机结合起来，通过电影电视节目强化对青少年人生观、世界观和价值观的正确引导，提高青少年的思想境界和精神文明程度。

3. 发挥优秀影视公益广告对青少年的感染作用

影视公益广告作为影视文化中的一个重要组成部分，因其具有感染力强、明快、简洁的特点，在青少年价值观的建构和形成过程中发挥着不可替代的作用。影视公益广告以其独特的个性，将要传播的公益理念在短短的几分钟里表达得淋漓尽致，对青少年产生直击心灵的触动，很容易被青少年接受和认可。调查表明，许多青少年都对央视播出的"妈妈，洗脚"这一公益广告印象深刻且受其感动。这则公益广告短片里的小男孩在看到自己的妈妈为奶奶端水洗脚的情景，小男孩也学着妈妈的

样子，跌跌撞撞地端起水盆要帮妈妈洗脚。这则公益广告曾感染了许许多多的人，也有不少青少年表示在内心触动的那一刻意识到父母的辛苦以及要体谅父母，尊重、孝顺父母。可见，一则优秀的影视公益广告会对青少年产生深远的教育影响。因此，要发挥优秀影视公益广告对青少年价值观的教育作用。

影视公益广告具有在语言表达上通俗易懂、在内容上贴近实际生活的特点，具有明确的导向性和情感性，通过提醒、规劝、批评等方式向大众传播正确的思想观念和道德标准，从而促进社会的文明与进步。影视公益广告往往针对的是社会热点问题，目的是为了减少大众传媒带来的部分消极影响，抵制功利主义、拜金主义、个人主义等错误的价值取向，帮助青少年正确的认识健康有益的价值观念和社会准则，使青少年的价值观念得以感染和升华。

参 考 文 献

1. [德]《马克思恩格斯全集》,人民出版社 1979 年版。
2. [美] 斯蒂芬·怀特:《政治理论与后现代主义》,孙曙光译,辽宁教育出版社 2004 年版。
3. [美] 波林·罗斯诺:《后现代主义与社会科学》,张国清译,上海译文出版社 1998 年版。
4. [美] 弗雷德里克·詹姆逊:《后现代主义与文化理论》,唐小兵译,北京大学出版社 1997 年版。
5. [美] 保罗·费耶阿本德:《自由社会中的科学》,兰征译,上海译文出版社 1990 年版。
6. [加] 大卫·莱昂:《后现代性》,郭为桂译,吉林人民出版社 2004 年版。
7. [美] 大卫·雷·格里芬:《后现代精神》,王成兵译,中央编译出版社 2011 年版。
8. [英] 齐格蒙·鲍曼:《生活在碎片之中:论后现代的道德》,郁建兴等译,学林出版社 2002 年版。
9. [英] 迈克·费瑟斯通:《消费文化与后现代主义》,刘精明译,译林出版社 2000 年版。
10. [德] 恩斯特·卡西尔:《人论》,甘阳译,上海译文出版社 1985 年版。
11. [法] 让·鲍德里亚:《消费社会》,刘成富等译,南京大学出版社 2000 年版。
12. [俄] 瓦·阿·苏霍姆林斯基:《和青年校长的谈话》,赵玮等译,上海教育出版社 1983 年版。
13. [德] 格奥尔格·威廉·弗里德里希·黑格尔:《美学》,朱光潜译，商务印书馆 1982 年版。

14. ［德］卡尔·雅斯贝尔斯：《什么是教育》，邹进译，生活·读书·新知三联书店 1991 年版。

15. ［美］路易斯·拉思斯：《价值与教学》，谭松贤译，浙江教育出版社 2003 年版。

16. ［英］爱德华·泰勒：《原始文化》，连树声译，上海文艺出版社 1992 年版。

17. 刘济良：《青少年价值观教育研究》，广东教育出版社 2003 年版。

18. 刘济良：《价值观教育》，教育科学出版社 2007 年版。

19. 刘济良：《新时期青少年价值观教育——基于流行文化的思考》，科学出版社 2018 年版。

20. 刘济良：《新时期青少年价值观教育——基于网络传媒的思考》，科学出版社 2018 年版。

21. 董卿：《朗读者·1》，人民文学出版社 2017 年版。

22. 董卿：《朗读者·2》，人民文学出版社 2017 年版。

23. 董卿：《朗读者·3》，人民文学出版社 2017 年版。

24. 林坚：《文化学研究引论》，中国文史出版社 2014 年版。

25. 胡方、龚春燕：《学校变革之特色学校发展战略论》，重庆出版集团 2008 年版。

26. 宋君波：《从集约到发散：文明发展的一种新思想》，武汉大学出版社 2014 年版。

27. 陈章龙、周莉：《价值观研究》，南京师范大学出版社 2004 年版。

28. 刘忠世：《当代青年道德价值观》，青岛出版社 1999 年版。

29. 崔存明等：《西方文化思想史》，浙江师范大学出版社 2013 年版。

30. 牛宏宝：《现代西方美学史》，北京大学出版社 2014 年版。

31. 闻钟：《优秀中学生必读的 1000 个情商故事经典全集》，南京大学出版社 2015 年版。

32. 楚国清、周敏：《青少年网络联合管理研究》，中国传媒大学出版社 2014 年版。

33. 李新柳：《东西方文化比较导论》，高等教育出版社 2005 年版。

34. 张保平、李世虎：《犯罪心理学》，中国人民公安大学出版社 2015 年版。

35. 姚念龙：《当代中国大学生主流政治意识及其形成机制研究》，北京交通大学出版社 2015 年版。

36. 王定华：《新形势下我国学校德育调查与研究》，教育科学出版社 2012 年版。

37. 王春英：《转型中的俄罗斯道德教育》，人民出版社 2015 年版。

38. 刘济良：《学校德育》，北京师范大学出版社 2015 年版。

39. 肖伟胜：《视觉文化与图像意识研究》，北京大学出版社 2011 年版。

40. 张舒予：《视觉文化概论》，江苏人民出版社 2003 年版。

41. 金兆钧：《光天化日下的流行——亲历中国流行音乐》，人民音乐出版社 2002 年版。

42. 谢轶群：《流光如梦：大众文化热潮三十年》，广西师范大学出版社 2008 年版。

43. 王逢贤、鲁洁：《德育新论》，江苏教育出版社 1994 年版。

44. 黄希庭：《当代中国青年价值观与教育》，四川教育出版社 1994 年版。

45. 苏颂兴、胡振平：《分化与整合：当代中国青年价值观》，上海社会科学院出版社 2000 年版。

46. 陈小奇、陈志红：《中国流行音乐与公民文化》，新世纪出版社 2008 年版。

47. 周中之：《大众文化与青少年思想道德教育》，上海教育出版社 2009 年版。

48. 冯友兰：《中国哲学简史》，北京大学出版社 1985 年版。

49. 易连云：《重建学校精神家园》，教育科学出版社 2003 年版。

50. 乐锋：《理性与躁动——关于青少年价值观的思考》，学林出版社 2002 年版。

51. 黄希庭、郑涌：《当代中国青年价值观研究》，人民教育出版社

2005年版。

52. 金一鸣：《教育社会学》，江苏教育出版社2000年版。

53. 万明钢：《多元文化视野价值观与民族认同研究》，民族出版社2006年版。

54. 冯建军：《差异与共生：多元文化下学生生活方式与价值观教育》，四川教育出版社2010年版。

55. 张小争、郑旭等：《明星引爆传媒娱乐经济》，华夏出版社2005年版。

56. 司马云杰：《文化价值论：关于文化建构价值意识的学说》，陕西人民出版社2003年版。

57. 卜卫：《媒介与儿童教育》，新世界出版社2002年版。

58. 刘亚男：《多元文化背景下青少年社会主义核心价值观教育研究》，硕士学位论文，沈阳师范大学，2011年。

59. 胡咚：《当代大学生人生价值观教育创新研究》，博士学位论文，华中师范大学，2015年。

60. 孙燕：《后现代主义与反阐释理论》，博士学位论文，上海师范大学，2006年。

61. 刘怡：《后现代文化视野中的网络论坛》，硕士学位论文，苏州大学，2008年。

62. 王学梦：《后现代语境下我国青少年价值观研究》，硕士学位论文，安徽师范大学，2010年。

63. 刘颖：《论詹姆逊后现代文化批评对中国的影响》，硕士学位论文，山东师范大学，2014年。

64. 杨飞云：《美国学校价值观教育研究》，博士学位论文，河南大学，2012年。

65. 杨晓静：《视觉文化的德育功能探析》，硕士学位论文，深圳大学，2017年。

66. 陆文文：《视觉文化对大学生思想政治教育的影响及对策》，硕士学位论文，上海师范大学，2014年。

67. 杨美凤：《视觉文化影响下我国青少年价值观的迷误与矫正》，硕士学位论文，浙江师范大学，2013年。

68. 李媛媛：《视觉文化环境下青少年思想政治教育探析》，硕士学位论文，昆明理工大学，2011年。
69. 刘伟斌：《后现代视觉文化研究》，博士学位论文，吉林大学，2011年。
70. 赵光磊：《视觉文化教育研究——后现代视角》，硕士学位论文，东北师范大学，2009年。
71. 钱智民：《视觉文化传播社会影响论》，硕士学位论文，云南师范大学，2008年。
72. 周韵：《电视传媒对青少年价值观影响探析》，硕士学位论文，南京师范大学，2007年。
73. 于秀：《当代视觉文化传播的负效应研究》，硕士学位论文，郑州大学，2007年。
74. 张浩：《当代视觉文化传播的特征与影响分析》，硕士学位论文，兰州大学，2006年。
75. 晏慧文：《网络视觉文化传播的主要表现形式及特性》，硕士学位论文，湖南师范大学，2006年。
76. 张洁：《全球化语境下的视觉文化传播》，硕士学位论文，南京师范大学，2005年。
77. 黄云鹤：《当代视觉文化传播的问题与对策》，硕士学位论文，吉林大学，2004年。
78. 石兰月：《涌浪中的理性审视——新时期流行歌曲与青少年价值观教育问题研究》，硕士学位论文，河南大学，2004年。
79. 郑恩莉：《网络流行歌曲中的爱情与婚恋观点及其影响研究》，硕士学位论文，福建师范大学，2015年。
80. 周晓燕：《文化视阈中的中国流行音乐研究》，硕士学位论文，苏州大学，2013年。
81. 魏娇：《改革开放以来中国流行音乐对大学生价值取向的影响规律分析》，硕士学位论文，东北师范大学，2013年。
82. 郑洋洋：《关于当代流行歌曲在普通高中音乐课堂多元化应用的探析》，硕士学位论文，东北师范大学，2007年。
83. 申玉：《流行歌曲与青少年价值观交互影响的多视角研究》，硕士学位论文，山西大学，2008年。

84. 姚海燕：《流行音乐对中小学音乐教育的影响及对策研究》，硕士学位论文，福建师范大学，2010年。

85. 许淑芳：《网络歌曲影响下的青少年价值观教育研究》，硕士学位论文，河南大学，2009年。

86. 匡尔峰：《论影视文化对大学生价值观的影响及对策》，硕士学位论文，湖南师范大学，2006年。

87. 赵娜：《论影视文化影响下的青少年价值观教育》，硕士学位论文，山东师范大学，2009年。

88. 梁雯婷：《美国影视文化对大学生价值观的影响及对策分析》，硕士学位论文，福建农林大学，2012年。

89. 邓敏：《电视剧文化与当代大学生价值观引导研究》，博士学位论文，湖南师范大学，2015年。

90. 王婧如：《影视文化对青少年"三观"教育的影响研究》，硕士学位论文，贵州师范大学，2014年。

91. 徐凌翔：《美剧对我国大学生价值观影响及对策研究》，硕士学位论文，东北师范大学，2014年。

92. 马洪震：《影视文化对大学生价值观的影响及对策研究》，硕士学位论文，辽宁大学，2014年。

93. 崔国珍：《当代影视文化与大学生思想政治教育创新研究》，硕士学位论文，陕西师范大学，2014年。

94. 付垚：《传播学视域下的国产青春剧对青年价值观的影响研究》，硕士学位论文，成都理工大学，2014年。

95. 张娜娜：《影视创作弘扬社会主义核心价值体系研究》，硕士学位论文，安徽工程大学，2014年。

96. 王瑞武：《韩国影视文化对我国初中生价值观的影响》，硕士学位论文，中央民族大学，2007年。

97. 杜文星：《韩剧对大学生价值观的影响及教育对策研究》，硕士学位论文，大连理工大学，2015年。

98. 张美玲：《英美影视文化对当代大学生价值观的影响及对策研究》，硕士学位论文，安徽工业大学，2014年。

99. 杨娟窈：《影视文化与当代大学生价值观的构建研究》，硕士学位论文，中南民族大学，2011年。

100. 郎琴：《影视文化作为当代大学生思想政治教育载体的研究》，硕士学位论文，中北大学，2012年。

101. 杨亮：《影视文化对中学生价值观的影响》，硕士学位论文，华中师范大学，2008年。

102. 叶慧芳：《影视文化对小学生价值观的影响》，硕士学位论文，华中师范大学，2008年。

103. 陈晓利：《试论影视文化对"90后"大学生价值观的教育功能》，硕士学位论文，湖南师范大学，2011年。

104. 危灿晶：《当前影视文化对大学生思想政治教育的影响及对策研究》，硕士学位论文，重庆师范大学，2015年。

105. 刘义萌：《美国电视剧对我国当代大学生价值观的影响及其对策研究》，硕士学位论文，重庆师范大学，2015年。

106. 袁智忠：《新时期影视作品道德价值取向及其对青少年的影响研究》，博士学位论文，西南大学，2009年。

107. 李东：《影视文化的性别批评》，博士学位论文，辽宁大学，2010年。

108. 刘欢：《"宫斗"文化对中学生价值观的影响及对策研究》，硕士学位论文，华中师范大学，2013年。

109. 仇雯：《影视文化对大学生思想政治教育的作用研究》，硕士学位论文，西安科技大学，2013年。

110. 郑禾：《大众传媒泛娱乐化现象对我国青少年的影响及对策研究》，硕士学位论文，西南财经大学，2008年。

111. 霍莎莎：《大众传媒低俗化对青少年价值观的影响及其对策》，硕士学位论文，华中师范大学，2014年。

112. 马焕茹：《大众传媒泛娱乐化对中学生道德教育的负面影响及其对策研究》，硕士学位论文，曲阜师范大学，2016年。

113. 任秋菊：《大众传媒泛娱乐化对中学生的消极影响及应对研究》，硕士学位论文，华中师范大学，2014年。

114. 郑玮：《大众传媒泛娱乐化现象对青少年人生观的影响及对策

研究》，硕士学位论文，华中师范大学，2014年。

115. 王雯：《快综艺时代下的"慢"文化——从〈朗读者〉看我国电视综艺节目未来的发展方向》，《新媒体研究》2017年第6期。

116. 张庚蓉：《从〈朗读者〉看传统媒体的文化传播》，《新闻世界》2017年第6期。

117. 王晓晓：《文化类电视节目的需求满足与生命力提升——从央视〈朗读者〉热播说起》，《新闻战线》2016年第24期。

118. 过彤、张庆龙：《〈朗读者〉：文化类电视综艺节目的大众化探索》，《传媒评论》2017年第3期。

119. 岳鹏珍：《当代青少年个人价值观现状的调查分析》，《社会心理科学》2012年第5期。

120. 张将星：《大众媒体对青少年道德价值观影响调查分析》，《教育研究》2011年第4期。

121. 易晓明：《论美育在当代审美文化中的新取向》，《高等教育研究》2010年第6期。

122. 杨文英、范宗宪：《基于传统文化的社会主义核心价值观培育》，《教育理论与实践》2016年第31期。

123. 陆树程、朱晨静：《敬畏生命与生命价值观》，《社会科学》2008年第2期。

124. 赵玉芳、张进辅：《论知识价值观研究》，《西南师范大学学报》（人文社会科学版）2001年第4期。

125. 李红珍：《我国青少年阅读研究综述》，《中国青年研究》2015年第8期。

126. 赵霞：《新媒体对青少年阅读的影响研究》，《中国青年研究》2014年第2期。

127. 李昕：《当代青少年道德价值观问题及对策探讨》，《中国校外教育》2012年第15期。

128. 梅萍等：《论大众文化对大学生生命价值观教育的挑战和应对》，《思想政治教育研究》2016年第1期。

129. 刘艳：《青少年阅读现状分析与思考》，《图书馆研究与工作》2013年第2期。

130. 刘翠花、赵黎黎：《大学生生命教育与后现代心理学思潮》，《成都大学学报》（教育科学版）2007 年第 2 期。

131. 姜雪凤、关峰：《当代国外青少年价值观教育及启示》，《青少年研究》（山东省团校学报）2007 年第 1 期。

132. 王淑玉：《和谐社会中青少年现代消费观教育的构建》，《中国青年政治学院学报》2007 年第 6 期。

133. 于沛：《后现代主义历史观和历史虚无主义》，《历史研究》2015 年第 3 期。

134. 桑宁霞：《后现代主义与生命教育的价值确证》，《教育理论与实践》2008 年第 16 期。

135. 杨建义：《历史虚无主义的网络传播与应对》，《社会思潮研究》2016 年第 1 期。

136. 王易、宋友文：《新形势下大学生理想信念教育的问题与对策》，《思想理论教育导刊》2011 年第 4 期。

137. 刘建勋：《后现代主义文化思潮与价值观教育的转型》，《河南师范大学学报》（哲学社会科学版）2005 年第 3 期。

138. 黄富峰：《论大众传媒伦理的范畴》，《当代传播》2006 年第 3 期。

139. 周宪：《视觉文化的三个问题》，《求是学刊》2005 年第 3 期。

140. 孟建：《视觉文化传播：对一种文化形态和传播理念的诠释》，《现代传播》2002 年第 3 期。

141. 沈汝发：《且行且歌：流行音乐与青少年成长研究》，《中国青年研究》2003 年第 1 期。

142. 任文启：《流行音乐与现代性——中国流行音乐批判》，《河北科技师范学院学报》（社会科学版）2005 年第 1 期。

143. 鲍元恺：《艺术的出路在于中西融合——交响音乐系列〈中国风〉十年思考》，《天津音乐学院学报》2001 年第 3 期。

144. 肖通、陈正博：《从〈东风破〉看方文山歌词对宋词的接受》，《文学教育》2017 年第 7 期。

145. 李品萱：《〈国色天香〉让国粹经典焕发新生》，《当代电视》2015 年第 4 期。

146. 王炬：《我国音像产业发展状况分析》，《出版发行研究》2006年第8期。

147. 李红：《道德价值观的结构及其教育模式》，《教育研究》1994年第10期。

148. 刘礼元：《"以人为本"理念在学生生命价值观教育中的体现》，《世纪桥》2008年第6期。

149. 陈晏清：《重建新世纪的价值观》，《天津社会科学》2001年第1期。

150. 周婷：《论〈黑色星期天〉翻版流传案例中的受众理论现象》，《音乐时空》2014年第21期。

151. 任啸辰、吕厥中：《当前青少年犯罪的现状、成因与消解》，《中国青年研究》2016年第6期。

152. 魏然、马东风：《你是谁 为了谁——对流行歌曲审美导向的批评》，《当代音乐》2016年第2期。

153. 王玉香：《青少年自杀现象与社会工作介入策略》，《当代青年研究》2012年第7期。

154. 张彬：《从社会心理学视角看流行音乐传播中的从众现象》，《岭南师范学院学报》1997年第1期。

155. 丁德源：《从费斯汀格的认知失调理论看当代大学生核心价值观教育》，《武汉生物工程学院学报》2007年第4期。

156. 张勇：《关于流行音乐对中学生的影响调研报告》，《教育教学论坛》2014年第1期。

157. 郭元祥、胡修银：《论教育的生活意义和生活的教育意义》，《西北师范大学学报》（社会科学版）2000年第6期。

158. 廖小平：《改革开放以来我国价值观变迁的基本特征和原因》，《当代中国史研究》2006年第3期。

159. 彭波：《关注青少年生活世界，引导自主构建价值观》，《教育科学研究》2002年第9期。

160. 陈业宏：《影视文化对青少年的影响研究》，《中国青年研究》2007年第5期。

161. 杨安民：《影视文化与大学生价值观教育》，《电影评介》2008

年第 6 期。

162. 任庆格：《浅谈影视文化对高校大学生价值观教育》，《小说评论》2013 年第 S1 期。

163. 李智伟：《影视文化与社会主义核心价值观普及研究》，《四川戏剧》2013 年第 1 期。

164. 曹健玲、娄海波：《规范影视作品娱乐导向——引导青少年树立社会主义核心价值观》，《中外企业家》2013 年第 3 期。

165. 李优优：《浅谈流行影视文化与大学生价值观教育》，《艺术科技》2013 年第 3 期。

166. 胡慧：《浅谈西方价值观在影视文化中的渗透及对青少年价值取向的影响》，《英语广场》（学术研究）2012 年第 2 期。

167. 孙建莹：《论影视文化对青少年思想道德的影响》，《安顺学院学报》2012 年第 2 期。

168. 袁朝：《论影视文化对青少年思想道德发展的影响》，《现代中小学教育》2012 年第 10 期。

169. 刘静荣、黄木：《浅析影视文化对青少年德育的负效应》，《中外企业家》2012 年第 14 期。

170. 杜明可：《浅论当代影视文化对青少年思想的影响》，《河南科技》2012 年第 24 期。

171. 梁广成：《大数据时代影视作品对青少年价值观的影响及对策》，《新闻知识》2014 年第 12 期。

172. 张欣：《影视文化的价值观导向与国家文化软实力的提升》，《艺术教育》2015 年第 2 期。

173. 冯雨薇等：《浅谈美国青春题材影视作品对中国青少年价值观的影响》，《品牌》2015 年第 4 期。

174. 孟威：《社会认同视角下影视文化对大学生价值观教育的影响研究》，《艺术教育》2015 年第 7 期。

175. 赵颖：《当代影视文化对青少年思想和价值观的影响分析》，《西部广播电视》2015 年第 11 期。

176. 李明、李媛：《影视文化培育和践行社会主义核心价值观的若干思考》，《宜春学院学报》2014 年第 5 期。

177. 侯红锋：《从影视作品浅谈美国文化价值观》，《电影文学》2014年第11期。

178. 田乐：《浅议韩国影视文化对我国大学生价值观的影响》，《海南师范大学学报》（社会科学版）2014年第3期。

179. 曹文：《青春偶像剧对青少年价值观的影响及调适——以〈奋斗〉〈我的青春谁做主〉〈北京青年〉为例》，《青少年研究》（山东省团校学报）2014年第5期。

180. 陈刚、宋阳：《影视文化对青少年价值观教育的影响》，《新闻研究导刊》2016年第7期。

181. 韩平：《网络影视文化影响下的大学生社会主义核心价值观培育路径研究》，《科技风》2016年第18期。

182. 张杰夫：《视觉文化时代动漫的育人价值研究——基于小学生动漫活动现状调查》，《教育研究》2014年第10期。

183. 韩绍卿：《大学生人生价值观现状调查分析》，《学校党建与思想教育》2016年第20期。

184. 李海垒、张文新：《青少年的学业压力与抑郁：同伴支持的缓冲作用》，《中国特殊教育》2014年第10期。

185. 聂伟：《网络影响下的青少年生活方式研究》，《当代青年研究》2014年第4期。

186. 范利：《泛娱乐化下的冷思考——媒体娱乐实证研究》，《企业家天地》2007年第8期。

187. 梅琼林：《大众传播娱乐化现象及其负面影响》，《贵州社会科学》2006年第3期。

188. 武香利：《大众传媒泛娱乐化的消极影响》，《新闻战线》2016年第12期。

189. 冯小平：《从人的价值与价值的关系看人的价值》，《哲学研究》1997年第1期。

190. 姜世平：《对新闻泛娱乐化倾向的冷思考》，《电视研究》2006年第5期。

191. 文萍等：《不同时期我国青少年价值观变化特点的历时性研究》，《青年研究》2005年第12期。

192. 辛自强、池丽萍:《虚拟世界的暴力对儿童攻击行为的影响机制》,《中国教育学刊》2004年第5期。

193. 戚鸣、刘朝霞:《当前我国报纸新闻娱乐化的倾向探析》,《中国青年政治学院学报》2005年第3期。

194. 新馨:《电视暴力的历史和影响》,《国外社会科学》2002年第6期。

195. 梁明:《审美困境与大学生审美价值观建构》,《教育探索》2015年第9期。

196. 吴华:《网络中虚拟同辈群体刍议》,《教书育人》2008年第9期。

197. 刘洪波:《泛娱乐化背景下青年学生价值观引导策略析要》,《理论导报》2012年第5期。

198. 王令飞:《"泛娱乐时代"的冷思考》,《上海信息化》2011年第1期。

199. 李媛、刘紫芳:《试论青少年网络文学阅读的特点》,《图书馆学研究》2013年第10期。

后　　记

　　随着经济的发展、时代的进步，我们的物质文化生活日益丰富。《朗读者》节目、视觉文化、后现代文化、大众传媒、新世纪流行歌曲和新时期影视文化等多种新兴流行文化样态逐步深入我们的生活，对我们的价值观念、行为习惯产生潜移默化的影响。这些新兴流行文化对价值认知尚不成熟、价值观念尤不稳定的青少年来说，其影响更是不容忽视。如何全面认识和正确应对新兴流行文化对青少年价值观产生的双重影响，如何在新兴流行文化氛围中高效地开展青少年价值观教育是当前教育工作者面临的新问题。本书从社会现实和青少年成长发展需要出发，积极探索新时期的青少年价值观教育，拓展青少年价值观教育研究的新视阈，丰富价值观教育理论和社会主义核心价值体系的研究成果，构建学校、家庭和社会一体的青少年价值观教育网络。

　　本书作为国家社会科学基金"十二五"规划2013年度教育学一般课题"青少年价值观教育新视阈研究"的成果，由课题负责人刘济良提出基本设想，由参与研究人员共同讨论确定写作框架，分别撰写完成。具体分工是：导言和后记由杨镇渊和刘济良撰写，第一章由赵文慧撰写，第二章由杨镇渊撰写，第三章由党晶撰写，第四章由周亚文撰写，第五章由史佳露撰写，第六章由王雨茵撰写，全书由刘济良统稿。

　　在写作过程中，我们参考和引用了近年来国内外的有关研究成果，在此，特向有关学者深表谢意。由于作者水平有限，书中难免会有疏漏和错误之处，敬请读者批评指正。

作　者

2017年9月于河南大学金明校区